总第72集

行政执法与行政审判

中华人民共和国最高人民法院
行政审判庭 编

U0824554

中国法制出版社
CHINA LEGAL PUBLISHING HOUSE

目　录

理论探索

浅析被征地人拒不交出土地的相关法律问题

章文英　卢滢伊　冉　博

【摘要】农村集体土地的征收一直是行政诉讼领域的难题，多个阶段如征收批复、征收补偿、组织实施等都存在一定的争议。本文将着重分析土地征收组织实施环节中的相关法律问题，即征收补偿工作在形式上或实质上已经进行完毕后仍可能需要解决的问题。尤其是被征地主体拒绝交出土地的，政府应当如何组织实施征收工作以及对土地的后续处置，被征地主体如何救济自身的合法权益等问题。前述问题的解决，关键在于正确理解与适用现行相关法律规定。

【关键词】阻挠征地　责令交出土地　拒绝交出土地　原告主体资格

当前，我国调整拒绝交出土地行为的法律规定主要是《土地管理法实施条例》第四十五条之规定，即"违反土地管理法律、法规规定，阻挠国家建设征收土地的，由县级以上人民政府土地行政主管部门责令交出土地；拒不交出土地的，申请人民法院强制执行"。关于拒绝交出土地之后的执行问题，主要的法律依据为《最高人民法院关于审理涉及农村集体土地行政案件若干问题的规定》第十四条："县级以上人民政府土地管理部门根据土地管理法实施条例第四十五条的规定，申请人民法院执行其作出的责令交出土地决定的，应当符合下列条件：（一）征收土地方案已经有权机关依法批准；（二）市、县人民政府和土地管理部门已经依照土地管理法和土地管理法实施条例规定的程序实施征地行为；（三）被征收土地所有权人、使用人已经依法得到安置补偿或者无正当理由拒绝接受安置补偿，且拒不交出土地，已经影响到征收工作的正常进行；（四）符合最高人民法院《关于执行〈中华人民共和国行政诉讼法〉若干问题的解释》第八十六条规定的条件。人民法院对符合条件的申请，应当裁定予以受理，并通知申请人；对不符合条件的申请，应当裁定不予受理。”如何正确理解前述两条规定，是问题解决的关键所在。

一、阻挠征地的判断

通常而言，是否存在阻挠征地以及拒绝交出土地之行为，通过相关当事人的意思表示以及外在行为表现即可作出判断。但在特定情形下，如主观意思与客观表现不完全同步或统一时，如何作出判断仍存在争议。从字义上理解，阻挠征地行为可以有多种形式，只要达到阻碍国家正常建设征用土地的效果即可。但具体到《土地管理法实施条例》第四十五条规定，阻挠的程度需系达到土地管理部门需作出责令交出土地。因此，从狭义理解，此处的阻挠主要表现方式为拒不交出土地。

农村集体土地的征收直接涉及的权利主体主要包含两类：一是土地所有权主体即村集体。二是土地使用权主体即被征地农民①。因此，前述两类主体都可能成为国家建设征用土地的阻挠主体。司法实践中，拒绝交出土地的主体主要为被征地农民。关于村集体交出被征收的集体土地，如村集体向土地征收实施主体出具土地移交表，是否认为不存在拒绝交出土地的行为，存在不同观点。一种观点认为：土地征收的对象为集体土地的所有权，村集体作为土地所有权主体交出土地的，即视为集体土地已经被交出。村民个人作为集体土地的使用权，不存在交出土地所有权的情形。另一种观点认为：土地征收既涉及土地所有权，也涉及土地使用权，作为土地的使用权人客观存在拒绝交出土地而继续使用土地之可能，集体组织交出土地不能完全代表农民个人交出土地。笔者倾向于后一观点，土地征收直接涉及的权利主体包含所有权主体以及使用权主体，尽管在被征地农民个人能否对征地批复或征地决定单独提起行政诉讼方面仍存在争议（且被征地农民可以单独对征地决定提请司法审查的观点似有被立法机关采用之倾向），但对被征地农民在征地补

---

① 实践中的农村集体土地使用权人情形有多种，本文主要以被征地农民为例。

偿方面具有行政诉讼主体资格问题似已形成初步共识。因此，被征地农民当然地享有拒绝交出土地以表达自身对征地行为或补偿行为异议的权利。另外，《农村土地承包法》第二十七条规定："承包期内，发包方不得调整承包地。承包期内，因自然灾害严重毁损承包地等特殊情形对个别农户之间承包的耕地和草地需要适当调整的，必须经本集体经济组织成员的村民会议三分之二以上成员或者三分之二以上村民代表的同意，并报乡（镇）人民政府和县级人民政府农业等行政主管部门批准……"第三十五条规定："承包期内，发包方不得单方面解除承包合同，不得假借少数服从多数强迫承包方放弃或者变更土地承包经营权……"根据前述规定，发包方（村集体）并不具有对承包方（农户）的承包土地随意进行处分的权利，只有在自然灾害严重毁损承包地等特殊情形下，并报相关行政主管部门批准后，才能依法进行相应调整。因此，村集体的交地行为不能表明被征地农民的土地已经被依法交出。

征地行为可分为多个阶段或环节，如省级政府作出征地批复、县级政府作出征地决定及公告、土地行政主管部门组织实施征地补偿、补偿实施完毕后的土地平整（土地平整系指对被征收的土地进行整理使之达到可以直接开发利用之状态）等。一般而言，阻挠的时间主要为土地平整阶段。其他阶段的行政行为都不涉及对被征收土地的物理处理，因而对被征收农民的阻挠行为，均可通过法定程序予以处理，无须直接作出责令交出土地的行政决定。

二、责令交出土地的行为表现

对于阻挠征地的，土地管理部门应当依法作出责令交出土地的行政决定。行政责令行为在行政法领域具有其特殊性。行政责令的条件主要有：存在一个违法行为、这个行为可以采取措施予以纠正、行为人的自我纠正通常属于最经济的执法选择之一。行政责令属于独立的行政行为，被责令人应当履行责令决定对其确定的义务。被责令人可以对责令决定依法申请行政复议或提起行政诉讼。行政责令决定通常都具有可执行性，可以作为强制执行的事实根据。在期限内未履行义务、且未依法申请复议或提起诉讼的，行政机关具有强制执行权的，可以依法强制执行；行政机关不具有强制执行权的，可以依法申请人民法院强制执行。责令交出土地的行政决定属于后一情形，土地管理部门不具有强制执行权。相比而言，此类情形存在的问题更为复杂。责令交出土地决定作出之后，可能出现两种情形：一是被责令人对责令行为提起行政复议或行政诉讼。在行政诉讼生效之后，行政主体申请执行生效判决。二是被责令人不提起行政复议或行政诉讼。行政主体需等待行政复议与行政诉讼期限结束之后，才能依法申请行政非诉执行。无论是前述何种情形，根据诉讼程序的严谨性等特征，进入最终的执行环节都需经过较长一段时间。责令交出土地决定发生在征地的最后环节即土地平整阶段，即已历经多个程序、亟须开发使用土地，因而需要高效地完成土地平整工作。但被征地农民的阻挠、拒不交出土地所引发的行政争议，将直接导致土地平整工作的中断。因此，行政主体需要在最短周期内解决此类争议，依法进入土地平整的具体操作环节。对于责令行为尤其是涉及公共利益的，在制度设计时有必要确定一种高效的审理模式，在法律规定范围内快速立、审、执。

三、拒绝交出土地的认定

是否存在拒绝交出土地之行为，对土地平整阶段的法定程序具有直接影响。若无拒绝交出土地，组织实施主体就可以进行铲除土地上附着物等土地平整行为，无须通过非诉执行方式。即使后续存在相应行政争议而被提请司法审查，亦不会因未经法定的申请执行程序之由而承担败诉风险。反之，若有拒绝交出土地，即使在土地实际平整的过程中未直接受到外来阻挠，但在被征地农民对土地平整行为提起行政诉讼之时，仍存在行政程序违法之风险。因此，判断是否存在拒不交出土地行为，具有现实价值和意义。

阻挠征地与拒不交出土地之间具有紧密联系，阻挠征地是一种状态或态度，拒不交出土地是一种表现手段或方式。主要分为两种：一是口头表示反对土地被平整，二是用实际行动阻挠土地平整。一般而言，土地平整的组织实施主体可以获知拒绝交出土地的意思表示，但实践中可能出现多种情形而难以直接作出判断。因此，在作出具体判断时应当根据不同情形区分加以对待：一是被征地农民拒绝签订补偿协议的。无论补偿款是否提存至被征地农户的账户，以及需平整土地上是否有附着物，均可以推定被征地农民有拒绝交出土地的意思表示，不能以被征地农民未直接表达拒绝交出土地的意思表示或未采取阻挠征地的实际行为为由，认定属于无拒绝交出土地之情形而直接实施。二是已经签订补偿协议的。相比而言，此种情形下对拒不交出土地行为作出判断较为复杂，应当区分土地上的附着物情况：对于土地上有建筑物的，尤其是有居住房屋的，在建筑物拆除之前，涉及建筑物内的物品清点等程序，需要被征地农民的协助与配合，通常可以明确地判断出被征地农民是否具有拒绝交出土地之行为；对于土地上仅有少量附着物如零星树木等之情形，行政机关似难以判断被征地农民是否有阻挠或拒不交出土地的意思表示。笔者认为，在对附着物的拆除（或土地的平整行为）的实践操作时，应具体区分两种情形：一种情形是附着物的铲除可能在极短时间内完成，被征地农民尚未发现执行行为即已执行完毕的。因被征地农民一直未表达过阻挠或拒绝交出土地之意思表示，且已签订补偿协议，可以推定其不具有阻挠征地的可能性，此时一般不宜适用拒绝交出土地情形的相关规定。被征地农民对土地平整行为的法定程序提出异议的，人民法院一般不予支持。另一种情形是在尚未完全拆除时被征地农民发现并进行阻挠，此时仍需按照司法解释所规定的法定程序申请强制执行。无论属于前述何种情形，较为规范或完善的做法为在执行土地平整之前，向被征地农民进行告知并听取意见，此时可以明确是否具有阻挠可能性，减少相应的争议或诉讼风险，但如此操作将增大土地平整的工作量。因此，在相关法律作出明确规定之前，土地平整主体可以根据实际情况予以权衡。

四、拒不交出土地的，不能直接进行建设行为或挂牌出让

在土地上建设直接涉及对土地的地理处理，必然涉及对土地的整理及交出问题。在征收主体与被征地农民未达成一致意见时，两个主体之间可能产生争议。因此，相关主体在依法进行建设行为之前，应当根据被征收土地的具体情况尤其是地上附着物情况，参照前述关于拒绝交出土地的具体分析对相关问题予以处理。如土地上没有附着物、被征地农民亦未明确阻挠交出土地，土地管理部门难以判断被征地农民将拒不交出土地的，相关主体进行建设行为，不宜以其未经法定程序为由否定其合法性。但是，在进行建设过程中，被征地农民明确予以阻挠的，相关主体则应当按照《土地管理法实施条例》第四十五条规定的程序进行，不能单方采取措施强制进行建设；对于其他在建设之前即已明确知晓被征地农民具有阻挠征地或拒不交出土地之意思表示或行为表现的情形，相关主体不能径行在被征收土地上进行建设。

相比而言，挂牌出让并不涉及直接被征收土地的地理处理，因而在征收主体与被征地农民之间发生冲突的时间、可能性等方面，与径行建设行为存在不同。如被征地农民在尚未表达拒不交出土地之时即已完成挂牌出让行为。因此，在形式上不存在土地的交出问题，相应不存在申请执行问题。但根据国土资源部《关于加大闲置土地处置力度的通知》中“二、实行建设用地使用权‘净地’出让，出让前，应处理好土地的产权、补偿安置等经济法律关系，完成必要的通水、通电、通路、土地平整等前期开发，防止土地闲置浪费”的规定，土地的挂牌出让同样也可能涉及土地平整，因而也相应存在交地问题。因此，被出让人因被征地农民拒不交出土地而影响土地依法使用的，可以对非净地的出让行为提起行政诉讼。对于土地上并无附着物、无须土地平整的净地情况，能否直接进行挂牌出让行为，目前尚未形成共识。笔者认为，政府主体对被征地农民是否阻挠征地的可能性已尽到审慎认定义务的，即使后续客观存在拒不交出土地行为的，亦不宜以违反法定程序为由否定直接挂牌出让行为的合法性。反之，若明确知晓存在拒不交出土地的，则不能径行对被征收土地进行挂牌出让。

五、被征地农民在土地平整阶段的原告主体资格

诉的利益决定原告主体资格，被征地农民的诉的利益受三个因素的影响，且争论较大：一是身份性质，即集体与个体；二是土地性质，即集体与国有；三是权利处分，即转让与未转让。

在新行政诉讼法实施之前，被征地农民个体对征地批复、决定等针对土地所有权的行政行为不具有原告主体资格，仅能对涉及自身的征地补偿相关行政行为提起行政诉讼，属于实践中的主流做法。但新行政诉讼法实施之后，前述做法是否正确已出现较大争议，有待立法的进一步明确。在新规定出台之前，被征地农民对征收行为提起行政诉讼且立案受理的，不宜以农民个体不具有原告主体资格为由裁定驳回起诉。具体到土地平整阶段，被征地农民具有阻挠征地、拒不交出土地之意愿的，可以以自身名义依法提请行政诉讼以主张其合法权益。

被征地农民是否签订征收补偿协议，决定其是否对自身的土地权益进行了处分，对其是否具有原告主体资格产生影响。对于未签订补偿协议的，不

能以被征地农民对其土地权益已进行处分为由否定其原告主体资格，对此并无太大争论。但对于已签订补偿协议的，被征地农民是否具有原告主体资格，主要有两种观点：一种观点认为不具有原告主体资格。主要理由为：被征地农民已经签订补偿协议的，表明其对自身的土地权益已经进行让与，不再对土地享受使用权，而只能依照补偿协议主张土地补偿权益。被征地农民以侵犯其土地使用权为由提起的行政诉讼，因不存在诉的利益而应不予立案或驳回起诉。另一种观点认为具有原告主体资格。主要理由为：被征地农民对被征收的土地享有的权益性质为物权，而补偿协议所处分的权利性质是债权，补偿协议的签订并不导致被征收农民直接丧失土地的物权。另外，承认被征地农民的原告主体资格，可以更充分地保障被征地农民的合法权益。

笔者认为，前述两种观点都有其合理成分，且在司法实践中均有大量的支持者。相比而言，在新行政诉讼法实施之后，居中做法似乎更为妥当，即参照行政诉讼一并解决民事争议制度进行处理。

具体而言，无论被征地农民是否签订征地补偿协议，原则上都应当按照立案登记制要求对所提起的行政诉讼予以立案。人民法院在审理环节发现确存在被征收土地的补偿协议之时，告知被征地农民一并对征地补偿协议的效力提起诉讼。一并受理后，对征地补偿协议的效力依法进行审查。征地补偿协议的效力被生效裁判予以确认的，则可以被征地农民不具有诉的利益为由裁定驳回起诉。反之，被征地农民不因没有诉讼利益而丧失原告主体资格。主要理由为：随着法律规定的逐步完善，征地行为的启动更多基于公共利益，在注重合法、公平的同时，更侧重于对效率价值的追求。因此，对于依法可以确定被征地农民已对自身土地权益进行处分的，不宜再承认其对征地任何环节的行政行为具有原告主体资格。反之，征地行为将因诉讼纠纷的存在，而迟迟不能进入实际开发利用的程序。但需要注意两个问题：一是人民法院在审理征地补偿协议之时，应当综合考虑征地决定等行政行为的合法性、有效性。如政府以签订补偿协议的方式代替征收批复、征地决定等法定程序的，即使补偿协议的签订符合平等、自愿等合同法原则，也不宜简单以此为由确定征地补偿协议的效力，而应当综合考虑征地批复等法定手续是否正在弥补或是否具有采取补救措施的可能性，结合征地项目的具体情况依法作出认定。二是即使确认被征地农民对其享有的被征收土地进行了处分，也不宜在立案环节直接对其提起的行政诉讼不予立案。如被征地农民对土地平整行为提起行政诉讼的，人民法院应当立案受理后，对政府主体是否超出征地决定或征地补偿协议约定的范围进行审查，确定是否超范围平整或拆除。未超范围的，裁定驳回起诉；超范围的，则判决确认违法。

六、结语

关于被征地农民是否具有诉的利益之争论，还体现在被征地农民能否以其享有的集体土地权益来对抗相关行政主体对国有土地的处分行为如挂牌出让等。简单地认可或否定其原告主体资格，似都难以公平、公正应对所有情形。若承认其对所有行政行为的原告主体资格，那么补偿工作完毕后征地行为也仍可能被提请司法审查。此外，在具体操作时也将遇到一些问题，如其他未完成补偿的被征地农民对征地决定提起行政诉讼之时，人民法院在立案时应当将其向所有被征收人予以公告，已完成补偿的其他被征地农民都可以申请参加诉讼。征地行为长期处于不稳定状态，不利于国家建设工作的合法、高效推进；若不承认被征地农民对征地决定等行为的原告主体资格，也将影响征地补偿之诉裁判的正确性。如征地决定明显不合法的，对征地补偿协议的合法性可能产生直接影响的特定情形，此时被征地农民在获得补偿权益方面具有诉的利益。

一般而言，土地性质由集体变为国有之时，被征收土地已不具有集体土地的用益物权，被征地农民则不能以侵犯其集体土地使用权为由提起行政诉讼。但被征地农民仍可主张其依法获得征地补偿的权益，在认为行政行为对其征地补偿权益可能产生侵害之时，可以依法对该行为提起行政诉讼。因此，不宜以土地性质为是否具有诉的利益的唯一标准，而应当结合征地补偿工作是否完毕以及是否可能侵犯征地补偿权益等情况作出判断。对于可能侵犯补偿权益的，不宜完全否定其具有诉的利益。反之，则不具有诉的利益。据此，笔者建议采取一种新的诉讼模式：被征地农民对补偿权益不产生影响的行政行为，原则上因不具有诉的利益而不具有原告主体资格，其单独对挂牌出让、土地平整等行为提起行政诉讼的，告知其对征地补偿行为一并提起行政诉讼（包括行政协议之诉以及行政行为之诉），而不宜简单地以不具有原告主体资格为由裁定驳回起诉。人民法院对两个诉讼一并予以审理。需要注意的是，它不是简单的某一诉讼在前、另一诉讼在后之审理模式，而是根据具体情况采取不同的审理顺序，可以同时进行审理，也可以先审理某一诉讼。如在审理征地补偿协议之诉时，发现征地决定的合法性可能影响征地补偿协议的效力之时，则可以同步审查征地决定之诉。如在审理挂牌出让行为之诉时，可以先审理征地补偿行为之诉。若否定征地补偿工作的效力，则可以同时使被征地农民对征地决定以及挂牌出让等行为获得诉的利益。反之，则不具有诉的利益。

（作者单位：最高人民法院）

行政诉讼补救判决的厘正与型构

——以诉判关系统一为视角

张雨梅 高宏亮

【摘要】 新修改的《行政诉讼法》第七十六条将补救判决上升为法定的行政判决类型后，补救判决的功能体现在情况判决下的利益衡量拓展至行政行为程序轻微违法的治愈、行政行为危害结果的消除和信赖利益的保护等多方面。司法实践中，各地法院在补救判决的操作中主要存在三方面问题，即补救判决的适用边界不清晰、补救判决内容不具体以及裁判尺度不统一。观察最高法院的相关典型案例，补救判决中存在着诉判一致与诉判分离并存的现象，本文通过探索补救判决诉判关系张力生成与消弭的理论基础，分析在处分主义和职权主义双重影响下补救判决的适用条件，构建依申请补救和依职权补救两种不同的权利救济路径，并尝试将依申请的补救判决向一般给付判决的方向进行类型化改造，从补救的主体、补救的对象、补救的期限、补救的方式四个方面对于补救判决的内容进行完善，以期实现当事人合法权益全面、无漏洞的保护。

【关键词】 补救措施　判决类型化　结果除去请求权　诉判一致

新修订的《行政诉讼法》第七十六条增设了“判决责令被告采取补救措施”内容，该条款作为对《行政诉讼法》第七十四条确认违法判决和第七十五条确认无效判决的配套性规定，通过在宣告行政行为违法或无效之外，为被告设定相应补救义务，有助于克服确认类判决缺乏执行力和解决纠纷不彻底的弊端，补强确认判决的功能、缓解当事人之间紧张的矛盾冲突，进而实现实质性解决行政争议的立法目的。可以说，《行政诉讼法》第七十六条从实质上确立了一种可称之为“行政诉讼补救判决”的全新判决形式[①]。由于法律条文规定较为简略，补救判决的具体适用出现了一系列的问题：何谓补救措施？何时判决被告采取补救措施？采取怎样的补救措施？补救判决是法院依职权主动作出，抑或根据原告的诉讼请求“依诉择判”？在司法实践中，补救判决的实际效果尚未充分展现，甚至在社会上一度出现质疑之声，补救措施不明确，造成“法院判了也无法执行”的尴尬[②]。为了更好地理解和适用《行政诉讼法》第七十六条内容，最大限度地发挥补救判决的功效，有必要将上述问题加以系统梳理。

一、从衡平到治愈：补救判决的规范意旨与功能探究

修正后的《行政诉讼法》第七十六条在被诉行政行为被确认违法或无效后，关于原告的权利救济和被告的责任承担问题上设定了两种解决途径，一是保留行政行为效力前提下，由被告采取相应的补救措施，消除违法行政行为带来的不利影响，二是对于原告造成损失的，由被告依法进行赔偿。该规定是在借鉴行政诉讼法修改以前的相关司法解释相关内容基础上进一步转化形成的。

（一）对《最高人民法院关于执行〈中华人民共和国行政诉讼法〉若干问题的解释》第五十八条的吸收转化

早在行政诉讼法修改前，有关补救措施的表述就已经出现于行政诉讼相关司法解释之中。《最高人民法院关于执行〈中华人民共和国行政诉讼法〉若干问题的解释》（以下简称《若干解释》）第五十八条规定：“被诉具体行政行为违法，但撤销该具体行政行为将会给国家利益或者公共利益造成重大损失的，人民法院应当作出确认被诉具体行政行为违法的判决，并责令被诉行政机关采取相应的补救措施；造成损害的，依法判决承担赔偿责任。”本条规定是借鉴了日本和我国台湾地区的经验，并结合中国社会现状加以改造后形成的情况判决制度。情况判决是在特定情形下，通过保留行政行为的效力来

---

① 参见陈思融：“论行政诉讼补救判决的适用——基于104份行政裁判文书的统计分析”，载《中国法学》2015年第2期。

② 有报道称，法院审案对原告的诉讼请求要么支持、要么驳回，像类似“补救措施”类含糊其词的表述作为宣判词，既有失法律公平和效率，某种程度上还是浪费诉讼资源。参见余皓、李珍、项亭：“判词是‘补救措施’实际无法执行”，载《楚天都市报》2011年12月30日，第13版。

避免国家利益、公共利益遭受重大损失，同时对于受损的私人利益予以弥补。因此，情况判决下的补救措施担负着平衡公共利益和私人利益的替代性纠纷解决功能。这种功能的实现，依赖于在个案中灵活运用利益衡量的法律解释方法，对各种利益受损程度以及防止损害成本的充分考量，以便“在确认违法判决保护下的利益与补救措施下的利益之间找到一种几方都可以接受的方案”①。

（二）补救判决的功能拓展

当《若干解释》第五十八条被《行政诉讼法》第七十六条吸收，补救判决升格为确认判决的从属判决后，“责令被告采取补救措施”便不再仅仅局限于情况判决中的利益衡平，补救判决的功能有了新的拓展。

1. 程序瑕疵治愈。根据《行政诉讼法》第七十四条第一款第（二）项规定，行政行为程序轻微违法，但对原告权利不产生实际影响的，法院确认该行政行为违法，但不撤销行政行为。与情况判决不同，行政行为程序的轻微违法既不会对原告的权益造成实质损害，也不存在对国家和公共利益的权衡，原告亦不能因程序轻微违法而寻求国家赔偿。继续保留该行政行为效力的目的应当是考虑到法的安定性和行政效率的维护，需要通过实施具体措施对受损的行政行为进行修补，尽力使其违法性得到根本上的治愈。

2. 危害结果消除。《行政诉讼法》第七十四条第二款第（一）项规定，对于“行政行为违法，但不具有可撤销内容的”确认违法但不予撤销。法院经常在司法审查过程中发现，原告起诉要求撤销的行政行为系事实行为，该事实行为虽实际影响当事人的权益，但不为当事人设定权利义务，因而不具有可撤销内容。类似绝大多数负担性行政行为，事实行为虽被确认违法，但其产生危害后果依然存在，此时补救措施应着眼于对违法行政行为所造成的危害后果予以弥补和恢复。

3. 信赖利益保护。除《若干解释》第五十八条关于情况判决的补救措施规定外，在《若干解释》第五十九条还规定：“根据行政诉讼法第五十四条第（二）项规定判决撤销违法的被诉具体行政行为，将会给国家利益、公共利益或者他人合法权益造成损失的，人民法院在判决撤销的同时，可以分别采取以下方式处理：……（二）责令被诉行政机关采取相应的补救措施……。”

---

① 参见章剑生：“论利益衡量方法在行政诉讼确认违法判决中的适用”，载《法学》2004 年第 6 期。

其中的“他人合法权益”一般是指他人的合法信赖利益。[①] 如果行政相对人对于授益性行政行为产生了合理的信赖，并基于合理信赖进行了投入，如行政行为被撤销，该投入损失应当通过补救判决进行保护。

二、归纳与检视：补救判决适用的现状

在中国裁判文书网以“补救措施”为关键词在行政裁判文书的“裁判结果”部分进行检索，排除无关联文书，得到行政补救判决样本370件。[②]通过对此370份裁判文书进行分析，可以进一步考察近年来各地法院在实践中补救判决的适用情况。

（一）裁判文书样本的统计分析

从案件数量分布情况看，370份裁判文书样本中包含最高人民法院1件，高级人民法院24件，中级人民法院220件，基层人民法院125件；在审级方面，一审裁判文书257件（含重审7件），二审106件，再审5件（含提审3件）；从裁判时间分布看，包含2010年2件，2011年1件，2012年6件，2013年20件，2014年60件，2015年179件，2016年80件，2017年27件。补救判决数量大致呈逐年递增趋势，至2015年达到最高峰。

1. 案件类型分布

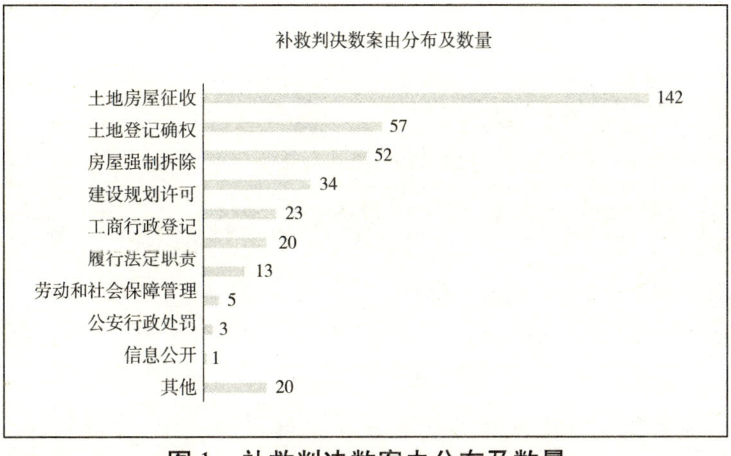

图1　补救判决数案由分布及数量

① 参见黄学贤：“行政法中的信赖保护原则”，载《法学》2002年第5期。

② 裁判文书查询日期截至2017年7月1日。

从案由分布情况上看，涉及土地、房屋等不动产相关案件所占比例最高，其中，土地房屋征收、土地登记确权、房屋强制拆除件分别占到补救判决案件总数量的38%、15%和14%。值得注意的是，在裁判文书样本中出现了行政协议和信息公开类案件责令被告采取补救措施的情形。在行政协议案件中，根据《行政诉讼法》第七十八条第一款，被告不依法履行、未按照约定履行或者违法变更、解除行政协议时，法院可根据案件具体情形判令被告采取补救措施①。在信息公开案件中，如果被告公开政府信息涉及原告商业秘密、个人隐私且不存在公共利益等法定事由的，根据《最高人民法院关于审理政府信息公开行政案件若干问题的规定》第十一条第一款，法院应当判决确认公开政府信息的行为违法，并可以责令被告采取相应的补救措施。上述两种情形作为确认违法补救判决的补充，在实践中也出现了具体的应用。

2. 法律适用情况

表1　因确认违法而责令采取补救措施的各类案件比例

法律条款	具体情形	补救判决数	比例
《行政诉讼法》第七十四条第一款第（一）项	1. 行政行为依法应当撤销，但撤销会给国家利益、社会公共利益造成重大损害	89	32.0%
《行政诉讼法》第七十四条第一款第（二）项	2. 行政行为程序轻微违法，但对原告权利不产生实际影响	10	3.6%
《行政诉讼法》第七十四条第二款第（一）项	3. 行政行为违法但不具有可撤销内容	61	21.9%
《行政诉讼法》第七十四条第二款第（二）项	4. 被告改变原违法行政行为，原告仍要求确认原行政行为违法	2	0.7%
《行政诉讼法》第七十四条第二款第（三）项	5. 被告不履行或者拖延履行法定职责，判决履行没有意义	6	2.2%
《若干解释》第五十八条	（同第1种情形）	110	39.6%
确认违法判决总数		278	

从上表的数据统计情况来看，在370份补救判决中，因确认行政行为违

① 《最高人民法院关于适用〈中华人民共和国行政诉讼法〉若干问题的解释》（下文简称《适用解释》）第十五条第一款进一步明确，当被告无法继续履行行政协议或者继续履行已无实际意义的，判决被告采取相应的补救措施。

法而责令被告采取补救措施的判决有 278 件，其中涉及情况判决（第 1 种情形）比例最高，共 199 件，占因确认违法判责令补救判决总数的 71.6%，占补救判决总数的 53.8%。其次是涉及不具有可撤销内容的行政行为被确认违法并责令被告采取补救措施（第 3 种情形），该类案件共计 61 件，占因确认违法判责令补救判决总数的 21.9%，占补救判决总数的 16.5%。

3. 补救措施的具体内容

在补救判决样本中，补救判决补救措施的具体内容主要包括以下几种情形：

一是纠正违法行为。在黄益敏等诉温州市鹿城区政府房屋征收案①，一审法院在裁判理由中指出被诉征收决定存在着具体征收对象不明、账户资金明显不足等违法情形，在裁判主文中将被告需采取补救措施具体描述为："明确被征收人的具体人数，修正征收补偿方案内容，专户足额存储补偿资金，组织相关职能部门对征收范围内未经登记建筑进行调查、认定和处理。"王瑜辉等诉被告阆中市政府房屋征收决定案②中，一审法院判令被告阆中市政府在判决发生法律效力后三十日内，采取下列补救措施并予以公告："（一）明确征收范围内房屋的权属、区位、用途、建筑面积等情况。（二）在《征收补偿方案》明确非住宅房屋实行产权调换的补偿办法，并提供用于非住宅房产权调换的房屋。（三）明确适用《国有土地上房屋征收与补偿条例》的具体条款。"通过明确的措施列举，将行政行为的各项违法之处予以一一改正，提高了行政行为补正的针对性。

二是消除危害结果。在方斌锋、施家苗等与宁海县规划局行政确认案③，二审法院认为，在被上诉人宁海县规划局在未能举证证明可将变配电房或开闭所设置在涉案房屋厕所、浴室正下方的情况下，对该部分规划许可内容予以核实确认，违反法律规定，理应撤销。但鉴于涉案小区已交付使用，撤销被诉规划核实确认行为将会给公共利益造成重大损失，故确认该规划核实确认行为违法，并责令被上诉人宁海县规划局依法采取相应消除安全隐患的补救措施，在维持现有规划条件不变的情况下对涉案房屋可能会发生的用电危

---

① 参见浙江省温州市中级人民法院（2014）浙温行初字第 24 号行政判决书。

② 参见四川省南部县人民法院（2015）南行初字第 4 号行政判决书。

③ 参见浙江省宁波市中级人民法院（2014）浙甬行终字第 217 号行政判决书。

险予以排除。杨晓双诉被告长顺县广顺镇政府行政强制案①中，一审法院针对未依法履行行政强制程序的强制拆除行为，责令被告采取“清理拆除现场，排除安全隐患，配合原告清点回收未损坏的钢架和顶托等建设施工器具，并确定已系损坏的钢架和模板等建设施工器具数量”的补救措施。

三是补偿受侵害权益。在谭孟传诉儋州市政府拆迁行政强制案②中，法院认定被告儋州市政府组织实施的行政强制拆除行为违反法定程序，同时“鉴于原告一直未领取拆迁补偿款，且在长达20年的时间里因生活需要对原房屋进行改建或扩建或添附其他地上附着物”，并基于“行政法上的信赖利益保护原则”判决被告针对原告的房屋及其他地上附着物应获而未获补偿的权益给予补偿。

（二）补救判决在实践操作中的问题

1. 适用边界不清晰。在裁判文书样本中，除了确认违法和无效判决中可以责令被告采取补救措施外，撤销判决、课予义务判决中也出现了补救措施，补救判决范围有了进一步扩张的趋势。有的法院根据《若干解释》第五十九条的规定，在撤销被诉行政行为的同时，责令被告采取相应的补救措施③，有的法院在依据《行政诉讼法》第七十二条责令被告继续履行法定职责的同时，责令被告采取补救措施，从上述案件中可以看出，补救判决向撤销判决和履行判决领域全面渗透扩张，而这种扩张是否超出了补救判决的法定边界，也值得进一步思考。

2. 补救内容不具体。样本中有262件判决主文采用了类似“责令被告采取相应补救措施”的不确定表述，占到补救判决总数的70.8%。由于补救措施一词本身模糊性较强，赋予了法院“便宜行事的权力”④，在多数情况下，内容不确定的补救判决的作出，是法院对于具体个案中反映出的利弊进行权衡和选择的结果。这里主要有以下几点考虑：其一，补救措施的作出不能超越原告的诉讼请求。其二，补救措施的内容不得突破行政机关的职责权限和范围，要尊重行政机关的自由裁量权。其三，是否采取补救措施因案而异，

---

① 参见贵州省龙里县人民法院（2016）黔2730行初字128号行政判决书。

② 参见海南省第二中级人民法院（2015）海南二中行重字第11号行政判决书。

③ 参见绍兴市上虞区人民法院（2015）绍虞行初字第20号行政判决书。

④ 参见江必新、邵长茂著：《新行政诉讼法修改条文理解与适用》，中国法制出版社2015年版，第281页。

要针对具体的问题进行补救，不能盲目地搞一刀切。基于上述原因，各地法院在具体的补救措施方面，显得较为谨慎，既要防止裁判超过原告的诉讼请求，又要避免补救措施对行政机关自由裁量的过度干预，最终选择了对补救措施进行笼统的表述。

3. 裁判尺度不统一。一段时间以来，对于行政行为被确认违法后，“应当”责令被告采取补救措施，还是“可以”责令被告采取补救措施，存在一定的争议。多数观点坚持对于情况判决确认违法后必须责令采取补救措施，否则二审予以纠正①。但是从裁判文书的查询结果看，各地法院对于补救措施的裁判条件把握似乎并不一致。例如，在现有的370份裁判文书样本中，以“《行政诉讼法》第七十四条第一款第（一）项”作为确认行政行为违法依据的补救判决有89件，但通过在中国裁判文书网中检索，适用该条款作出的情况判决总数多达373件，也就是说，目前约有76.1%的上述情况判决并未责令被告采取补救措施。即便在同一案件中，上下级法院之间对于是否采取补救措施也存在较大争议。样本中有91件补救判决属于二审（再审）对于原审的变更判决，占到补救判决总数的24.6%，即有近四分之一的补救判决的认定和适用系上级法院纠正后作出。而另一种相反的情况是，在一些案件中，原审法院作出了相关补救判决，却未获得二审（再审）的支持。如在袁堂俊诉牡丹江市政府强制拆除房屋一案②中，二审法院认为，上诉人原审诉求仅请求确认强拆其房屋行为违法，并无其他诉求，原审判决超出当事人诉求，责令被上诉人对上诉人作出补偿决定的判项，属于适用法律不当。

三、契合与偏离：补救判决的诉判张力生成及消弭

通过对于补救判决适用现状的实证考察，可以得出这样一个基本判断，法院对于行政行为进行合法性审查后，是否责令被告采取补救措施、采取何种补救措施，在很大程度上受到原告诉讼请求的影响和制约，补救措施的种类和内容必须与原告的诉讼请求的范围相“契合”，但在特定情形下，即使法院的裁判方式“偏离”了原告的诉求，补救判决亦有其自身生存的空间，换句话说，补救判决处于“诉判一致”和“诉判分离”的观念冲突夹缝之

---

① 参见蔡小雪：“行政确认判决的适用”，载《人民司法》2001年第11期。

② 参见黑龙江省高级人民法院（2016）黑行终35号行政判决书。

间，诉判张力在补救判决中的问题凸显。

（一）处分主义与职权主义交织下的诉讼构造

在对于诉判关系的理论探讨可以追溯至德国行政诉讼法上的“处分主义”原则。其意旨在于，法院通常只能依申请行事，不得超越诉讼请求作出裁判，或者对未被申请的事项作出宣判，否则法院将存在瑕疵，进而产生了法律审的上诉理由。[①] 在中国台湾地区的行政诉讼程序上，也有处分原则的适用，如台湾“行政诉讼法”第二百一十八条的准用性规范强调了行政法院不能超过当事人的声明范围而为裁判。[②] 处分主义原则相反的概念是“职权主义”，根据该原则，法院可以依职权对诉讼标的作出决定。与处分主义原则下作为维护及防御主观权利之手段[③]不同，职权主义原则倾向于在诉讼程序的推进中，基于对法客观秩序的维护而限制当事人的处分权能，法官并不因处分原则而被牢牢束缚在原告所提申请文本之上。

当前我国行政诉讼的结构呈现出主观诉讼与客观诉讼并存的“内错列”[④]状态。行政诉讼法的条文设计，既考虑到主观权利保护，又带有强烈的客观诉讼色彩。在主观权利保护模式下，当事人的诉求尤为重要，法院的裁判严格依照诉判一致原则，而在客观秩序维护的情形下，法院不再囿于原告的诉讼请求，在判决方面体现出了诉判分离。

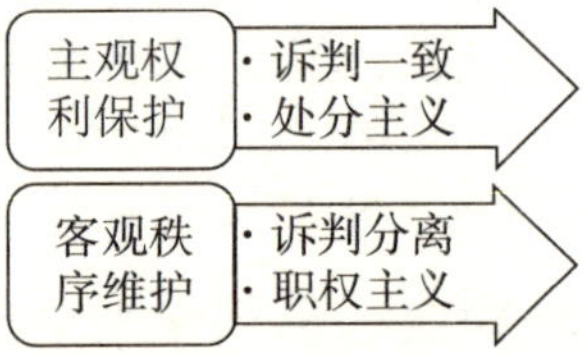

图2　主观诉讼与客观诉讼的并行样态

---

① ［德］弗里德赫尔穆·胡芬著：《行政诉讼法（第5版）》，莫光华译，法律出版社2003年版，第545页。

② 参见陈清秀著：《行政诉讼法》，法律出版社2016年版，第458页。

③ 参见陈清秀著：《行政诉讼法》，法律出版社2016年版，第458页。

④ 薛刚凌、杨欣：“论我国行政诉讼构造：‘主观诉讼’抑或‘客观诉讼’？”，载《行政法学研究》2013年第4期。

（二）对最高人民法院典型案例的观察

案例一：益民公司诉河南省周口市政府等行政行为违法案[1]。周口市政府对该市燃气经营权向亿星公司和益民公司“一女两嫁”。一审法院经审查认定被诉的招标方案、招标通知和54号文违法，但如果撤销被诉行政行为，就会对周口市的公共利益造成较大不利影响。鉴于益民公司的燃气经营权被终止，其资金投入成为损失，一审判决确认上述行政行为违法，并责令市政府对益民公司施工的燃气工程采取相应的补救措施。二审法院在此基础上进一步追加周口市发展计划委员会补救措施的另一责任主体，并明确补救措施的实施期限（判决生效后六个月内）和补救内容（对益民公司的合法投入予以合理弥补）。

案例二：海南省定安城东建筑装修工程公司诉海南省定安县政府收回国有土地使用权及撤销土地证案[2]。再审法院认为县政府收回土地使用权行为违法，补偿价格明显不公，收地决定作出后涉案土地升值较大，而当事人因不能以转让土地使用权方式及时偿还银行贷款，存在贷款利息损失，因此，再审判决在维持原审确认行政行为违法的基础上，撤销原审法院责令定安县政府对收回定安城东建筑装修工程公司国有土地使用权的损失采取补救措施的判决；责令定安县政府自判决送达之日起15日内一次性向定安城东建筑装修工程公司支付收回土地使用权补偿款135万元及同期银行贷款利息，并明确了利息的计算起止期限。

案例三：豫星调味品厂诉郑州市政府行政处罚案[3]。最高人民法院认为，被诉4号决定剥夺了豫星调味品厂继续使用涉案土地的权利，对其重大财产权益产生不利影响，郑州市政府既未事前告知，亦未给予原告陈述和申辩的机会，程序明显不当。法院考虑到涉案土地已出让他人开发建成住宅并已使用多年，判决撤销不利于保护为数众多的善意第三人的合法利益，且豫星调味品厂确实不具备获得涉案土地使用证的条件，判决撤销亦无必要。但对于

---

① 参见《最高人民法院公报案例》2005年第8期。

② 参见郭修江：“因公共利益收回国有土地使用权应按市场评估价予以补偿”，载《人民司法·案例》2014年第16期。相关判决内容参见最高人民法院（2012）行提字第26号行政判决书。

③ 该案为最高人民法院公布的行政审判十大典型案例（第一批）之五，载最高人民法院网站：http：//www.court.gov.cn/zixun－xiangqing－47862.htm。相关判决内容参见最高人民法院（2014）行提字第21号行政判决书。

豫星调味品厂是否存在信赖利益以及应当如何予以弥补的问题，因该厂并未就此提出诉讼请求，最高人民法院最终将该问题排除在该案审理范围之外，同时阐明由郑州市政府在本案判决后组织调查并作出相应的处理。

上述三则案例均论及行政行为确认违法之后的补救问题。但在诉判关系的考量以及补救措施的裁判方式上，三则案例又存在着差别。

在案例一中，被诉招标方案、招标通知和54号文一旦撤销，将对周口市的公共利益造成不利影响，为了公共利益需要而继续保留上述违法行政行为的效力，也就意味着益民公司的合法利益将继续受到侵犯，而对这种“特别利益牺牲”的弥补，法院是依职权主义原则主动而为的，补救措施的作出并非以原告提出具体的诉讼请求为前提。

案例二再向前进一步，对于因公共利益而牺牲的个别利益，通过引入评估程序合理界定土地使用权“适当补偿”的范围、增加考虑贷款利息损失等方式，确定了补救措施的具体内容和期限，纠正了原审补救措施判决不明确无法执行的弊端。

与前两则案例不同，案例三并非基于公共利益而确认违法的情况判决，确认被诉4号决定违法的理由在于判决撤销不利于保护为数众多的善意第三人的合法利益，最高人民法院并未在确认违法的同时作出补救判决，而是在裁判理由中明确指出豫星调味品厂的信赖利益值得保护，但具体损失的认定和弥补需要原告对此提起诉讼请求。可见，最高人民法院在原告信赖利益保护问题上遵循了处分主义原则，保持了诉判的一致性。值得借鉴的是，本案在裁判理由中积极释明并引导原告针对信赖利益损失进一步寻求救济，为被告郑州市政府在判决后组织调查处理奠定了基础。

通过对诉判关系的理论梳理以及典型案例的现实观察，可以发现，对于不同位阶、不同类型的权益损害，权利保护和秩序维护价值选择也不同，影响到了补救判决作出的时机和内容。我们可以在补救判决内容与原告的诉讼请求之间架设“桥梁”（见图3），即通过裁判理由的释明与引导，在主观权利保护和客观秩序维护的双向价值选择中明确补救措施内容与范围，从而保持诉判关系的统一与平衡。

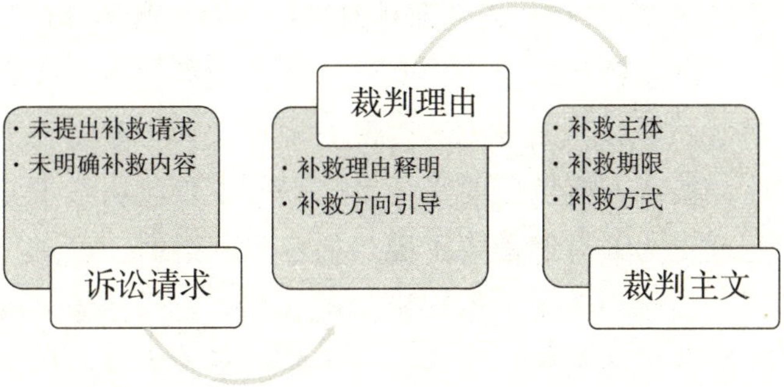

图 3　补救判决的诉判统一流程

四、进路与完善：补救判决的类型化续造

（一）“双维度”通道下补救判决的路径建构

尽管《行政诉讼法》第七十六条使用“可以”二字表明法院在是否作出补救判决上具有裁量的权力[①]，但该条在补救判决的具体方式选择方面并未作出更为细化的规定。我们可基于客观秩序维护和主观权利保护两个不同维度讨论补救判决的结构调整与内容完善。

1. 依职权补救——客观秩序维护路径。第一种情形是在情况判决中，法院依职权对于平衡公共利益和个体利益所造成的特别牺牲进行弥补。此种情况下，法院仍然是“应当”责令被告采取补救措施。虽然行政行为被确认违法，被告在产生了“形式上”的损害赔偿责任，但此情形下的特别牺牲在“实质上”仍带有损失补偿性质[②]，因此原告既可以在行政行为被确认违法后，对于损失提起赔偿诉讼，法院也可以在确认行政行为违法的同时，将补救措施的内容明确为责令被告对于原告的损失予以补偿。第二种情形是在行政程序轻微违法的判决中，对于可以经过补办手续、修正错误等措施消除程序轻微违法对原告造成不利影响的，可以责令行政机关一定期限内对于违法的行政程序环节予以补正，消除轻微程序违法对原告带来的负面影响。

2. 依申请补救——主观权利保护路径。在负担性行政行为中，如果违法行政行为的后果持续存在并继续对原告的权利产生不利影响，则原告可以行

① 参见李广宇著：《新行政诉讼法逐条注释》，法律出版社 2015 年版，第 657 页。

② 参见陈清秀著：《行政诉讼法》，法律出版社 2016 年版，第 652 页。

使公法上的结果除去请求权，“只要是涉及消除违法行政活动的仍在持续的后果，就总是可以考虑这种请求权”[①]。其成立要件包括：原因行为（行政处分或事实行为）违法；直接损害相对人之利益；在法律上和事实上有除去之可能；损害之发生，被害人应负主要责任者，不得主张此项请求权在授益性行政行为中，当行政行为的撤销侵害了原告的信赖利益时，可以行使信赖利益保护请求权，对于信赖利益损失取得求偿的权利。我国台湾地区“行政诉讼法”第八条第二款规定了撤销诉讼合并一般给付诉讼，此时因诉之追加而成立了事后的客观合并之诉。[②]需要注意的是，我国《行政诉讼法》第七十三条规定了给付判决的裁判种类，这就为今后在撤销诉讼中合并提起给付之诉奠定了基础，在未来司法实践中，可以将原告在诉讼请求中主张的结果除去请求权及信赖保护请求权纳入《行政诉讼法》第七十三条一般给付诉讼裁判的客体范围，进而将依申请下的补救判决改造成为给付判决类型，实现补救判决从亚判决类型向独立判决类型的改造。

（二）“多因素”考量下补救判决的内容完善

1. 补救的主体。尽管根据《行政诉讼法》第七十六条的条文规定，补救措施的义务主体是被告，从目前的审判实践来看，补救措施的主体并不严格地限定于违法行为人一方。为了保证补救措施的实际效果，法院可以责令第三方与违法责任主体共同采取补救措施。例如，在罗荣昌诉郑州市惠济区人民政府及长兴路街道办事处一案中[③]，在街道办事处未获得拆除违法建设的职权而被确认违法的情况下，法院出于实质解决纠纷的考虑，责令对拆除行为负有监督管理职责的县级政府与街道办事处共同对当事人的损失采取补救措施。

2. 补救的期限。由于不同类型的补救措施对于行政机关的行为期限要求不同，可以针对具体需要补救的情形将补救措施的期限设定为 15 日、30 日、3 个月、6 个月。补救措施的期限从判决生效之日起计算。如行政机关超过期限未采取补救措施，或补救措施不到位的，法院可以根据情况追究行政机关

---

① ［德］弗里德赫尔穆·胡芬著：《行政诉讼法（第 5 版）》，莫光华译，法律出版社 2003 年版，第 307 页。

② 参见刘宗德、赖恒盈著：《台湾地区行政诉讼：制度立法与案例》，浙江大学出版社 2001 年版，第 452 页。

③ 参见最高人民法院（2017）最高法行申 1064 号行政判决书。

不依法履行判决的责任。

3. 补救的方式。可以通过在诉讼中引入多方协调机制，由行政机关在法院判决前提供补救方案，法院根据补救方案中的具体措施，综合考量补救措施的方式和实际履行效果，尽量有针对性地将补救措施内容进行明确和细化，从而最大限度地保护当事人的合法权益。

五、结语

修正后的《行政诉讼法》为行政诉讼补救判决的实施和适用创造了条件，而补救判决的内容和结构完善仍需要法院在具体的司法实践中不断总结经验。在行政诉讼类型化趋势下，补救判决和撤销判决、赔偿判决的功能衔接和类型转换化也有待深入的探索，期望在不久的将来，补救判决能够进一步发挥司法裁判功能，在实质化解行政争议和保障原告合法权益方面作出贡献。

（作者单位：天津市河东区人民法院）

集体经济组织成员资格的认定探析

——从一宗确认集体经济组织成员资格行政诉讼案件谈起

刘利红

【摘要】 由于法律的缺位，现行地方立法、司法意见中的规范在实践中不易操作，涉集体经济组织成员资格认定案件存在诸多难点。基于农村现状和审判实践，集体经济组织成员资格的认定标准应区分成员资格的取得和丧失情形，以是否具有本集体经济组织户籍为基本原则，结合以本集体经济组织的土地为基本生活保障作为判断标准。而审理涉成员资格认定的行政案件，除要把握好成员资格认定的标准外，还要审查是否属于重复诉讼、是否遗漏第三人、政府是否超越职权等问题。

【关键词】 集体经济组织　成员　成员资格　行政案件

【案情简介】

原告陆某，出生于1995年6月，原户籍在某县。陆母与陆生父离婚后于2006年6月13日与A市B村小组村民登记结婚，2006年8月15日，因夫妻投靠，其母将户口迁入A市B村小组。2009年6月17日，陆某将户口亦迁入A市B村小组，理由是父母与子女相互投靠。陆某户口迁入时未满16周岁，为在校学生。2009年年底，陆母同陆某继父诉讼离婚。陆母离婚后未长住在B村，在B村周边以打工为生，陆某及其母的户籍仍在A市B村小组，未迁出，且两人一直在B村参加社区医疗保险，并具有该村选民资格。2011年11月，A市B村的房屋、土地整体被征收，但该村认为陆某及其母不具有该村集体经济组织成员资格（以下简称成员资格），不予分配土地补偿款。2013年12月11日，A市政府发布关于“外嫁女”征地补偿费分配的指导意见，该指导意见明确了成员资格由区政府进行确认。之后，陆某及其母向A市C区政府提交确认成员资格申请书。2017年7月3日，C区政府作出〔2017〕1号《农村集体经济组织成员资格确认书》（以下简称1号确认书），认定陆母具有B村成员资格；同日，C区政府又作出〔2017〕2号《农村集体经济组织成员资格确认书》（以下简称2号确认书），认定陆某不具有B村成员资格。陆某不服，诉请撤销2号确认书。同时，B村亦向法院提起行政诉讼，请求撤销1号确认书。

一、问题的提出

随着城市化和基础设施建设的推进，国家一轮接着一轮征地，导致征地者、村集体、村集体经济组织成员之间产生各式各样的矛盾和冲突，而发生在土地补偿费分配纠纷中不可回避的问题是成员资格的认定。因全国人大、国务院或农业部没有制定法律、法规或规章对成员资格的认定确定统一标准，最高院亦未出台相应的司法解释①，目前，成员资格认定已经成为司法实践中颇具争议的疑难问题属于不可争之事实。

从案件的审理情况看，涉成员资格的案件多发生在土地补偿费分配纠纷中，又不限于该类纠纷，且主要是民事案件，但仍有部分案件起诉行政机关作出的处理（确认）行为。由于行政诉讼的受案范围、诉讼主体、起诉条件、诉讼内容等均有别于民事诉讼，相比民事案件的审理，除了认定标准这一疑难问题外，成员资格认定的程序、诉讼参加人等方面亦值得探讨，如在法律规范缺位的情况下，政府作出的确认书应怎么适用法律？做出行政行为的过程中应该履行什么程序？基层政府能否对集体经济成员资格进行确认？离婚妇女与其未成年子女的权益如何保障？成员资格的取得和丧失情形是否应一一对应？成员资格是否有期限？本文中，笔者对部分问题提出一点粗浅

① 最高人民法院负责人就《最高人民法院关于审理涉及农村土地承包纠纷案件适用法律问题的解释》答记者问时提到，最高人民法院在起草《关于审理涉及农村土地承包纠纷案件适用法律问题的解释》过程中曾试图对农村集体经济组织成员资格问题作出规定，并设计了七个条文的初步意见。但是最终最高人民法院审判委员会讨论后认为："农村集体经济组织成员资格问题事关广大农民的基本民事权利，属于《立法法》第四十二条第（一）项规定的情形，其法律解释权在全国人大常委会，不宜通过司法解释对此重大事项进行规定。因此，应当根据《立法法》第四十三条规定，就农村集体经济组织成员资格问题，建议全国人大常委会作出立法解释或者相关规定。"

看法权当“抛砖引玉”，期待专家和同人解惑。

二、确认集体经济组织成员资格的标准

由于成员资格认定事关农民基本民事权利和生存利益，实践中属于不可逾越的难题。特别是在解决土地补偿款的分配、股权和村民福利待遇分配等纠纷过程中，它已经成为一个必须解决而无法忽视的现实问题。迫于解决纠纷的现实需要，国内部分省市的高级法院对成员资格认定已经制定了相应的裁判标准。如《海南省高级人民法院关于审理农村集体经济组织土地补偿费分配纠纷案件若干问题的意见（试行）》《天津市高级人民法院关于农村集体经济组织成员资格确认问题的意见》（津高法民一字〔2007〕3号）、重庆市高级人民法院印发《关于农村集体经济组织成员资格认定问题的会议纪要的通知》（渝高法〔2009〕160号）。近些年，部分省市政府为实施《农村土地承包法》及推进农村集体产权制度改革，对成员资格的认定问题十分重视，也制定了相应的规定，如《广东省农村集体经济组织管理规定》《天津市村集体经济组织成员资格认定指导办法（试行）》《江西省实施〈中华人民共和国农村土地承包法〉办法》《山东省实施〈中华人民共和国农村土地承包法〉办法》《安徽省实施〈中华人民共和国农村土地承包法〉办法》等。政府和法院相关文件的出台为成员资格认定提供了一定的法律依据和裁判标准，对解决现实纠纷起到了积极功效。

（一）影响成员资格认定的因素

综观各省市成员资格的认定标准，影响成员资格认定的因素不外乎户籍、土地（承包地）、权利义务、生产生活地等。

1. 户籍

《户口登记条例》第六条规定，公民应当在经常居住的地方登记为常住人口，一个公民只能在一个地方登记为常住人口。可见，公民必须有且只能有一个户籍。从20世纪50年代我国实施户口登记制度以来，户籍一直是与社区、住户、人口相关的市镇管理和其他行政管理的必备基础。因此，户籍作为认定成员资格的标准之一有其合理性和可行性。而各地制定的成员资格认定标准，无一例外均包含了“取得本集体经济组织所在地常住农业户口”，甚至个别省市将是否具有本集体经济组织所在地常住户口作为单一标准来判

断是否具有成员资格。[①] 例如，《湖北省农村集体经济组织管理办法》第十五条规定，凡户籍在经济合作社或经济联合社范围内，年满 16 周岁的农民，均为其户籍所在地农村集体经济组织的社员。笔者认为，户籍具有的地域性和家庭成员关系属性一定程度上能客观反映出集体组织与其成员的关系，且户籍标准易统一，容易识别，应作为成员资格确认的主要标准。

2. 土地（承包地）

土地是农村集体经济组织成员最基本的生产和生活资料，具有基本生存保障的功能，如同城市居民享有的社会保障体系。因此，部分省市成员资格的认定中将“是否以本集体经济组织土地为基本生活保障”作为界定成员资格的核心标准。

农民使用土地通常是通过农村集体经济组织内部的家庭承包方式。当前，涉集体组织成员资格案件大多源于土地补偿款分配纠纷。从理论上来说，土地征收补偿费请求权实际上是附着于土地承包经营权的一项法律权利。[②] 土地承包法规定包括妇女在内的所有村民将获得相较于以往更加稳定的土地承包经营权。[③] 但由于现行法律体系自身逻辑上的无法自恰而导致的法律缺位，使得一些村民事实上无法获致其赖以维持生计的土地承包经营权，这种状况在村民因为结婚、离婚、入赘等原因而发生身份“变动”的情形下表现得尤其明显。[④] 我国农村第一轮土地承包从 1983 年前后开始到 1997 年止，承包期为 15 年。第二轮土地承包从 1997 年开始，土地承包期再延长 30 年，即第二轮土地承包期限为 30 年。目前正处于第二轮土地承包期间。实践中存在这样一种情况，妇女外嫁在新居住生产生活，理应分得承包地，但因农村第二轮土地承包工作已完成，导致无地可分，而原居住地因“减人不减地”的承包

---

① 参见宋春雨：“土地集体经济组织与其成员之间土地补偿费纠纷的处理原则”，载《民事审判指导与参考》总第 23 集。

② 刘志刚：“法律缺位状态下村民基本权利研究”，载《北方法学》2011 年第 6 期。

③ 《农村土地承包法》第五条规定：“农村集体经济组织成员有权依法承包由本集体经济组织发包的农村土地。任何组织和个人不得剥夺和非法限制农村集体经济组织成员承包土地的权利。”第六条规定：“农村土地承包，妇女与男子享有平等的权利。承包中应当保护妇女的合法权益，任何组织和个人不得剥夺、侵害妇女应当享有的土地承包经营权。”第二十条规定：“耕地的承包期为三十年。草地的承包期为三十年至五十年。林地的承包期为三十年至七十年；特殊林木的林地承包期，经国务院林业行政主管部门批准可以延长。”

④ 参见刘志刚：“法律缺位状态下村民基本权利研究”，载《北方法学》2011 年第 6 期。

原则，未必收回了“外嫁女”承包地，[①] 如果以取得的承包地作为基本生活保障的来源，该妇女到底具备新居住地的成员资格还是旧居住地的成员资格显然是个难题。因此，笔者认为，将“是否以本集体经济组织土地为基本生活保障”作为认定成员资格的标准之一，过于抽象，实践中不易把握。

3. 义务的履行

从各省市制定的成员资格认定标准看，有部分省市将村民是否履行义务作为认定成员资格应考虑的因素之一，如《四川省农村集体经济组织成员资格界定指导意见》提出界定成员资格需结合户籍关系、土地承包、居住状况以及义务履行等情况，兼顾各类成员群体的利益，特别注重保护妇女、儿童等群体利益。再如《广东省农村集体经济组织管理规定》第十五条规定，原人民公社、生产大队、生产队的成员，户口保留在农村集体经济组织所在地，履行法律法规和组织章程规定义务的，属于农村集体经济组织的成员。而何谓应履行的义务，上述规定中并未予以明确，尤其是自2006年1月1日起我国全面免除农业税，理论上可以认为，在目前村民处于享受权利，基本不承担义务的情况下，以履行义务作为取得成员资格的标准之一实践中难以把握和操作。

4. 固定的生产、生活

将“是否在本集体经济组织形成较为固定的生产、生活”作为认定成员资格的条件，是大部分省市出台的相关文件中确定的标准之一。笔者认为，在当前鼓励农村人口流动的政策下，大量的农村人口外出打工是不争的事实，要求村民在本集体经济组织形成固定的生产、生活才能认定为集体组织成员既不符合农村现实情况，也不利于农村剩余劳动力转移、非农产业的发展，实践中难以操作。

（二）成员资格的取得和丧失标准

通过对各省市文件中列举的成员资格取得和丧失的情形进行归纳分析，发现成员资格的取得方式主要可以概括为两种：原始取得和加入取得。原始

---

① 最高法院民一庭关于农村土地承包纠纷的答复提到，《农村土地承包法》第二十六条规定了发包方收回承包地的情形只有一种，即承包期内，承包方全家迁入设区的市，转为非农业户口。家庭承包经营的主体是农户，家庭成员个人不与土地承包经营权挂钩。只要农户还在，农户内部的人员流动不应影响土地承包经营权的内容和范围。

取得的主要表现形式是出生，加入取得主要包括基于婚姻、收养关系而取得，政策性迁入以及协商取得。而丧失成员资格主要是死亡；取得其他集体经济组织成员资格；取得非农业户口，且纳入国家公务员序列或城市居民社会保障体系。在认定标准方面基本上都是要求“综合考虑”户籍、土地、生产和生活、权利和义务几个要素。

笔者认为，除户籍外，其他几个要素实践中不好把握且与农村现状不符，加上各地农村风俗习惯、村规民约及对集体财产分配方案标准不同，此类案件原告的情况各异，复杂多样，规范性文件难以穷尽不同情形，“综合考虑”实际上会导致不同的法官有不同的理解，侧重点也会有差异，从而出现同案不同判的结果。因此，确定统一的、易操作的认定标准是当务之急。

根据目前各省市制定的标准结合实践中的具体情况，对于成员资格的确定，笔者认为，可以从两个方面进行考虑：

一是成员资格的取得标准按原始取得和加入取得进行区分。1. 关于原始取得，首先可以确定取得本集体经济组织成员资格的人员是原农业生产队、农业生产大队或人民公社的社员或世居本地，且户口一直保留在本集体经济组织所在地的，即所谓的原住民；其次是原住民的子女后代，户口保留在本集体经济组织所在地可认定为本集体经济组织成员。因此，原始取得的标准是，出生加户口在本集体经济组织所在地。2. 关于加入取得，只要婚姻、收养关系合法、迁入政策生效、村民会议同意，且户口在本集体经济组织所在地，其本人及子女即取得本集体经济组织成员资格。

二是成员资格的丧失标准须与取得标准相对应。原始取得的资格丧失主要包括死亡、户口迁出且纳入国家公务员序列或城市居民社会保障体系情形。加入取得的资格丧失则为婚姻、收养关系的解除、迁入政策的改变或失效，且户口迁出。

以上两个标准可操作性强，同时能将现实中的各类情形化繁为简。如实践中比较突出的几类人员的资格认定问题。1. 服兵役人员、考上大中专院校的学生、服刑人员等资格认定问题。该类人属于原住民或原住民的子女后代，从出生取得本地户籍起即具有了本地成员资格，因此该类人成员资格的确认实质上是对是否丧失成员资格的判断。虽然其间户籍短暂迁出，但只要未纳入国家公务员序列或城市居民社会保障体系且户口迁回的，该类人的集体组织成员资格未丧失。2. “外嫁女”资格认定问题。近些年，“外嫁女”资格认定问题比较突出。对于“外嫁女”成员资格认定问题，应尊重“外嫁女”的选择。如果“外嫁女”不愿意将户口迁入夫家，则“外嫁女”作为原住民的子女，适用原始取得的资格认定标准，不因其结婚、离婚等原因而发生身份“变动”，可认定“外嫁女”保留原居住地成员资格，同时，不能取得新居住地的成员资格。关于“外嫁女”成员资格的丧失。未迁户口的“外嫁女”成员资格的丧失同原始取得的资格的丧失情形；已迁户口的“外嫁女”成员资格的丧失同加入取得的资格的丧失情形。3. “改嫁女”资格认定问题。“改嫁女”的成员资格的取得和丧失同“外嫁女”情况。只要“改嫁女”户口始终未迁出原居住地（娘家），无论她改嫁多少次，都具有原居住地的成员资格；“改嫁女”户口迁出原居住地，其成员资格的取得和丧失同加入取得的情形。综上，成员资格的确定标准可以考虑以户籍为主，成员资格的取得情形按原始取得和加入取得进行区分，每一位村民只能取得一个集体经济组织的成员资格；成员资格的丧失与取得情形相对应。

三、行政诉讼案件中集体成员资格认定的处理原则

（一）是否属于行政诉讼范围

通常集体成员资格认定案件主要集中在侵犯集体经济组织成员权益纠纷或土地征收补偿费分配纠纷，即属于民事案件范畴。实践中，对此类案件法院是否受理各地法院做法不一致。一种做法是不受理，裁判理由主要有几个方面，有法院认为成员资格的确认需先经政府部门确认和处理，对政府处理决定及行政复议不服的，可以向法院提起行政诉讼；[①] 还有法院认为对成员资格的认定，属于村民委员会自治范畴，对其监督规范应由相关主管部门依法进行，不属人民法院民事案件受理范围等[②]。另一种做法是受理，理由是该类案件的根源是利益分配，原告认为其权利受到侵犯诉诸法院时，法院应该受理，而成员资格的认定是案件审理中不可回避的问题，不能以法无明文规定而拒绝裁判。笔者同意后一种意见。

至于涉成员资格认定案件是民事案件还是行政案件，取决于是否经过行政机关处理以及原告选择的被诉对象。《行政诉讼法》第二条规定，公民、

① 参见广东省茂名市中级人民法院（2014）茂中法民终字第 7 号民事裁定。

② 参见辽宁省沈阳市中级人民法院（2016）辽中法民终字第 7447 号民事裁定。

法人或者其他组织认为行政机关和行政机关工作人员的具体行政行为侵犯其合法权益，有权依照本法向人民法院提起诉讼。前款所称行政行为，包括法律、法规、规章授权的组织作出的行政行为。如地方法规规章已明确授权由基层政府认定集体经济成员资格，村民对确认行为不服提起诉讼的；或村民申请了当地政府处理集体款分配纠纷，对政府的处理行为不服提起诉讼的，属于行政诉讼范畴，适用行政诉讼法的规定进行审理。反之，村民直接向法院起诉村集体侵犯其合法权益，应作为民事案件予以受理，适用民事诉讼法的规定进行审理。

（二）对涉及成员资格认定的争议能否在民事诉讼败诉后再提起行政诉讼

如前所述，村民认为权益受到村集体的侵害有三种救济途径，一是申请基层政府处理民事争议，对政府的处理行为不服的，提起行政诉讼；二是根据相关规定，向基层政府申请确认集体组织成员资格，对认定行为不服的，提起行政诉讼；三是直接以村集体为被告提起民事侵权之诉。对于第一、二种情形，如果当事人未起诉政府的处理（认定）行为而是直接向法院提起民事诉讼，在民事诉讼败诉后能否再起诉处理（认定）行为呢？最高法院的案例已明确表明，对既可以通过民事诉讼途径，又可以通过行政诉讼途径解决的争议，当事人只能选择一种途径进行救济。在提起民事诉讼败诉后，当事人又对同一争议所涉行政行为再次提起行政诉讼的，属于重复起诉的情形，应驳回起诉。①

（三）村集体是否应加入诉讼

一个特定农民集体或者集体经济组织实际上是一个成员具有同质性的利益共同体，这个利益共同体以集体内部集体所有的土地等自然资源为基本生存保障基础。特别是在土地等自然资源被征收的情况下，这些生存保障基础对集体成员来说可能会永久性丧失，而事实上征收土地等所得的补偿费却是特定不变的，具有成员资格的人数的多少就成了每个集体成员所能分享利益大小的关键因素。② 可见，在涉及成员资格认定的争议中，村民与村集体处于利益的对立面。《行政诉讼法》第二十九条规定，公民、法人或者其他组

① 参见最高人民法院（2017）最高法行申5519、5524号。

② 管洪彦：“村规民约与农民集体成员资格认定”，载《私法研究》（第12卷），法律出版社2012年版，第289页。

织同被诉行政行为有利害关系但没有提起诉讼，或者同案件处理结果有利害关系的，可以作为第三人申请参加诉讼，或者由人民法院通知参加诉讼。在涉成员资格确认的行政诉讼中，村集体与该确认（处理）行为具有利害关系，可以作为原告或第三人加入诉讼。

（四）行政机关确认集体成员资格是否超越职权

集体经济成员资格问题事关广大农民的基本民事权利和生存利益，直接决定了集体土地补偿款的分配、集体福利分配等成员权益。《村民委员会组织法》第二十四条规定了涉及村民利益的事项须经村民会议讨论决定方可办理，其中就包括了征地补偿费的使用、分配方案。而制订分配方案必然就涉及了成员资格的认定。成员资格的认定属于村民自治范畴。在各省市政府制定的涉成员资格认定的规范性文件中，绝大部分都将成员资格的认定交由集体经济组织讨论决定，但也有极个别的市县明确由基层政府进行确认，如三亚市政府制定的《关于印发三亚市“外嫁女”征地补偿费分配的指导意见的通知》。而政府进行成员资格的确认是否超越职权呢？《村民委员会组织法》第二十七条规定，村民自治章程、村规民约以及村民会议或者村民代表会议的决定不得与宪法、法律、法规和国家的政策相抵触，不得有侵犯村民的人身权利、民主权利和合法财产权利的内容，违反规定的，由乡、民族乡、镇的人民政府责令改正。根据该条的规定，基层政府对村民自治章程、村规民约以及村民会议或者村民代表会议的决定有监督处理的职能。因此，如果村集体组织制订的分配方案中对部分村民以无成员资格为由不予分配，该部分村民申请政府确认成员资格，实质上是要求政府履行监督处理的职能，不属于超越职权的情形。

四、结语

涉成员资格认定的行政诉讼还有不少问题需要我们进一步研究和探索，而其中的核心问题，即村民在什么情况下可以成为集体组织成员，目前为止没有一部法律对其进行规制。即使地方政府、省级法院出台了一些法规规章，暂时解了燃眉之急，对于解决现实纠纷起到了积极功效。但由于各地认定标准不统一、规定过于抽象等，仍无法应对生活中出现的复杂情况。且这些规范性文件和司法指导意见，在法律渊源体系中的位阶较低，相对于成员资格认定的重要性，其权威性不足不言而喻。期待国家最高立法机关及时作出积极反应，尽快制定出全国性的统一规定。

（作者单位：海南省高级人民法院）

婚姻登记案件原告资格判定与审查标准

——从保护规范理论视角

朱晓宇

【摘要】 婚姻登记（包括结婚登记、离婚登记以及复婚登记）而引发的行政案件与传统行政案件有所不同。而引入较为成熟的保护规范理论，对于确定婚姻登记案件的原告以及审理好婚姻登记案件有其现实意义。文章在对《关于婚姻登记行政案件原告资格及判决方式有关问题的答复》（法〔2005〕行他字第13号）剖析的基础上，提出要将婚姻登记法律规范分为效力性强制性规范和管理性强制性规范，在判断婚姻登记行为法律效力时，对无效登记、可撤销登记、登记程序违法、登记程序瑕疵的判定与理解，既要兼顾传统行政法与行政诉讼法理论，更要适用婚姻法的特殊规定与婚姻登记的特殊性，应当科学地选择裁判方式，对婚姻登记行为合法性作出恰当的评价。在个案裁判时，应当根据不同当事人不同的诉讼请求、诉讼理由和诉讼主张，科学地判定原告资格、起诉期限、审查标准、审查强度，实现婚姻登记合法性、当事人意思自治与维护婚姻家庭关系稳定性之间的平衡。

【关键词】 保护规范理论　婚姻登记　原告资格　审查标准

一、问题的提出：谁有资格做原告

家庭是社会的细胞，家庭关系的和谐稳定直接影响到社会的安定。家庭是在婚姻关系基础上产生的，也是缔结婚姻的必然结果。由于文化、风俗及社会发展阶段不同，不同国家、不同历史时期缔结婚姻的方式也不相同，大致可以分为登记制、仪式制（包括世俗仪式、宗教仪式、法定仪式）、登记与仪式结合制等类型。我国《婚姻法》第八条规定："要求结婚的男女双方必须亲自到婚姻登记机关进行结婚登记。符合本法规定的，予以登记，发给结婚证。取得结婚证，即确立夫妻关系。未办理结婚登记的，应当补办登记。”因此，办理结婚登记是我国缔结婚姻的必要条件，也是婚姻关系成立的法定程序。

现代的婚姻登记制度，其存在的作用主要有以下三点：1. 信息公示。一方面可以得到社会的广泛尊重和遵守法律的影响，另一方面为社会成员在参与或构建有关法律关系时提供信息保障。2. 便于监管。保障婚姻自由、男女平等、一夫一妻等制度的实施，登记更便于管理。3. 体现国家意志，实现国家政策。比如，男22周岁、女20周岁才可缔结婚姻。[①] 结婚登记的性质较为复杂：既具有男女双方基于自愿原则而形成的确立夫妻关系的民事法律关系，又具有国家基于维护公序良俗需要而对符合结婚条件的申请予以登记的行政法律关系。实践中对婚姻登记的性质，有行政许可说、行政登记说、登记公示说等不同性质的认定。[②] 但理论研究上的分歧，并不影响“无登记，即无婚姻”这一基本共识。

缔结婚姻的实质要件是双方自愿，婚姻登记机关主要仅仅是确认身份与双方意愿，以及审查是否具有不能结婚的条件，因而总体上婚姻登记行为审查较为简单。但实践中因婚姻当事人故意作虚假陈述、提供虚假、伪造、他人的身份信息登记、婚姻登记机关未尽到审查义务所造成的违法登记现象，在一定范围内仍然存在。当事人请求撤销违法的婚姻登记、请求撤销、宣布结婚登记无效的纠纷的方式主要有以下两种：一是通过民事诉讼解除婚姻，二是通过向婚姻登记机关提出申请由婚姻登记机关对婚姻法律关系作出否定性评价。而后者引发的纠纷，则主要通过行政诉讼渠道来解决。此即产生了何人、以何理由、何时能向婚姻登记机关请求对已经依法登记的婚姻作出否定性评价的问题；与此相对应，对行政诉讼而言即产生了谁具有原告资格、以何种诉讼请求和理由、在何期限内提起诉讼以及人民法院如何审查的问题。

对上述问题，最高人民法院至今既未制定司法解释，也无统一的裁判观点。比如，理论界和实务界有关继承人对被继承人的婚姻登记行为是否具有

---

① 隋婉君：“对我国婚姻登记制度的思考”，载《法制博览》2016年第6期。

② 参见王晨、李亚兰：“从结婚登记程序瑕疵看婚姻法与行政法的竞合”，载《黑龙江社会科学》2008年第6期。孙凌：“婚姻登记的法律属性辨析——由《中华人民共和国婚姻法》第八条引发的思考”，载《宁夏社会科学》2010年第3期。

原告资格的问题，存在两种截然相反的观点。《关于婚姻登记行政案件原告资格及判决方式有关问题的答复》主张：第一，依据《行政诉讼法》第二十四条第二款规定，有权起诉婚姻登记行为的婚姻关系当事人死亡，其近亲属可以提起行政诉讼。第二，根据《婚姻法》第八条规定，婚姻关系双方或一方当事人未亲自到婚姻登记机关进行婚姻登记，且不能证明婚姻登记系男女双方的真实意思表示，当事人对该婚姻登记不服提起诉讼的，人民法院应当依法予以撤销。但此答复，也进一步暴露出传统“利害关系理论”的缺陷和不足，该答复被批评为“动摇婚姻自由原则”“威胁婚姻家庭稳定”“损害债权人合法权益”“影响婚姻登记秩序”，可能使婚姻登记机关沦为不诚信的当事人实现自身目的的工具，极大地影响了正常的婚姻登记秩序。① 对上述答复的批评意见，也引发了最高人民法院法官的相关背景说明，指出“浙江省高级人民法院报送请示的‘郑松菊、胡奕飞诉温州乐清市民政局颁发结婚证行政争议一案’中，作为近亲属的起诉人主张的是婚姻登记行为违法，可能导致损害婚姻当事人一方的合法权益，而不是被诉的婚姻登记行为侵犯了自身的继承权，因此浙江人民法院承认其原告资格是成立的”。② 但此个案答复引发的争论，仍应从法理上予以澄清。

笔者认为，婚姻自愿的本质与婚姻登记的性质决定了对已经宣告成立的结婚登记，公权力机关并不宜过度介入；即使是存在登记瑕疵甚至违法的结婚登记，公权力机关也不宜轻率否定。由于婚姻关系的特性，法律在对婚姻关系进行调整时，就必须兼顾当事人的意愿和社会的利益，即既要尊重当事人的意愿，又要对当事人的意思自治加以适当的干预和限制。③ 美国学者瑞特直言：“法律必须有正当的理由才能对婚姻关系加以干预。”“婚姻登记的目的是创设婚姻关系，在法律上是一种公权力行为，婚姻登记程序固然也是为保护婚姻当事人的利益而设定的，但有关法律规定更重视婚姻登记的实质，甚至为达到实质目的而迁就婚姻登记程序。”④ 因此，婚姻登记（包括结婚登

① 许本海、郭喜珂：“婚姻登记行政案件司法审查特殊规则之确立——以婚姻登记撤销之诉为研究对象”，载《山东审判》第33卷总第238期。

② 蔡小雪、金诚轩：“对结婚登记的审查应以结婚意愿为重”，载《人民司法（案例）》2014年第12期。

③ 张华贵：“论夫妻人身权利义务的国家干预与意思自治”，载《中国法学会婚姻法学研究会学术年会2010论文集》。

④ 孔祥俊著：“婚姻登记行为的可诉性与司法审查标准”，载《法制日报》2003年9月25日。

记、离婚登记以及复婚登记）而引发的行政案件的受理、审理与裁判，在原告资格标准、起诉期限以及审查思路和裁判方式上，应当确立起与传统行政案件有所区别的规则。婚姻登记行政案件的审理，必须考虑到婚姻登记行为的特殊性，以及婚姻的高度人身依附性，不轻易赋予原告资格、不轻易否定婚姻登记的有效性。这是司法介入婚姻登记，以及审理因婚姻登记而引发的行政案件时必须秉持的基本理念。

二、保护规范理论对原告资格确定的意义

笔者主张，行政诉讼的原告资格既与当事人所要求法院保护的权利种类有关，也与当事人的诉讼请求和诉讼理由息息相关，根据起诉人所主张的权利的不同，以及诉讼请求和理由的不同，当事人是否具有原告资格的判定，是可能完全不同的。或者说，行政诉讼原告资格与被诉行政行为是否具有"利害关系"的判定，与其主张的需要保护的权利类型以及具体诉讼请求、诉讼理由密切相关。一个论理充分的起诉状、诉讼请求与诉讼理由，可能让通常被认为没有原告资格的人，获得了起诉资格；而一份糟糕的起诉状，可能让通常认为具有"利害关系"的原告，丧失起诉资格。婚姻登记案件中的诉与诉权，极好地说明了此种现象。而此种现象存在的缘由，通过保护规范理论和婚姻登记案件，可以得到充分验证。

保护规范理论源自德国的公权理论，最早由德国法学家 Buehler 提出。其内涵包括"以行政机关作出行政行为时所依据的行政实体法和所适用的行政实体法律规范体系，是否要求行政机关考虑、尊重和保护原告诉请保护的权利或法律上的利益（以下统称权益），作为判断是否存在公法上利害关系的重要标准"。[①] "公法权利的确认，应从探求相关法律的规范意旨着手，若该法规的规范目的，除保护公共利益之外，同时兼及保护个人的利益，则受保护的个人即因该法规而享有公法上的权利。"[②] "对公权力主体课以义务的行政法规，经由解释，其目的如在于，或至少同时在于承认及保护特定个人的利益，使其得为自己而予以实现时，即存在人民的公权利；反之，行政法规如仅为一般或特别的公共利益，设定公行政特定行为义务，人民虽因而获有

① 最高人民法院（2017）最高法行申 169 号行政裁定书。
② 李建良著：《行政法基本十讲》，台北元照出版社 2011 年版，第 198 页。

利益，此一利益并非法律的目的所在，或仅偶然发生者，则为反射利益，而非公权利；唯有规范中的客观义务有个别的利益保护指向时，即它在保护公益的同时，也保护特定人的特定利益，我们才可确认，这些客观规则赋予了公民以主观权利。”[①] 从上述概念中，可以得出：保护规范理论的核心要素即公法上的权利，而公权力的成立要件即保护规范理论的核心内容。

虽然各国在保护规范理论的具体内容上存在差异，但在主观公权力的成立上都包含以下几个要件：（1）存在因具体行政行为而受到侵害的个人权益。（2）存在规定行政机关应当采取作为或不作为义务的公法规范。（3）该公法规范在法律目的上不完全是考虑公共利益，即至少有保护此项个人利益的目的。[②] 因此，在利用保护规范理论进行个案判断时，离不开以下三个步骤：（1）找到当事人行政争议所涉及的法律规范，即行政机关作出行政行为时所依据的行政实体法规范。（2）解释该法律规范是否属于保护规范，即探求法律规范的目的，视其在公共利益之外，是否有对个人利益考虑、尊重和保护的目的。（3）判断起诉人是否在法律保护范围之内，即被侵害的个人权益是否在法律规范目的的射程之内。当以上三项条件都满足，则行政法上的利害关系第三人当然具有原告资格。

在近年最高人民法院对行政法原告资格裁判的案件中，有一些也蕴含着保护规范理论的精神。最高人民法院对保护规范理论的认可，以及通过解释法律规范的目的来判定原告资格是否存在的步骤的合理性和可行性。总之，比起单纯的“利害关系”判断标准，保护规范理论更为清晰具体且其具有明确的判定步骤，具有更强的可操作性，对于实践有着重大意义。

三、婚姻登记的形式审查与登记规范对不同群体不同利差的区别保护

《婚姻法》第五条、第六条、第七条、第十条、第十一条从正、反两方面规定了婚姻成立的实质要件，第三十一条规定了离婚的实质要件。婚姻登记机关的职责范围和行政效率要求决定其无法进行真正意义上的实质性审查，

---

① 陈敏著：《行政法总论》，香港神州图书出版公司2003年版，第256页。

② 马立群著：“论行政诉权的构成要件与审查规则——行政诉权保障的路径及发展趋势”，载《南京大学法律评论》2013年第1期。

而只能进行审慎的形式审查。有人总结认为婚姻登记要把好以下十二关：一是“姓名关”、二是“婚龄关”、三是“婚姻状况关”、四是“近亲关”、五是“照片与本人对照关”、六是“双方到场关”、七是“婚姻状况证明日期关”、八是“补办登记关”、九是“登记日期关”、十是“结婚证字号关”、十一是“承办签名关”、十二是“领证人签名关”。①

从立法与以上规定来看，婚姻登记机关在办理婚姻登记时，其最主要的审查，只能是确保来登记结婚的男女双方亲自确认了缔结婚姻的意愿并亲自在申请表上签名和领取结婚证，就已经尽到审查义务。相反，登记机关并不能确定男女双方是真实自愿结婚还是另有隐情，口是心非；由于无法对身份证信息和婚姻状况进行联网核实，通常也只能对当事人提供的身份信息和婚姻状况证明进行形式审查；由于取消了婚前体检程序，也无法确定是否存在不能结婚的情形。由于结婚的高度人身性，这些都是男女双方在申请缔结婚姻前，交往过程中应当忠实于对方并自行确认的情形。

由此可见，现行的婚姻登记制度下的婚姻登记行为，完全是一种形式审查。存在婚姻无效、可撤销或者其他违法登记情形的，主要职责应当由婚姻当事人承担。对此，《最高人民法院关于适用〈中华人民共和国婚姻法〉若干问题解释（一）》第七条规定：“有权依据婚姻法第十条规定向人民法院就已办理结婚登记的婚姻申请宣告婚姻无效的主体，包括婚姻当事人及利害关系人。利害关系人包括：（一）以重婚为由申请宣告婚姻无效的，为当事人的近亲属及基层组织。（二）以未到法定婚龄为由申请宣告婚姻无效的，为未达法定婚龄者的近亲属。（三）以有禁止结婚的亲属关系为由申请宣告婚姻无效的，为当事人的近亲属。（四）以婚前患有医学上认为不应当结婚的疾病，婚后尚未治愈为由申请宣告婚姻无效的，为与患病者共同生活的近亲属。”

上述规定，是婚姻登记领域特殊的法律规范，特别是对婚姻登记关系中“利害关系人”范围的规定，也为我们适用规范保护理论，提供了一个十分清晰的“规范”标准，易于理解与适用。即不同违法婚姻登记情形，对不同的当事人形成有区别的“利害关系”，因而不同的诉讼请求与理由提起的诉讼中，原告资格的判定标准就不可能完全相同，而只能依据相关法律规范来进行。

---

① 段德昌：“婚姻登记要把好‘十二关’”，载《中国民政》1995 年第 3 期。

四、规范保护理论在具体案例中的运用

[案例一] 甲在已经与乙登记结婚的情况下，又与丙再次登记结婚，引发对第二次登记行为无效的诉讼。

显然，此类案件中甲乙丙本身属于结婚登记的当事人，也与重婚登记具有“利害关系”，均具有提起行政诉讼要求宣告第二次婚姻登记无效的原告主体资格。其诉请理由系基于重婚不受法律保护，第二次结婚登记不具备结婚登记的实质要件，违反《婚姻法》的禁止性规定，应予确认无效或者撤销。而甲乙丙的近亲属或者所在地的村委会、居委会是否具有原告资格提起确认无效的诉讼呢？我们认为从重婚本身是对公序良俗的破坏，不能完全取决于当事人之间的“自愿”，即使甲乙丙三人均认可两次婚姻，对社会公序良俗已经造成伤害，重婚登记与当事人的近亲属与基层自治组织有的特定的“利害关系”，因而具备原告资格，有权作为原告起诉。《最高人民法院关于适用〈中华人民共和国婚姻法〉若干问题解释（一）》第七条第（一）项规定，以重婚为由申请宣告婚姻无效的，为当事人的近亲属及基层组织，亦为利害关系人。

因此，此类案件在甲乙之间的结婚登记未依法解除前，甲丙之间的第二次结婚登记将始终处于重婚状态，属于无效行政行为，对甲丙之间结婚登记行为的起诉，不应受到起诉期限的限制。甲乙丙以及他们的近亲属、基层组织，可以随时提起确认无效诉讼。当然，在甲乙之间的结婚登记依法解除后，如甲丙之间仍有结为夫妻共同生活的愿望，仍应依法另行在解除重婚登记后，另行办理结婚登记。否则将给法律上评价在重婚登记与依法解除第一次结婚登记期间，甲丙婚姻关系与财产性质上评价的困难性，也不利于对重婚的否定性评价。

[案例二] 甲与乙登记结婚后，因存在禁止结婚的亲属关系而引发诉讼。

此类案件甲乙作为当事人显然具有原告主体资格。根据《最高人民法院关于适用〈中华人民共和国婚姻法〉若干问题解释（一）》第七条第（三）项规定，当事人的近亲属，亦为利害关系人，亦应具有原告资格。而《行政诉讼法》第二十五条第二款规定的“近亲属”，包括配偶、父母、子女、兄弟姐妹、祖父母、外祖父母、孙子女、外孙子女和其他具有扶养、赡养关系

的亲属。

由于此类结婚登记违反《婚姻法》禁止性规定，属于无效行政行为，因此也不应存在起诉期限的限制，甲乙与其近亲属可以随时提起确认无效诉讼，由于此类事由亦不存在补正或者治愈的可能性，人民法院应当确认无效，且自始无效，以彻底否定此类结婚登记。甲乙之间并不存在夫妻关系，不具有夫妻的权利义务，而只能认定为同居关系。

［案例三］ 甲与乙登记结婚后，因患有医学上不应当结婚的疾病而引发诉讼。

此类案件甲乙作为当事人显然具有原告主体资格。根据《最高人民法院关于适用〈中华人民共和国婚姻法〉若干问题解释（一）》第七条第（四）项规定，与患病者共同生活的近亲属，亦为利害关系人，应具有原告资格。此类案件的审理应当考虑婚后的适当时间内是否已经治愈，如已经治愈了相关疾病，则不应再对结婚登记作出否定性评价。当事人及其共同生活的近亲属坚决要求解除婚姻的，应当按照离婚程序解除婚姻，而不宜去彻底否定结婚登记，从而导致婚姻登记自始无效。为保障婚姻家庭关系的稳定，以及夫妻关系的高度人身依附性，《最高人民法院关于适用〈中华人民共和国婚姻法〉若干问题解释（一）》第八条规定，当事人依据《婚姻法》第十条规定向人民法院申请宣告婚姻无效的，申请时，法定的无效婚姻情形已经消失的，人民法院不予支持。

［案例四］ 甲与乙登记结婚后，因存在胁迫结婚情形而引发诉讼。

此处的胁迫应当作限缩性解释，即行为人以给另一方当事人或者其近亲属的生命、身体健康、名誉、财产等方面造成损害为要挟，迫使另一方当事人违背真实意愿结婚的情况。因受胁迫而请求撤销婚姻的，只能是受胁迫一方的婚姻关系当事人本人，而不宜包括近亲属。但是，根据《最高人民法院关于适用〈中华人民共和国行政诉讼法〉的解释》第十四条第二款规定，公民因被限制人身自由而不能提起诉讼的，其近亲属可以依其口头或者书面委托以该公民的名义提起诉讼。近亲属起诉时无法与被限制人身自由的公民取得联系，近亲属可以先行起诉，并在诉讼中补充提交委托证明。而此类案件审理的起诉期限，也应当有所不同。根据《婚姻法》第十一条的规定，因胁迫结婚的，受胁迫的一方可以向婚姻登记机关或人民法院请求撤销该婚姻。受胁迫的一方撤销婚姻的请求，应当自结婚登记之日起一年内提出。被非法限制人身自由的当事人请求撤销婚姻的，应当自恢复人身自由之日起一年内提出。此种时限的规定，充分体现了立法机关对婚姻家庭关系稳定性的特殊保护，以及婚姻登记自愿原则的充分尊重。

［**案例五**］甲与乙登记结婚后，因未达法定婚龄诉请撤销婚姻登记引发诉讼。

此类案件甲乙作为当事人显然具有原告主体资格。根据《最高人民法院关于适用〈中华人民共和国婚姻法〉若干问题解释（一）》第七条第（二）项规定，以未到法定婚龄为由申请宣告婚姻无效的，为未达法定婚龄者的近亲属，亦为利害关系人。因此甲乙的近亲属同样具有原告资格。实践中，当事人提起诉讼时，必须能提供初步成立的证据以证明男方登记结婚时小于22周岁，女方登记结婚时小于20周岁。此种诉讼的可撤销性，原则上只能是在起诉时双方或者单方仍小于法定婚龄。如果起诉时双方均已经达到或者超过法定婚龄，结婚登记的违反婚龄的违法情形，已经“自愈”，并无再予以纠正的必要，人民法院不应支持请求确认结婚登记无效的诉讼请求。从诉讼经济角度来看，人民法院对明显已经超过法定婚龄的起诉，以及婚龄到达日与起诉之间已经超过一年以上的起诉，可以直接裁定驳回。

［**案例六**］甲与乙登记结婚后，因结婚登记程序违法引发诉讼。

实践中，主要争议是当事人一方或者双方均未亲自到登记现场，相关签名全部或者部分非本人签署。我们认为，此类问题较为复杂，应当区别对待。甲乙双方显然均具有原告资格，可以请求法院以登记程序违法为由撤销婚姻登记。而法院在审理中，应当考虑当事人一方或者双方虽然未到场，或者未签名确认，但结婚登记并以夫妻名义共同生活是否是其真实意思表示，如双方确有缔结婚姻的共同意思表示，且知晓结婚登记，也知晓领取结婚证这样的事实，并且在事后又以夫妻名义共同生活，则结婚登记中的程序违法情形，不应成为主张撤销婚姻登记甚至婚姻登记无效的事由。即使结婚登记存在明显程序违法之处，法院也不宜作出撤销结婚登记的判决，而只宜作出确认结婚登记违法的判决，以保护结婚登记的效力，维护公序良俗。甲乙双方不愿意以夫妻身份共同生活的，应当选择通过离婚程序解除婚姻，而不宜从源头上否定结婚登记。对此类的起诉，亦应严格遵循行政诉讼法有关起诉期限的规定，婚姻当事人只能自知道或者应当知道婚姻登记之日起一年内提起诉讼。超过一年起诉期限的，应当裁定驳回起诉。

[**案例七**] 甲与乙登记结婚，一方死亡，死亡一方的近亲属以结婚登记程序违法侵犯其继承权为由引发诉讼。

此案件中最为知名的即为《关于婚姻登记行政案件原告资格及判决方式有关问题的答复》，胡某与张某共同创业积累了上亿元资产，在胡某之母郑某的同意下，在胡母家中为二人主持举行了订婚仪式。后二人开具相关证明材料，亲自到婚姻登记机关办理结婚登记，由于材料不全当天未能办理成功，后来由于特殊原因，二人无法亲自到场办理，就由胡某的堂兄代办了结婚登记，为二人领取了结婚证。二人婚后育有一女。后胡某病逝，婆婆郑某和儿媳张某在遗产分割问题上出现分歧，郑某遂提起行政诉讼，要求撤销乐清市民政局给胡某、张某颁发的结婚证。

我们认为，从保护规范理论来审视，本案的郑某并不具备原告资格。近亲属是“代替”死亡的婚姻当事人一方行使诉权，而非因婚姻当事人的死亡而当然地获得了诉权。即近亲属只能为维护死亡婚姻当事人的合法权益而提起诉讼，不能为维护自身合法权益提起行政诉讼。上述案例中，郑某以自己的继承权受到了结婚登记行为的侵害而以自己的名义提起行政诉讼，而非为维护儿子胡某的合法权益提起行政诉讼，故不应当赋予其提起本案诉讼的原告资格。郑某对遗产不享有值得公法保护的期待利益，郑某作为近亲属也非婚姻法在办理结婚时需要考虑的主体，郑某对胡某的遗产继承权，也非婚姻登记机关在办理结婚登记时，需要考虑或者保护的“权益”。换言之，郑某在本案中主张的财产继承权，并不是婚姻法保护的“对象”，也非结婚登记时必须保护的“合法权益”。

婚姻登记是国家对以社会性为根本属性的婚姻行为和婚姻关系进行监管，对符合《婚姻法》规定的结婚能力和结婚条件的申请者准予登记，其目的是避免出现当事人意思表示不自由、法定无效婚姻等情形，婚姻登记的行政法律规范主要意在维护合法正常的民事婚姻秩序，第三人的财产权益并不是民政部门在颁发《结婚证》时应当考虑的事项。继承方面的期待利益与合同法的期待利益相似，是利益人对未来利益的现实期待，期待获得自己在被继承人死亡后按照遗嘱或者法定继承顺序继承的财产利益。在被继承死亡之前，继承主体、继承范围均处于未知状态，婚姻登记部门不可能也无须在结婚登记时予以考虑和保护。因此，在夫妻一方死亡后，死者的近亲属提起婚姻登记撤销之诉，必须具备特殊条件。因此，甚至有观点主张对近亲属的诉权进行双重限制：一是近亲属必须以婚姻登记侵犯死者合法权益为由提起诉讼；二是死者近亲属起诉时应提交证据证明死者生前有起诉意愿。[①]

［案例八］ 甲与乙登记结婚，一方死亡，死亡一方的近亲属以结婚登记程序违法侵犯死者婚姻自由权和名誉权为由引发诉讼。

真理只要向前一步，哪怕是一小步，就会成为谬误。在［案例七］中，我们从保护规范理论角度，否定了近亲属可以以主张财产继承权为由取得原告资格。但是，如果近亲属在起诉时，不主张遗产继承权，而主张死者不知晓也不可能知晓结婚登记，结婚登记并非其真实意愿，因此结婚登记侵犯其婚姻自主权和名誉权，那么这样的诉和诉由，法院是否应当承认近亲属的原告资格呢？受理后又应当如何审理？如何确定争议焦点并审理呢？

甲丙长期定居美国，系华侨，丙系甲的女儿，甲在短暂回国处理事务期间认识乙并同居。不久，甲在返美后突遇车祸死亡。后乙以双方已经登记结婚为由，主张对甲的财产享有继承权引发纠纷，并提供了由省级民政厅颁发的双方结婚证。丙因此提起诉讼请求撤销甲乙的结婚登记，其诉讼理由如下：甲从未在任何场合承认过结婚登记；结婚证上载明的登记日期明显不成立，出入境机关提供的出入境记录能够证明当时甲尚在美国，不可能亲自到省民政厅办理现场登记。相关签名也非甲亲笔签字。因此，结婚登记侵犯了甲的婚姻自主权和名誉权，《最高人民法院关于确定民事侵权精神损害赔偿责任若干问题的解释》第三条进一步规定了死者近亲属因死者名誉、荣誉等人格权利受侵害而遭受精神痛苦时诉请精神损害赔偿的权利。丙作为甲的近亲属，可以以自己名义提起诉讼。

我们认为，［案例七］与［案例八］中虽然当事人诉讼请求相同，但是，由于当事人诉讼主张与诉讼理由不同，而且［案例八］中有相应证据否定、动摇了甲是否亲自到场以及婚姻登记是否其本人真实意愿，而自愿又是结婚登记的实质要件，也是婚姻登记机关在办理婚姻登记时必须予以确定的事项，“婚姻自主权”更是婚姻法首要保护的“权益”，“姓名权”也是婚姻法明确规定、婚姻登记机关重点审查的内容，因此，丙作为死者近亲属，有权以自己名义提起诉讼。当然，法院在受理后，如果民政厅与乙有证据证明甲乙具

---

① 樊非、刘兴旺、刘佳佳：“婚姻登记行政诉讼司法审查研究——以婚姻法与行政法竞合为视角”，载《法律适用》2011 年第 4 期。

有确立夫妻关系共同生活的意思表示，即使签名和登记日期有误，也可能会认可婚姻登记的效力。但由于举证责任的不同，民政厅和乙极有可能会在婚姻登记案件中败诉，从而造成结婚登记的违法和婚姻关系的不成立。

［**案例九**］甲与乙登记结婚后，因盗用他人身份引发诉讼。具体分为虚名登记、冒名登记与借名登记。①

司法实践中，由于婚姻登记机关在户口簿、身份证无法做到联网识别且在核对身份证照片与到现场的本人一致性上存在误差，极少数当事人利用此种漏洞，以伪造身份证、户口簿、身份证明等证件，甚至直接冒用他人的身份信息等诸多违法渠道办理结婚登记。具体可分为虚名登记、冒名登记、借名登记三大类型。虚名登记，是指当事人使用伪造的、客观上不存在身份信息与他人进行结婚登记。冒名登记是指因婚姻一方当事人欠缺结婚登记的必要条件，如因未到法定婚龄、自己没有户籍而在第三人完全不知情情况下，冒用满足结婚登记条件的第三人的身份进行登记。借名登记是指符合结婚条件的第三人将自己的身份证件借与他人从而完成婚姻登记。②

对于虚名登记而言，由于身份信息完全是虚假的，直接造成现场申请登记人、结婚证载明的当事人“名实不符”，结婚登记完全不符合结婚自愿这一原则且构成重大明显违法，结婚登记属于无效行政行为范畴。因此，结婚证持有人（而非载明的结婚双方）可随时请求撤销婚姻登记，宣布结婚登记无效，当事人之间夫妻关系自始不成立。如实际生活的双方当事人仍愿意结婚的，应当另行使用真实身份办理结婚登记，以维护婚姻登记秩序。

对于冒名登记而言，由于结婚证“名实不符”，结婚也非被“冒名”人真实意愿，因此婚姻关系对于被“冒名”人不产生效力，但由于使用的被“冒名”人身份证件，侵犯被“冒名”人身份权、姓名权、名誉权以及婚姻自主权，因此被“冒名”人可以以原告身份起诉且无起诉期限限制，法院应当认为结婚登记构成重大明显违法，宣布结婚登记无效，与被“冒名”人之

① 此类案件实践中较多，且原因复杂，个案差异较大。较为详细的总结参见：丁颖：《论虚假名义婚姻登记的法律救济》，浙江大学 2016 年硕士学位论文。

② 某地发生过一起真实案例，弟弟当年因未达结婚年龄，持哥哥身份证办理了结婚登记；几年后哥哥准备结婚，户口本上的婚姻状态却是已婚，最后哥哥只能持弟弟的身份证办理结婚登记，致使四个人的法律关系造成了荒唐的错位。2013 年，兄嫂欲协议离婚，却被告知两人不属于法律上的夫妻关系，不能登记离婚。

间夫妻关系自始不成立。如实际生活的双方当事人仍愿意结婚的，应当另行使用本人真实身份证件，参考《最高人民法院关于适用〈中华人民共和国婚姻法〉若干问题解释（一）》第五条第（二）项有关“1994 年 2 月 1 日民政部《婚姻登记管理条例》公布实施以后，男女双方符合结婚实质要件的，人民法院应当告知其在案件受理前补办结婚登记；未补办结婚登记的，按解除同居关系处理”规定，补办结婚登记。已补办结婚登记的，婚姻关系自第一次登记时即告成立。

对于借名登记而言，虽然被“借名”人明知他人借用自己身份信息办理结婚登记，但由于婚姻自主性，被“借名”人仅有“结婚之名”而无“结婚之实”，因此，婚姻登记关系对被“借名”人并不生效。被“借名”人可以以原告身份起诉且无起诉期限限制，法院应当认为结婚登记构成重大明显违法，宣布结婚登记无效，与被“借名”人之间夫妻关系自始不成立。如实际生活的双方当事人仍愿意结婚的，应当另行使用本人真实身份证件，参考《最高人民法院关于适用〈中华人民共和国婚姻法〉若干问题解释（一）》第五条第（二）项有关“1994 年 2 月 1 日民政部《婚姻登记管理条例》公布实施以后，男女双方符合结婚实质要件的，人民法院应当告知其在案件受理前补办结婚登记；未补办结婚登记的，按解除同居关系处理”规定，补办结婚登记。已补办结婚登记的，婚姻关系自第一次登记时即告成立。

［案例十］ 甲与乙诉讼离婚后，以结婚证丢失为由向原婚姻登记机关申请补办结婚证，又以补办的婚姻登记无效为由引发诉讼。

一种意见认为，《婚姻登记管理条例》第十七条规定：“结婚证、离婚证遗失或者损毁的，当事人可以持户口簿、身份证向原办理婚姻登记的机关或者一方当事人常住户口所在地的婚姻登记机关申请补领。婚姻登记机关对当事人的婚姻登记档案进行查证，确认属实的，应当为当事人补发结婚证、离婚证。”《婚姻法》第三十五条规定：“离婚后，男女双方自愿恢复夫妻关系的，必须到婚姻登记机关进行复婚登记。”故补办结婚证与复婚登记性质不同。当事人婚姻关系经人民法院的调解书依法解除后，原结婚证自然随之失去法律效力，即使补办结婚证，当事人双方也不存在婚姻关系。

笔者认为，婚姻登记是行政确认行为，婚姻登记机关只是通过依法对当事人行使婚姻自由权合法性的审查，对其婚姻关系予以确认。申请补领结婚证的前提条件是，当事人依法登记结婚后一直维持婚姻关系。本案例中甲乙申请补领结婚证是在解除婚姻关系之后，应视为重新确立婚姻关系的合意。婚姻登记机关作出的婚姻登记行为是对当事人婚姻关系的新的行政确认。虽从形式上看，婚姻登记机关为当事人补领结婚证，实则补领结婚证产生复婚登记的法律效果，但该婚姻关系的起算点应从补领结婚证时起算，即自法院调解或判决离婚至补领结婚证之日期间的婚姻关系应认定无效。

五、结语

总之，由于婚姻登记既体现了民事意思自治又体现了国家对婚姻的认可，婚姻登记的审查原则上以程序审查为主、实质性审查为辅，因此法院在审理以婚姻登记引发的行政案件中，必须统筹适用刑法、民事和行政法，兼顾刑事、民事和行政诉讼的特点和不同的审查标准。在对婚姻登记行为，尤其是结婚登记的合法性审查时，要构建区别于普通行政案件的审理理念。要将婚姻登记法律规范分为效力性强制性规范和管理性强制性规范，并区别不同的违法后果。在判断婚姻登记行为法律效力时，对无效登记、可撤销登记、登记程序违法、登记程序瑕疵的判定与理解，既要兼顾传统行政法与行政诉讼法理论，更要适用婚姻法的特殊规定与婚姻登记的特殊性，应当科学地选择裁判方式，对婚姻登记行为合法性作出恰当的评价。在个案裁判时，应当根据不同当事人不同的诉讼请求、诉讼理由和诉讼主张，科学地判定原告资格、起诉期限、审查标准、审查强度，实现婚姻登记合法性、当事人意思自治与维护婚姻家庭关系稳定性之间的平衡。当然，婚姻登记机关亦应在一定程度上加强自我审查纠错职能，以维护婚姻管理秩序的依法运行和健康发展。

（作者单位：辽宁省大连市沙河口区人民法院）

“普律制”对行政相对人诉讼实施能力的影响探析

——基于2360份行政裁判文书的实证分析及趋势预判

王宏瑞

【摘要】 诉讼实施能力是当事人在诉讼中的实际力量对比关系，实现当事人之间诉讼实施能力平衡是程序正义的基本要求。行政诉讼案件由于具有极强的专业性和复杂性，与作为被诉对象的行政机关相比，行政相对人往往会处于相对弱势的地位。特别是，“普遍建立法律顾问制度”（下文简称为“普律制”）实施后，我国县级以上行政机关必须普遍设立法律顾问，这些法律顾问的职责除了为行政机关制定政策“把脉”外，还有一项重要任务便是处理诸如仲裁、诉讼的法律事务。国家以制度的方式为县级以上的国家机关普遍配备法律顾问的做法会不会让处于弱势地位的行政相对人处于更加不利的地位呢？为了弄清这一问题的框架，本文对J省2013年1月至2016年6月底的2360件行政案件的裁判文书进行了实证分析，通过分析发现，律师等法律人士的参与在整体上不会改变诉讼结果，从这一结论也可以推断出未来“普律制”的实施在整体上并不会带来诉讼实施能力失衡的问题。但在具体案件上存在着两种类型的诉讼实施能力不平衡：对法人型行政相对人而言，行政机关会在行政复议、行政征收、行政处罚等类案件中具有明显优势。而对自然人型行政相对人来说，行政机关会在行政征收、行政管理、行政处罚等类案件中具有明显优势。之所以如此，原因主要有三个方面：法律援助律师参与度偏低、诉讼成本负担不平衡、诉讼信息掌握有差异。为了实现诉讼实施能力的平衡，在诉讼地位实质平等理论的指导下，我国应优化法律援助制度、调整诉讼费用分担方式以及建立律师提前介入行政程序的机制。

【关键词】 普律制　诉讼实施能力　法律援助

诉讼实施能力是指当事人在诉讼过程中，获取信息、收集证据、分析法条、开展辩论以及有效实施各种诉讼行为的能力。[①] 在诉讼中，除了法官中立、当事人诉讼机会均等外，保障当事人之间诉讼实施能力平衡是实现程序正义的一个重要方面。[②] 在行政诉讼中，当事人之间的诉讼实施能力不平衡问题是客观存在的，“虽然我国《行政诉讼法》确立了平等原则，但是由于双方在主观认识（对法律的理解、对程序的认知等）和客观能力（经济实力、社会地位等）上先天存在着巨大差异，导致双方在行政诉讼中事实上是不可能做到真正平等的”。[③]

中共中央办公厅、国务院办公厅于 2016 年 6 月 16 日印发的《关于推行法律顾问制度和公职律师公司律师制度的意见》[④]（以下简称《意见》）（该《意见》所推行的制度也被称为“普遍建立法律顾问制度”）出台后，行政机关一方的律师出庭有了制度和经费的保障，从诉讼参加人的角度来看，行政机关除了有熟悉业务的工作人员外，还有熟稔法律的律师出庭，而行政相对人则不得不考虑是否应当聘请律师来应对行政机关应诉力量增强的现实。笔者在审理相关行政诉讼案件中，诸多行政相对人中提出了如下问题：“普律制”会不会带来诉讼能力失衡？会不会导致行政相对人原本弱势的地位更加弱势？这一问题是普遍存在还是个案存在？而现有研究较多地关注到了“普律制”对政府依法行政的积极意义，较少涉及“普律制”对诉讼实施能力的

---

① 湘潭大学法学院的何文燕、梁宏辉教授较早论述了诉讼实施能力的含义。他们认为诉讼实施能力与具体案件相连接，考察的是当事人实施诉讼行为的实际能力的大小与当事人的本能、体能、智能及财产能力有关，是当事人之间在诉讼过程中实际力量的对比关系。参见何文燕、梁宏辉：“诉讼实施能力初论”，载《湘潭大学学报（哲学社会科学版）》2010 年第 4 期。本文中诉讼实施能力的含义与上述含义相同。

② 何文燕、梁宏辉：“诉讼实施能力初论”，载《湘潭大学学报（哲学社会科学版）》2010 年第 4 期。

③ 赵树杰：“弱势群体司法制度保护的完善——强制代理制度在行政诉讼中的植入”，载《沈阳建筑大学学报（社会科学版）》2013 年第 3 期。

④ “普律制”有两个重要特点：一是设立法律顾问的单位具有普遍性。根据《意见》，我国县级以上的各级党政机关应在 2017 年年底前普遍设立法律顾问或公职律师。二是法律顾问参与的事项具有全面性。法律顾问或公职律师将在为党政机关作出重大决策及重大行政行为提供法律意见、参与法律法规规章的草案和论证、处理诉讼和仲裁法律事务等方面发挥重大作用。参见“中办国办印发《意见》推行法律顾问制度和公职律师公司律师制度”，载《人民日报》2016 年 6 月 17 日，第 1 版；周斌：“两办印发意见推行法律顾问制度和公职律师公司律师制度　专家认为法律顾问为依法执政依法行政增力”，载《法制日报》2016 年 6 月 18 日，第 2 版；李阳：“行政决策如何不任性？中央亮出又一‘法’宝”，载《人民法院报》2016 年 6 月 17 日，第 3 版。

影响。因此，对上述问题进行深入研究，不仅有利于消除行政相对人的疑惑，也有利于这一制度的完善。

一、现状扫描："普律制"对诉讼实施能力的影响

（一）数据来源及处理方法说明

笔者收集了2013年1月1日至2016年6月30日J省公布在中国裁判文书网上的2573份行政裁判文书，剔除了其中的中止裁定、更正裁定以及受益者未明的准予撤诉裁定①后，最终选择了一审1155份行政判决书、572份行政裁定书和二审466份行政判决书、167份行政裁定书等共计2360份行政裁判文书为样本（具体分布见表1），并根据拟定好的一审、二审行政裁判文书采集表进行信息采集，上述采集工作完成后利用专业的统计软件SAS对这些信息进行了分析。②

表1　相关裁判文书的类型及年份分布

年　份	2013		2014		2015		2016	
类　型	判决	裁定	判决	裁定	判决	裁定	判决	裁定
数量（件）	434	8	513	255	577	451	97	25
合计（件）	442		768		1028		122	

其中，一审行政判决书和裁定书的信息采集点分为"原告""被告""案由""结果"四个。"原告"主要统计其委托相关代理人参加诉讼的案件数，该栏设置了"无""律师""法律工作者""法律援助""其他组合"五个信

---

① 此类裁定中，仅是载明原告撤诉或上诉人撤回上诉，原因并未标明。究竟是原告或上诉人觉得自己理亏撤诉，抑或与被告方等相关当事人达成和解而撤诉，不得而知。因无法判别实质上的受益者，即无法判断谁赢谁输，从而将此类裁定予以剔除。

② 本文数据的录入、处理得到了诸多校友的无私帮助。他们是胡军（金融学博士，负责建模及运行SAS软件进行数据分析和处理）、徐华先（金融学硕士，负责数据录入及数据初步分析）、许平（法律硕士，负责数据类型识别、录入及初步分析）、胡鹏（统计学专业本科，负责数据录入、整理及初步分析）、潘之悦（法律本科，负责数据录入）。他们利用业余时间和周末时间帮助处理数据，令我很感动，在此一并谢过。当然，本人对数据处理结果的真实性和准确性负全责。

息采集点;[①]“被告”的设置同原告。二审案件与一审设置相同，只不过名称有所不同，分为“上诉人”“被上诉人”“其他主体”[②]“案由”“结果”五个信息采集点。“案由”“结果”均按裁判文书的实际情况填写。[③] 经过统计，初步情况如表2所示。

表2　诉讼参加人的委托代理人情况统计表

行政相对人性质	行政相对人诉讼代理人情况	行政机关诉讼代理人情况	案件分布
法人	法律工作者	律师	6
法人	法律工作者	其他组合	6
法人	法律工作者	无	12
法人	法律援助	其他组合	1
法人	法律援助	无	1
法人	律师	法律工作者	12
法人	律师	法律援助	1
法人	律师	律师	88
法人	律师	其他组合	66
法人	律师	无	122
法人	其他组合	其他组合	2
法人	其他组合	无	8
法人	无	法律工作者	1
法人	无	律师	28
法人	无	其他组合	27
法人	无	无	33
自然人	法律工作者	法律工作者	7

① “无”，就是当事人自己没有聘请法律专业人员而是亲自出庭应诉或委托其他自然人参加诉讼。“其他组合”指出庭应诉的当事人存在多种组合的情况。如当事人为自然人的，有自己+律师、自己+法律工作者等多种组合。当事人为法人（包括行政机关）的情况下，有工作人员+律师、工作人员+法律工作者、法律工作者+律师等多种组合。

② “其他主体”主要包括未被列为上诉人和被上诉人的原审原告、原审被告、原审第三人。

③ 本文所指的法律人士主要是指律师、法律工作者等从事法律工作的专业人员。

续表

行政相对人性质	行政相对人诉讼代理人情况	行政机关诉讼代理人情况	案件分布
自然人	法律工作者	律师	32
自然人	法律工作者	其他组合	24
自然人	法律工作者	无	82
自然人	法律援助	法律工作者	1
自然人	法律援助	律师	4
自然人	法律援助	其他组合	2
自然人	法律援助	无	7
自然人	律师	法律工作者	23
自然人	律师	法律援助	3
自然人	律师	律师	244
自然人	律师	其他组合	188
自然人	律师	无	347
自然人	其他组合	法律工作者	1
自然人	其他组合	律师	3
自然人	其他组合	其他组合	8
自然人	其他组合	无	6
自然人	无	法律工作者	12
自然人	无	法律援助	4
自然人	无	律师	148
自然人	无	其他组合	165
自然人	无	无	635
合计	/	/	2360

需要说明的是，“行政相对人性质”一栏区分了公司等法人和自然人作为行政相对人的情况。“行政相对人诉讼代理人情况”包括了一审中的“原告”和上诉案件中行政相对人的诉讼代理人情况。“行政机关诉讼代理人情况”则包括了一审中“被告”和上诉案件中行政机关的诉讼代理人情况。

（二）“普律制”对诉讼实施能力整体影响分析

当事人诉讼能力大小的判定标准之一是当事人胜诉率的高低，本文用胜诉率的高低来判定“普律制”在整体上是否会对当事人的诉讼实施能力产生影响，分析思路是：如果行政机关聘请法律人士能够明显提升其胜诉率，则可以说“普律制”对当事人诉讼实施能力具有影响。反之，则不然。统计结果如表3所示。

表3　行政机关的诉讼代理人在行政诉讼中的作用统计表

行政相对人	案由	参加数（件）	参加的胜诉数（件）	参加的胜诉率（%）	未参加数（件）	未参加的胜诉数（件）	未参加的胜诉率（%）
法人	信息公开	2	0	0.00%	1	0	0.00%
法人	行政不作为	12	8	66.67%	5	2	40.00%
法人	行政裁决	7	4	57.14%	12	7	58.33%
法人	行政处罚	28	20	71.43%	21	9	42.86%
法人	行政登记	13	4	30.77%	8	4	50.00%
法人	行政复议	2	2	100.00%	2	1	50.00%
法人	行政给付	1	/	0.00%	/	/	/
法人	行政管理	23	11	47.83%	13	10	76.92%
法人	行政强制	3	2	66.67%	/	/	/
法人	行政确认	140	119	85.00%	109	78	71.56%
法人	行政许可	4	1	25.00%	3	1	33.33%
法人	行政征收	3	2	66.67%	2	2	100.00%
自然人	劳动教养	/	/	/	4	2	50.00%
自然人	信息公开	31	13	41.94%	21	15	71.43%
自然人	行政补偿	18	3	16.67%	2	1	50.00%
自然人	行政不作为	115	57	49.57%	102	50	49.02%
自然人	行政裁决	55	29	52.73%	131	75	57.25%
自然人	行政处罚	42	29	69.05%	218	145	66.51%
自然人	行政登记	160	74	46.25%	131	56	42.75%
自然人	行政复议	15	6	40.00%	27	23	85.19%

续表

行政相对人	案由	参加数（件）	参加的胜诉数（件）	参加的胜诉率（%）	未参加数（件）	未参加的胜诉数（件）	未参加的胜诉率（%）
自然人	行政给付	42	19	45.24%	47	22	46.81%
自然人	行政管理	134	95	70.90%	141	94	66.67%
自然人	行政赔偿	11	7	63.64%	12	8	66.67%
自然人	行政强制	25	13	52.00%	34	23	67.65%
自然人	行政确认	116	72	62.07%	123	81	65.85%
自然人	行政许可	43	26	60.47%	20	13	65.00%
自然人	行政征收	62	49	79.03%	62	34	54.84%
自然人	行政征用	/	/	/	2	2	100.00%
合计	/	1107	665	/	1253	758	/

从上述统计结果来看，行政机关聘请法律人士代为诉讼的案件数为1107件，平均胜诉率为52.57%；而在行政机关没有聘请法律人士的情况下，平均胜诉率却升至58.79%，这一反差与一般认识[①]有较大差别。这也就意味着，对行政机关而言，法律人士的参与并不必然会带来诉讼结果的改善。从这一点来看，“普律制”在整体上不会对行政相对人的诉讼实施能力产生影响。虽然整体上没有影响，但这一制度是否会对部分类别的案件产生影响呢？有待进行个案影响分析。

（三）“普律制”对诉讼实施能力个案影响分析

“普律制”对诉讼实施能力个案影响分析，主要是考察“普律制”对不同类型案件当事人诉讼实施能力的影响。在分析思路上，主要是找出行政机关在聘请律师参与诉讼的情况下，会在哪些类型的案件上比行政相对人具有更高的胜诉率。在分析方法上，为了使分析过程更加直观，将行政机关聘请法律人士参与诉讼的胜诉率（即图中的“官有”）分别减去行政相对人聘请

① 按照一般理解，在行政诉讼中，被告一方是国家机关，参加诉讼的通常是行政机关工作人员，他们一般具有较高的文化素养，比较熟悉法律，懂得一定的诉讼技巧。加之这些机关往往会聘请律师担任诉讼代理人，因而行政机关的优势十分明显，胜诉率也较高。参见余保才：“行政诉讼法律援助制度初探”，载《法制与社会》2007年第3期。

法律人士参与诉讼的胜诉率（即图中的“民有”）、行政相对人未聘请法律人士参与诉讼的胜诉率（即图中的“民无”），所得到的差值越大，说明行政机关胜诉率与行政相对人的胜诉率反差越大，二者的诉讼实施能力存在不平衡；反之，差值越小，则说明二者之间的诉讼实施能力差异较小。具体见图1、图2。

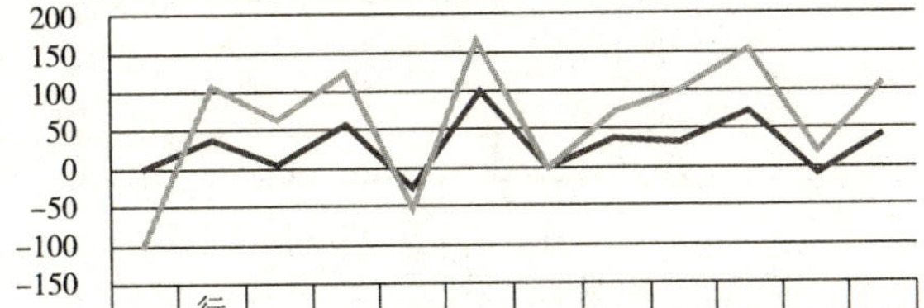

	信息公开	行政不作为	行政裁决	行政处罚	行政登记	行政复议	行政给付	行政管理	行政强制	行政确认	行政许可	行政征收
官有—民无（%）	-100	67	57	68	-26	67	0	35	67	78	25	67
官有—民有（%）	0	38	4	56	-26	100	0	37	33	74	-8	42

图1　法人型行政相对人胜诉率与行政机关胜诉率的差异

行政相对人可分为法人和自然人等类型。图1中，主要展示法人型行政相对人的胜诉率与行政机关胜诉率的差异。从上图可以看出，在行政机关和行政相对人都聘请律师的情况下，行政机关在行政复议、行政确认、行政处罚、行政征收等类案件方面具有明显优势；而在行政相对人没有聘请法律人士参加诉讼的情况下，行政机关在行政处罚、行政复议、行政征收、行政强制、行政确认、行政不作为等案件上具有明显的优势。综合两个方面来看，在行政机关聘请法律人士参与诉讼的情况下，无论行政相对人是否聘请法律人士参与诉讼，行政机关都会在行政复议、行政征收、行政处罚等类案件方面具有优势。

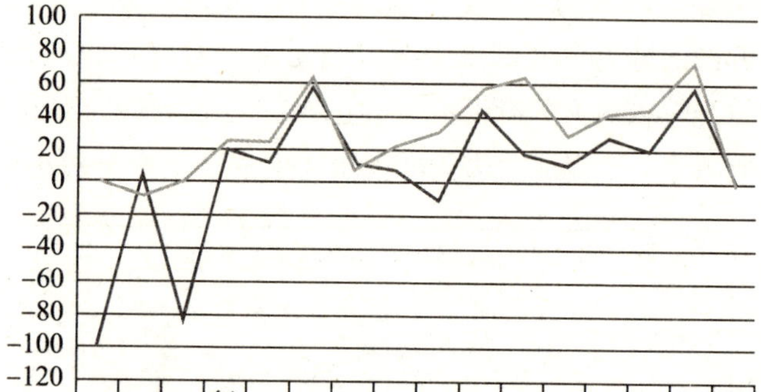

	劳动教养	信息公开	行政补偿	行政不作为	行政裁决	行政处罚	行政登记	行政复议	行政给付	行政管理	行政赔偿	行政强制	行政确认	行政许可	行政征收	行政征用
官有—民有 (%)	-100	4	-83	20	13	57	11	7	-11	45	18	11	28	20	59	0
官有—民无 (%)	0	-8	0	25	24	64	8	23	31	57	64	30	42	45	74	0

图 2　自然人型行政相对人胜诉率与行政机关胜诉率的差异

图 2 显示，在行政机关和自然人型行政相对人都聘请律师的情况下，行政机关在行政处罚、行政征收、行政管理等案件方面具有明显优势；而在自然人型行政相对人没有聘请法律人士参加诉讼的情况下，行政机关在行政征收、行政赔偿、行政处罚、行政管理、行政确认等案件上具有明显的优势。综合两个方面来看，在行政机关聘请法律人士参与诉讼的情况下，无论自然人型行政相对人是否聘请法律人士参与诉讼，行政机关都会在行政征收、行政管理、行政处罚等类案件方面具有优势。

总之，从整体上来看，“普律制”不会对诉讼实施能力产生影响。但从具体案件来看，则会有所不同。对法人型行政相对人而言，行政机关会在行政复议、行政征收、行政处罚等类案件方面具有优势。而对自然人型行政相对人而言，行政机关会在行政征收、行政管理、行政处罚等类案件方面具有优势。

二、原因考量：“普律制”缘何对诉讼实施能力产生影响

从前述分析可知，“普律制”在整体不会对诉讼实施能力产生影响，之

所以如此，原因可能有以下两个方面：一是案件繁简有别，一些简单的案件，当事人即使不聘请法律人士也不必然会败诉。相反，如果涉及房屋征收等复杂案件，当事人即使聘请了法律人士也有可能无法胜诉。二是法官对行政诉讼案件进行全案审查，行政机关的不合法行为不会因为法律人士的参加而变得合法，法官对案件结果的严格把控也会对上述结果产生影响。当然，如果从具体类型的案件来看，"普律制"还是会产生影响，缘由可能是以下三个方面：

（一）法律援助律师参与度偏低

法律援助是国家为了保障经济困难的公民打得起官司的一项重要举措。① 法律援助可以"帮助行政相对人行使本应得到而限于客观条件享受不到的权利，从而使原、被告双方的力量趋于平衡"。② 然而从J省的统计数据来看，法律援助律师参与行政诉讼的案件数竟然少到了屈指可数的地步，作为行政相对人的诉讼代理人，法律援助律师参与的案件仅有16件，占全部案件（2360件）的比例竟低至0.68%，尚不足1%。

从所代理的案件类型来看，法律援助的范围较窄，见图3。如前述的图2、图3所示，恰恰在行政相对人诉讼实施能力较弱的行政征收、行政赔偿、行政复议、行政强制等类案件中，法律援助律师参与度明显不足，有待提升。

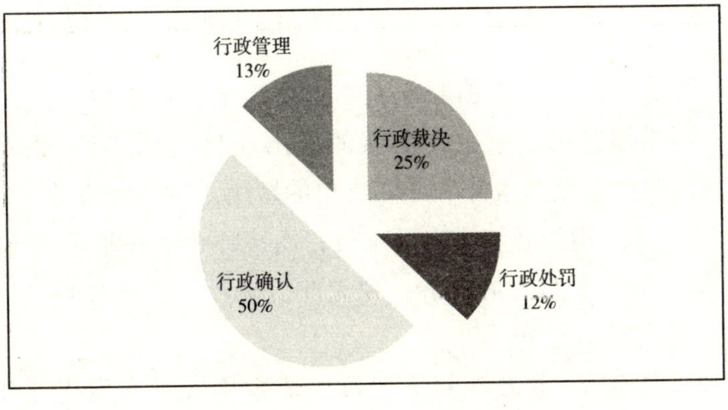

图3　法律援助代理行政相对人的案件分布情况

---

① "中共中央办公厅、国务院办公厅印发《关于完善法律援助制度的意见》"，载《国务院公报》2015年第20期。

② 余保才："行政诉讼法律援助制度初探"，载《法制与社会》2007年第3期。

（二）诉讼成本负担不平衡

有学者归纳了行政诉讼中行政相对人和行政机关的诉讼成本构成，其中行政相对人一方的成本主要包括诉讼费、诉讼代理人的费用及相关住宿费、交通费等；而对行政机关而言，其成本主要包括举证成本、诉讼代理人的费用及败诉所承担的诉讼费。①

行政诉讼的诉讼费较低，仅为50元，对双方当事人而言，负担均不是很重。而律师费用则是一笔较大的开支，从J省的规定来看，律师代理行政诉讼案件的费用为1000＋6000元，如果按照2015年该省城镇居民人均可支配收入26500元/年以及农村居民人均纯收入11139元/年的标准来衡量，这一支出对一个家庭而言确实是一笔较大的支出，需要说明的是，律师费用是一种“沉没成本”，仅能由当事人自行负担，即使胜诉也无法让败诉方负担。“普律制”实施前后，会对上述成本的负担产生什么样的影响呢？见表4。

表4 “普律制”实施前后当事人诉讼成本的负担变化

实施前						实施后					
行政相对人			行政机关			行政相对人			行政机关		
诉讼费	律师费	其他	举证花费	律师费	诉讼费	诉讼费	律师费	其他	举证花费	律师费	诉讼费
√	?	?	√	?	?	√	?	?	√	√	?

“普律制”实施前，行政相对人原则上应当垫付诉讼费（用“√”表示必然费用）；而律师费则不一定为必然的支出项目（用“?”表示非必然费用）；其他项目诸如差旅费也并非必然支出的费用。对行政机关而言，因承担举证责任，其举证费用为必然支出的项目；而律师费则并非必然支出的项目，如果不请律师，由该工作人员应诉，则无此支出项目；如该单位败诉，还应承担原告已经垫付的诉讼费。

“普律制”实施后，行政相对人的诉讼成本构成没有发生变化，而对行政机关而言，变化最大的项目是律师费由非必然支出项目成为必然支出的项目，由国家财政负担，本文用双下划线将变化的内容标出。支出费用的变化反映在诉讼中，便是行政机关聘请律师进行应诉活动有了国家财政和制度的

① 邹焕聪：“行政诉讼成本控制论”，载《南京人口管理干部学院学报》2006年第3期。

保障，由此，行政机关今后不必再因为经济因素而考虑是否聘请律师，这就意味着律师代行政机关出庭将成为常态化现象。与行政机关相比，行政相对人此时不得不考虑是否聘请律师以增强其诉讼实施能力，但聘请律师的费用又是其家庭的一笔重大开支，不得不慎重抉择。

在前述的图2、图3中，一些案件（如行政赔偿）的当事人经济较为困难，如在诉讼过程中还让其聘请律师确实有点勉为其难。这些人因经济因素而放弃聘请法律人士，无疑会降低其诉讼实施能力。

（三）诉讼信息掌握有差异

“普律制”实施前，行政相对人聘请法律人士参加诉讼的概率为55.38%，而“普律制”实施后，律师参与诉讼的概率将升至100%。“普律制”实施前后的诉讼参加人结构变化，如表5所示。

表5 “普律制”实施前后诉讼参加人结构变化

实施前		实施后	
行政相对人	行政机关	行政相对人	行政机关
自己	工作人员	自己	律师+工作人员
律师	律师	律师	
法律工作者	法律工作者	法律工作者	
其他组合	其他组合	其他组合	

“普律制”实施后最大的变化是行政机关诉讼代理人的结构将会逐渐由工作人员、律师等松散组合变为“律师+工作人员”的紧密组合。这无疑会增强行政机关的应诉能力，因为“普律制”实施后，行政机关的律师本身就会参与行政机关日常的立法、执法活动，对行政机关所适用的法律法规和执法信息也较为熟悉，因此具有一定的专业优势和信息优势。而行政相对人一方即使有律师参加，其并不会掌握执法过程的相关信息，也可能对涉诉领域的法规体系并不熟悉，导致很多请了律师的案件并未能最终赢得诉讼，这在前述的行政征收、行政处罚、行政强制等类案件中非常明显。相关实务界人士也承认，新行政诉讼法实施后，律师的代理难度增加，挑战很大。如果没

有扎实的知识素质，是不可能做好这项工作的。[①]

三、完善进路：实现诉讼实施能力平衡的理论依据及具体措施

（一）理论依据

实现诉讼实施能力平衡的理论依据是诉讼地位平等理论。诉讼地位平等具有两层含义：

一是形式平等。当事人法律地位平等意味着双方当事人在诉讼中有平等的诉讼权利和义务，原、被告平等地在法庭上争论是非曲直，同样地接受法庭审理，当事人违反法庭秩序、妨碍诉讼活动进行，无论是行政机关还是行政相对人，都要受到法律制裁。[②]

二是实质平等。诉讼地位的实质平等意味着当事人平等地享有“诉讼攻击”和“诉讼防御”的机会。[③] 当事人诉讼地位平等是建立在他们实力对等基础上而作出的一种假设判断，然而在司法实践中却存在着行政相对人处于弱势地位的实际不平等的现象。[④] 与民事诉讼法不同，行政诉讼法更加注重弥补原告的不利地位，注重实质平等。[⑤] 为了弥补行政相对人诉讼实施能力的不足，应当完善相关制度：

其一，提升律师参加诉讼案件的数量。律师的参与可以帮助行政相对人更加有效地收集证据，制定诉讼策略和开展辩论，从而极大地弥补行政相对人诉讼实施能力的不足。德国和我国台湾地区均建立了较为完善的律师强制代理制度，如中国台湾地区在其“行政诉讼法”第二百四十一条第一款中便规定了上诉人在向高等法院上诉中，必须委托律师作为其代理人。[⑥]

其二，调整诉讼费用负担制度。根据《国务院诉讼费用交纳办法》第二十九条的规定，诉讼费用原则上由败诉方负担。但律师费用的承担原则上只

---

① 杜萌：“律师代理行政诉讼业务面临新挑战”，载《法制日报》2014 年 12 月 25 日，第 4 版。

② 姜明安著：《行政诉讼法教程》，中国法制出版社 2011 年版，第 33 ~ 34 页。

③ 江必新著：《中华人民共和国行政诉讼法理解适用与实务指南》，中国法制出版社 2015 年版，第 34 页。

④ 江必新著：《中华人民共和国行政诉讼法理解适用与实务指南》，中国法制出版社 2015 年版，第 35 页。

⑤ 江必新著：《中华人民共和国行政诉讼法理解适用与实务指南》，中国法制出版社 2015 年版，第 33 ~ 34 页。

⑥ 张文郁著：《权利与救济——实体与程序之关系》，元照出版公司 2008 年版，第 215 页。

能由当事人自行负担，由此导致当事人的诉讼成本较高。

其三，提前律师介入行政纠纷的时间。如前所述，在很多案件中，行政相对人所聘请的法律人士参与诉讼均是在“事后”参与，“事前”和“事中”参与不足，这不仅导致了行政机关与行政相对人之间的信息不对称，也不利于行政矛盾的化解。

总的来讲，诉讼地位平等原则除了要求形式平等外，还要求实质平等。而保障行政相对人的诉讼实施能力平衡是其中的一个重要方面，具体内容见图4。

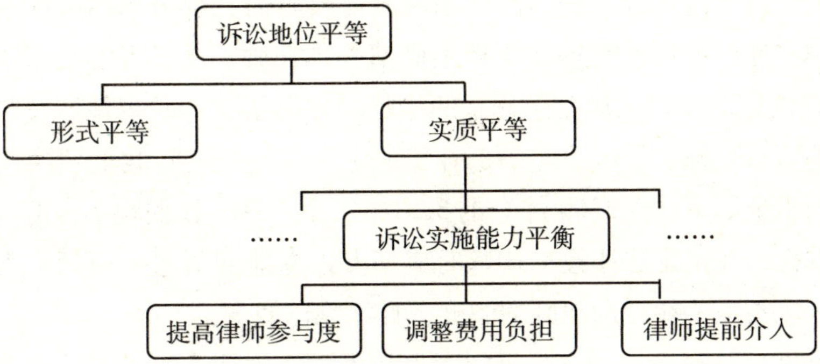

图4　诉讼地位平等理论框架

（二）具体措施

如上所述，为改善行政诉讼中行政相对人诉讼实施能力较弱的问题，可以通过采取提高律师参与度、调整费用负担及提前律师介入时间等措施来解决。具体如下：

1. 优化法律援助制度

我国现行法律援助制度的主要依据是《法律援助条例》《关于完善法律援助制度的意见》等法规和政策。根据《法律援助条例》的规定，法律援助范围主要包括经济困难公民请求国家赔偿，给予社会保险待遇、发给抚恤金、救济金等方面。而中办、国办于2016年6月29日印发的《关于完善法律援助制度的意见》在前述范围的基础上，增加了劳动保障、婚姻家庭、食品药品、教育医疗等与民生紧密相关的事项，法律援助范围的扩大，无疑会在维护当事人合法权益及社会公平正义方面具有积极的意义。[①] 我国一些学者也从强制代理的角度分析了法律援助制度的改进方向，主要观点有以下两个方面：一是对--些涉及重大利益或社会影响的案件以及结果会影响到诸如老人、儿童、残疾人等弱势群体的特殊利益时，若当事人没有聘请律师则必须强制指定律师。[②] 二是在二审中应当实行强制指定律师制度。[③]

上述措施和观点具有一定的合理性，但也有进一步细化的空间。一是具体案由指向不明。二是将强制指定律师的清晰仅局限在二审，范围过窄。三是没有考虑一些本地律师不愿意代理本地的行政案件的因素。其实，涉及一些含有“公共利益”因素的案件（如房屋征收）时，部分当事人因本地律师不愿代理本地行政诉讼案件而不得不聘请外地律师，从J省的数据来看，有78件案件的行政相对人聘请了北京的律师参加诉讼，这些案件涉及与征地拆迁有关的信息公开、征收决定书、补偿决定书以及公安行政处罚决定书等内容，占到了全部案件（2360件）的3.31%，虽然这一比例较小，但应当引起我们的重视，在指定法律援助律师时应当考虑本地回避这一因素。为此应当实行跨区域指定法律援助律师的制度，具体操作如下：

（1）案由选择。应当选择可能会存在诉讼实施能力失衡的案件类型，如之前的分析，对法人型行政相对人而言，应在行政复议、行政征收、行政处罚等类案件上加强法律援助。而对自然人型行政相对人而言，应加强在行政征收、行政管理、行政处罚等类案件方面的法律援助。

（2）实施方式。对上述案件，如果当事人明确表示不聘请法律人士的，则立即启动指定法律援助律师的程序。在此情况下，法院发函给司法行政主管部门，由司法行政主管部门完成法律援助律师的指定工作。为了解决律师的本地回避问题，可由市级司法行政主管部门按照律师的注册地实行跨区指定。

（3）变更方式。行政相对人可以拒绝指定一次，但第二次仍拒绝的，法院不予准许，继续进行相关诉讼程序。

---

① “中共中央办公厅、国务院办公厅印发《关于完善法律援助制度的意见》”，载《国务院公报》2015年第20期。

② 赵树杰：“弱势群体司法制度保护的完善——强制代理制度在行政诉讼中的植入”，载《沈阳建筑大学学报（社会科学版）》2013年第3期。

③ 张婷婷：“论我国行政诉讼律师强制代理制度的确立”，载《怀化学院学报》2015年第4期。

2. 调整诉讼费用分担机制

除了诉讼费由败诉方承担外，还应当考虑建立律师代理费也应当由败诉方来承担的制度。这不仅有利于杜绝恶意诉讼，也有利于分担当事人的诉讼成本。

3. 建立律师提前介入行政程序制度

为了消除信息不对称等问题，可以考虑在前述的行政征收、行政强制、行政管理、行政登记、行政处罚等类案件中实行律师提前介入机制。如果行政相对人所聘请的律师能够参与行政行为的全程，并就实体、程序处理全面提出意见，行政机关在作出最终行为前能够充分考虑这些意见，不仅可以避免错误的发生，也有利于当事人与行政机关建立互信，消解行政争议。为此可以建立律师提前介入行政程序制度：

（1）案由选择。主要是涉及重大人身、财产且对程序有着严格要求的行政征收、行政强制、行政管理、行政登记、行政处罚等类案件。

（2）介入方式。可以参考《刑事诉讼法》律师提前介入侦查、起诉阶段的做法，律师可以提前介入上述行政程序中的任何一个阶段。上述阶段的处理人员在作出最终结果前应当听取法律人士的意见。

（3）介入保障。调整相关法律法规，明确规定行政机关在处理上述纠纷时，应当在关键环节听取法律人士的意见并记录在卷。

四、结语

“普律制”的实施不仅有利于提高行政机关依法执政、依法行政的水平，也有利于提高这些单位运用法律化解矛盾、处理法律事务的能力，因此这一制度的实施具有积极的意义。当然，这一制度在实施之时如能注意到其对诉讼实施能力的影响并出台相关的配套措施，无疑会为该制度的实施带来“锦上添花”的效果。需要说明的是，本文的研究仅是在J省数据的基础上所进行的分析，能否扩展到其他省份，尚待进一步研究，本人在今后在工作中也会继续搜集数据，对J省及其他省份的“普律制”实施问题进行研究。

（作者单位：江西省南昌市中级人民法院）

让权利回归本位：论信息公开领域申请权及诉权滥用的法律规制

卢佳妮

【摘要】随着我国社会转型的加剧，公民权利意识的觉醒，我国《政府信息公开条例》所设计的强化权利保障、弱化权利限制的制度初衷已被现实打破。当前，政府信息公开申请权及诉权的滥用已经成为我国行政管理与行政审判面临的一大难题。囿于我国行政争议化解途径的不畅及立法的缺失，具有“先天优势”的政府信息公开制度开始呈现出形式化、信访化的趋势，给我国政务公开的制度价值与实践秩序造成了严重冲击。虽然我国司法机关在行政审判中率先对申请权及诉权滥用行为进行了有效的规制，但是，我们无法从个案判决中直接得出能够指导司法实践的普适标准，亦无法通过典型案例的发布建立起对信息公开领域权利滥用行为进行否定性评价的规则体系。因此，通过完善立法的方式来统一信息公开申请权及诉权滥用的认定标准，并构建起行政机关与司法机关有机联动的规则体系就显得尤为必要了。

本文试图从我国政府信息公开制度所面临的现实困境入手，探寻该制度逐步走向异化的形成原因，继而通过对信息公开领域典型案例的实证分析，总结出申请权及诉权滥用的认定标准及构成要件，并在此基础上提出规制权利滥用的立法设想与建议，以期更好地规范权利的行使，实现我国政府信息公开制度价值的本位回归。

【关键词】信息公开　申请权　诉权　滥用　规制

一、现实之困：中国特殊背景下的信息公开制度异化

（一）保障知情权初衷与权利滥用现状之间的矛盾

政府信息公开制度的设计初衷在于全面提高行政机关工作的透明度，从而倒逼行政机关依法行政；依法保障广大人民群众的知情权，实现人民群众对行政权力的监督与信息资源的共享。然而，我国《政府信息公开条例》自实施以来，一方面在依法保障公众知情权、监督权等方面发挥着巨大作用，另一方面其所暴露的制度缺陷也愈加凸显。谁都不曾料到，这一旨在推动公平公正公开执政、保障公民权益的法律规范会产生权利滥用的负面效应。以江西省某市辖区内两级人民法院为例，2017 年 1 月至 5 月，该市受理的 32 件信息公开行政诉讼案件中，存在申请权、诉权滥用嫌疑的案件数高达 22 件，占比 68.7%，权利滥用问题突出。见图 1：

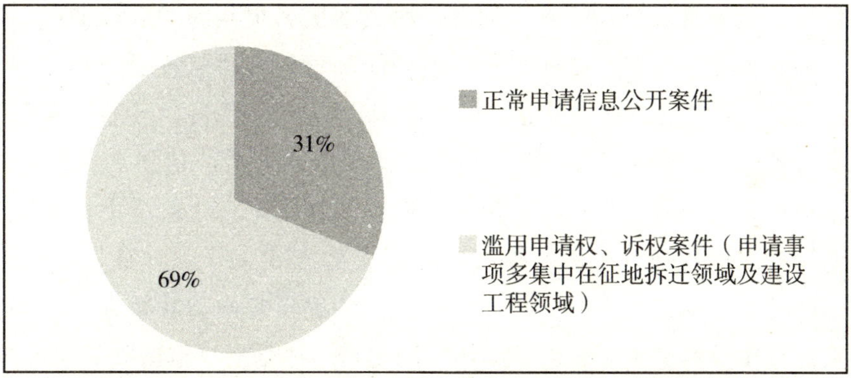

图 1　江西省某市法院 2017 年 1—5 月政府信息公开案件

放眼全国，在引起全社会高度关注的“陆红霞案”中，当事人陆红霞及其家庭成员自 2013 年至 2015 年 1 月，先后向南通市人民政府等部门至少提起过 94 次信息公开申请，向法院提起 36 余次政府信息公开行政诉讼。[①] 在“张治发请求确认重庆市奉节县康乐镇人民政府信息公开回复行为违法案”中，当事人自 2014 年 8 月以来先后向康乐镇政府等行政机关提出过至少 215

① 详见“陆红霞诉南通市发展和改革委员会政府信息公开答复案”，载《中华人民共和国最高人民法院公报》2015 年第 11 期。

次政府信息公开申请，之后又陆续向法院邮寄了 81 份行政诉状要求立案。[1] 又如“台州市椒江洪家天然香料厂诉台州市椒江区工商行政管理局政府信息公开案”，原告五年来向原台州市椒江区工商行政管理局等单位提出过 100 余次信息公开申请，提起信息公开行政诉讼 58 次。[2] 绝大多数案例表明，当事人在反复向行政机关提出信息公开申请后都执意将信息公开申请引入行政诉讼程序，且多以二审程序告终。不妨臆测，当事人大量、反复地提出相同或类似的信息公开申请并非基于善意，其真实意图极有可能是假借信息公开之名来谋求另类利益。可见，在权利滥用行为不断涌现的现实状况下，信息公开制度所设计的保障公民知情权、促进依法行政的价值功能正逐步走向异化。

（二）信息公开制度呈现出形式化、信访化趋势

政府信息公开在应然状态下具有较高的制度价值，然而，随着信息公开领域权利被滥用现象的加剧，信息公开逐渐脱离其制度价值而走向形式化。不少信息公开申请人只是将申请程序作为其解决另类纠纷的手段抑或引起政府部门高度关注的工具，这种实质价值功能的背离使得信息公开制度仅具备形式意义了。不仅如此，在中国，由于行政环境的特殊性，政府信息公开制度开始呈现出“信访化”趋势。从外在表现形式上看，信访者往往通过来信、来访的方式向有关机构反映诉求，而反映在信息公开制度中即表现为申请者通过提出信息公开申请及提起行政诉讼的方式来寻求自身利益的实现。信访中的缠访、闹访行为对应的即信息公开中的反复申请频繁起诉行为；从行为人的真实目的上看，无论是缠访、闹访行为还是反复申请频繁起诉行为，当事人都是希望借此达到倒逼政府为其解决诉求的目的。镶嵌在我国特殊背景下的信息公开制度正好弥补了当前行政纠纷解决路径不畅的缺口，为当事人长期未决的诉求开辟了一条能够重新进入审查、起诉程序的道路。随着当事人在信访与政府信息公开两种方式间的交叉使用，我国的信息公开制度在一定程度上已然演变成为信访的替换工具了。

（三）信息公开领域滥权现象引发行政及司法机关工作失序

当事人高频率地反复以相同或类似事实及理由提出政府信息公开申请或

---

① 详见重庆市第二中级人民法院（2015）渝二中法行终字第 00214 号行政裁定书。

② 详见浙江省台州市椒江区人民法院（2015）台椒行初字第 35 号行政裁定书。

提起行政诉讼，无疑给行政机关及司法机关带来了不小的压力与困扰。信息公开相关部门面对因权利滥用而引发的大量信息公开申请常常顾此失彼，囿于行政资源的有限，行政机关不得不耗费大量时间及精力去处理这些申请事项，甚至对信息公开申请产生一定的抵触情绪，进而导致为数不多的真正具有民主政治推动意义的申请反而得不到及时而有效的处理。这种状况在消耗行政资源的同时亦严重扰乱了行政机关正常的工作秩序。于司法机关而言，立案登记制的实施降低了当事人进入司法程序的门槛，大量信息公开行政诉讼涌入法院，且原告多集中在同一征地拆迁区域的家庭成员或利益相关者之间，“抱团诉讼”由此产生。在实践中，这类当事人通常就同一信息内容分别提出申请后又向法院提起行政诉讼，法院不得不对相同事由的多起诉讼重复审查，使得原本有限而紧张的司法资源捉襟见肘，井然有序的司法运转状态也随之被打破。

二、原因探寻：信息公开制度异化的综合归因

（一）我国信息公开制度具有“先天优势”

与现行的行政法律制度相比，信息公开制度具有“先天优势”，具体表现在以下几个方面：1. 准入门槛低：我国《政府信息公开条例》并未对申请人的主体资格进行限制，对于其所申请的内容是否与自身特殊需求有关，也属于行政机关实体审查的范畴。信息公开制度对申请人主体资格所呈现的开放态度，让当事人能够顺理成章地从信息公开申请人发展成为信息公开行政诉讼的原告，从而绕开一般行政诉讼对原告主体资格的审查，这种制度设计的便利无疑为部分当事人滥用权利创造了条件。2. 启动成本低：在我国，申请信息公开一般不收费或只收成本费，程序启动的经济成本较低，信息公开背后的程序运作也相对简单。相比之下，诉讼作为发展成熟的权利救济制度，其背后的程序要求则严格复杂得多，时间成本及运行成本均较高。低成本制度的设置虽然便民却也失去了应有的分流与调节功能。3. 申请内容宽泛：一个行政争议发生后可能引发多个与之相关的行政诉讼，而行政诉讼以行政争议的可诉性为前提，且行政诉讼审查的范围亦是有限的，即不涉及具体行政行为合法性之外的其他问题。相比之下，当事人可申请公开的信息内容就十分宽泛了，无须受到行政诉讼法中利害关系理论的限制，可以随时向行政机

关申请公开任一时期形成的任何政府信息，[①] 只要当事人所申请的信息内容不涉及国家、商业秘密与个人隐私，不危及社会的安全稳定即可。

（二）我国行政争议化解途径不畅

我国当前解决行政争议的方式主要有两种：一是行政诉讼，二是行政复议。行政诉讼以司法审判为核心审查被诉行政行为的合法性，其判决结果具有权威性与公正性。但是行政诉讼作为一种纠纷解决机制也有其固有缺陷，主要表现为：程序相对烦琐、耗时较长、诉讼成本较高。从社会效果上来看，我国行政诉讼仍面临立案难、审判难、执行难三大难题，行政诉讼中原告的胜诉率仍然较低，当事人的合法权益尚得不到充分的保障。行政复议，作为一种旨在发挥行政机关上下级监督优势，促进依法行政、维护人民群众合法权益的争议解决机制，其与行政诉讼相比，具有受案范围宽泛、审理程序简洁、成本低廉等优势。但行政复议集中在政府体系内解决行政争议，缺乏相对的独立性，上级机关对下级机关监督的不到位将直接影响复议结果的公正性，降低社会公众的信任度。在复议程序与诉讼程序均受阻的前提下，社会公众开始在信访的道路上寻求新的出路。信访一度成为民众解决行政争议的主要方式。然而，信访毕竟是中国特殊国情下的产物，在中国法治化进程的道路上显得不合时宜。随着我国法治化程度的提高，信访存在的空间也将越来越小。最终，在行政争议化解途径不畅通的现实背景下，信息公开制度凭借着“先天优势”进入公众视野，甚至成为部分当事人从中获取证据、施加压力、博取关注、增添筹码的议价平台，权利滥用由此产生，信息公开制度走向异化也就成为必然了。

（三）我国信息公开法律制度不健全

我国信息公开制度走向异化主要归因于我国信息公开相关立法的缺失。我国《政府信息公开条例》对于信息公开的申请条件及处理程序都规定得较为原则，缺乏弹性，同时也未对权利滥用现象进行必要的规制。行政机关一方面无权根据实际情况提高信息申请的门槛，另一方面也难以依据原则性的收费规定对恶意申请行为加以规制。面对大量的恶意申请，行政机关即便是

---

① 李广宇、耿宝建、周觅：“政府信息公开非正常申请案件的现状与对策”，载《人民司法》2015年第15期。

没有公开义务，也不得不在法定期限内作出答复，否则就将面临行政不作为的程序性审判。[①] 同样，在普适性规则缺失的情形下，司法机关面对大量的信息公开滥诉案件也应对乏力，虽然作为司法规制信息公开诉权滥用第一案的“陆红霞案”极具价值性与代表性，但无立法的明确授权，典型案例的推广与指导功能有限。就此而言，若要推动我国的法院以集中处理和逐案解决相结合的方式，更为有效地处理实践中的恶意滥权问题，还须仰仗立法的创制。[②]

囿于当前《政府信息公开条例》整体构架的不完善，立法对于不断涌现出的信息公开申请权及起诉权滥用的现象缺乏相应的法律规制，理论上对于信息公开领域权利滥用问题的研究也未成体系，从而导致了行政及司法机关在处理此类问题时无所适从、标准不一。为了更好地规范信息公开申请权及诉权的行使，回归政府信息公开制度的设计初衷，保障人民群众的合法权益，实现公共资源的合理配置，探求如何有效地规制信息公开领域权利滥用问题就显得十分必要了。

三、法律规制：信息公开制度的本位回归

（一）权利滥用的构成要件：基于司法实践的总结

对信息公开领域权利滥用现象进行规制，首先要有明确的界定标准。权利滥用并不是一个主观臆测的概念，而是司法实践的产物，只有回归司法实践才能对该类行为作出准确而合理的预判。笔者试图对近年来发生在信息公开领域的行政滥诉案件进行归纳和总结，并从中提炼出滥用申请权及诉权行为的构成要件，从而更好地规范权利的行使。

---

① 后向东：“信息公开申请权滥用、成因、研判与规制——基于国际经验与中国实际的视角”，载《人民司法》2015年第15期。

② 沈岿：“信息公开申请和诉讼滥用的司法应对——评‘陆红霞诉南通市发改委案’”，载《法制与社会发展（双月刊）》2016年第5期。

表 1 2014—2015 年我国信息公开领域滥诉案件裁判文书整理

案号	事实理由	裁判结论
（2014）港行初字第00247号	（1）多次申请；（2）申请内容相同；（3）已答复并公开申请信息；（4）反复提起行政诉讼；（5）动机非理性；（6）违背诚实信用原则；（7）浪费司法资源	（1）滥用申请权 （2）滥用诉权 （3）裁定驳回起诉
（2014）沈和行初第00180号	（1）行政机关已作出答复并处理完毕；（2）法院作出生效裁判；（3）原告主观状态为“明知”；（4）仍反复提出公开申请并提起诉讼	（1）滥用诉权 （2）判决驳回诉讼请求
（2015）台椒行初字第35号	（1）多次申请；（2）内容相同或类似；（3）行政机关已作出答复；（4）反复申请复议并提起诉讼；（5）法院多次对其申请及起诉释明；（6）主观状态为“明知”；（7）诉权行使不具备正当性	（1）滥用诉权 （2）裁定驳回起诉 （3）提起类似诉讼将依法严格审查
（2015）鄂宜昌中行终字第00140号	（1）频繁提出申请；（2）申请内容相同或类似；（3）申请内容与自身无利益关联；（4）行政机关已作出答复；（5）反复提起信息公开之诉；（6）违反公平正义、诚实信用原则；（7）违背《政府信息公开条例》立法宗旨，诉讼利益不正当；（8）行政机关工作秩序受到干扰	（1）滥用知情权 （2）滥用诉权 （3）裁定驳回起诉
（2015）通中行终字第00154号	（1）申请次数多、频率高；（2）基于同一事由重复申请；（3）不辨主体任意申请；（4）不分性质随意申请；（5）行政机关已答复、释明和引导；（6）多次提起相同或相似诉求的行政诉讼；（7）违背《政府信息公开条例》立法目的、申请目的不当；（8）缺乏诉的利益、违背诉权行使必要性；（9）有悖诚信、权利行使不正当；（10）浪费行政和司法资源	（1）滥用信息获取权 （2）滥用诉权 （3）裁定驳回起诉 （4）对类似申请及诉讼将依法严格审查
（2015）渝二中法行终字第00214号	（1）频繁申请信息公开；（2）请求事项类似或相同；（3）明知理由不正当仍反复起诉；（4）诉讼请求相同或类似；（5）主观故意明显；（6）诉讼目的背离《政府信息公开条例》立法目的；（7）不具有信息公开诉讼应保护的正当利益；（8）诉讼行为不具有正当性；（9）违背诚实信用原则；（10）浪费行政及司法资源	（1）滥用申请权 （2）滥用诉权 （3）裁定驳回起诉 （4）对类似申请及诉讼将依法严格审查
（2015）港行初字第00021号	（1）申请次数众多；（2）家庭成员之间分别提出相同或相似申请；（3）申请内容包罗万象；（4）申请目的违反《政府信息公开条例》规定；（5）行政机关已答复、释明和引导；（6）频繁提起相同或相似诉求的行政诉讼；（7）缺乏诉的利益、诉权行使不具备必要性；（8）起诉缺乏正当性、目的不当；（9）有悖诚信；（10）导致行政、司法资源失衡	（1）滥用信息获取权 （2）滥用诉权 （3）对类似申请及诉讼将依法严格审查

1. 构成要件之一：权利行使的目的不正当

权利行使目的的不正当意指当事人提出信息公开申请或提起行政诉讼出于非法动机，其主观目的明显背离了《政府信息公开条例》及《行政诉讼法》的立法宗旨且不具有善意。在信息公开领域，获取并知晓所申请的信息内容是当事人最根本的目的，倘若当事人提起信息公开申请及诉讼的形式目的表现为信息知情权的获取与维护，而实质目的则是企图谋求私利、发泄不满、施加压力、制造负担、造成困扰等，那么可认定当事人权利行使的目的有违立法本意，不具有正当性。

2. 构成要件之二：明显缺乏诉的利益

诉的利益是一个普适的限制标准，要求存在或可能存在某种受法律所保护的正当利益，因而具有启动司法救济程序的必要。是否具备诉的利益是一个事实上的筛选机制，旨在排除那些轻率的、不值得保护的利益。[①] 正所谓无利益，无诉权。诉的利益要求信息公开案件中的当事人必须是在信息知情权受到现实损害的前提下，才可向人民法院提起信息公开行政诉讼，以此来救济所受到损害的正当权利。若当事人起诉并不以知情权的救济为目的而是谋求其他非法利益，那么可以认定其起诉缺乏值得法律保护的正当利益，从而排除其权利保护的资格。

3. 构成要件之三：违背诚实信用原则

引入民事诉讼法中的诚实信用原则，以此来规制信息公开领域的权利滥用问题，有其历史渊源及法律依据。一方面我国《行政诉讼法》是脱胎于《民事诉讼法》而存在的特别法，另一方面最高院司法解释中明确规定在行政诉讼法及相关司法解释缺位时可参照适用民诉法的相关规定。在信息公开领域，诚实信用原则要求当事人在行使权利时必须遵从社会公德，诚笃不欺、讲信用、守诺言，该原则从根本上排除了具有欺骗、隐瞒、发泄、盲目、干扰、重复性质的信息公开申请及起诉。若当事人在已经获取并知悉所申请信息内容的情形下仍执意反复提出公开申请或是基于相同或类似诉讼请求反复提起信息公开之诉，则可认定其行为有违诚实信用原则。

4. 构成要件之四：实施滥用行为

当事人实施滥用行为主要表现在以下五个方面：一是短期内频繁提起大

---

① 高鸿："滥诉之殇引发的再思考"，载《中国法律评论》2016 年第 4 期。

量信息公开申请及行政诉讼。鉴于数量标准难以量化，且具有不确定性，故单纯的多次申请及起诉行为，并不能当然认定为权利滥用。但是申请数量及起诉次数这一“表象”可以作为判断权利滥用的标志之一。[①] 二是申请事项或诉讼请求相同或类似，构成反复申请、重复起诉。三是无论行政机关答复与否、是否满足其信息公开要求，均无一例外地提起行政复议进而提起行政诉讼且穷尽一审、二审救济程序。四是当事人就同一信息内容向多个行政机关申请公开继而又以多个行政机关为被告分别提起行政诉讼。五是诉讼主体以群体为单位抱团诉讼，即同一区域的当事人及其家庭成员或利益相关者之间分别就同一信息内容申请公开又分别向法院提起多个行政诉讼。

5. 构成要件之五：浪费公共资源

当事人数量众多、固执恶意的申请及诉讼客观上造成行政和司法资源在维护个人利益与公共利益之间的失衡亦是权利滥用的考量因素。[②] 在信息公开领域，行政机关与司法机关均是履行公共职能的机构，权利的滥用不仅会造成司法资源的浪费，也会消耗被申请机构的资源，使其无法将有限的资源更好地用于正当职能的履行，因此申请与诉讼对公共资源的负担，亦是认定权利滥用的主要考量之一。[③] 当然，基于司法与行政机构本身的公共利益属性，一定程度上的资源消耗是其应当承受的负担，故而不能简单地以是否浪费公共资源来判断当事人是否构成滥权，而是应当结合当事人的主观状态及客观表征来综合判断。

（二）权利滥用的立法建议：行政认定与司法审查并行

立法建议一：公民、法人或其他组织申请获取政府信息应当符合《政府信息公开条例》的立法宗旨，不得滥用政府信息公开申请权。

立法建议二：申请人有下列情形之一的，构成政府信息公开申请权的滥用：

（1）连续提起大量政府信息公开申请且申请事项相同或类似的；

（2）已经获取或者知道或应当知道某项政府信息仍重复申请的；

---

① 方扬：“滥用行政诉权的构成要件及规制路径”，载《安徽行政学院学报》2016 年第 5 期。

② 详见江苏省南通市港闸区人民法院（2015）港行初字第 00021 号行政裁定书。

③ 沈岿：“信息公开申请和诉讼滥用的司法应对——评‘陆红霞诉南通市发改委案’”，载《法制与社会发展（双月刊）》2016 年第 5 期。

（3）恶意申请损害国家、集体、社会利益及个人合法权益的；

（4）申请获取政府信息违背诚实信用原则的；

（5）违反立法宗旨的其他情形。

立法建议三：行政机关应当对申请人获取政府信息的目的、方式、后果综合审查，认为构成滥用政府信息公开申请权的，有权作出不予受理申请决定，并向申请人说明理由。申请人对该决定不服的，可依法申请行政复议或向人民法院提起行政诉讼。

立法建议四：申请人不服不予受理申请决定依法提起行政诉讼的，人民法院应当对该行政行为的合法性进行审查，经审查认为行政行为认定事实清楚、理由确实充分、适用法律正确的，判决驳回原告的诉讼请求。

立法建议五：公民、法人或其他组织依法提起政府信息公开行政诉讼，必须符合以下条件：（1）知情权受到现实损害；（2）确有必要且能够通过诉讼方式实现其知情权；（3）起诉符合诚实信用原则；（5）诉讼目的具有正当性。①

立法建议六：人民法院依法对原告提起的政府信息公开申请、行政复议、行政诉讼的次数、内容、目的、后果等情况进行审查，人民法院经审查认为不符合立法建议第五条之规定的，裁定不予受理；已立案受理的，裁定驳回起诉。

立法建议七：人民法院经审理认为原告构成滥用政府信息公开申请权或不符合立法建议第五条之规定的，可以依据情节轻重予以罚款。

立法建议八：经人民法院判定为滥用信息公开申请权或诉权的当事人，再次向法院提起同类行政诉讼的，应当书面说明理由，当事人不能说明诉讼理由正当的，人民法院可以裁定不予受理。

立法建议九：行政机关有权以人民法院的生效裁判为依据将滥用政府信息公开申请权的个人或组织纳入社会信用信息共享系统。

被社会信用信息系统记录为信息公开申请权滥用的个人或组织，再次提起政府信息公开申请的，行政机关有权向其预收因检索、复制、邮寄、审查所申请信息而产生的费用。

---

① 刘平："谨慎地拒绝：政府信息公开之诉权滥用及立法规制——以'诉的利益'为内核破局"，载《尊重司法规律与刑事法律适用研究（上）——全国法律第27届学术讨论会获奖论文集》2016年第1卷。

四、结语

我国政府信息公开中的权利滥用现象，是在中国行政纠纷化解渠道不畅的前提下，借着信息公开制度漏洞所产生的便利条件，衍生出的一种“畸形”行政纠纷化解形态。[①]容忍且放任这种形态的发展将加剧政府信息公开制度的异化、行政审判制度的空转乃至公共资源的失衡。所以，在立法层面对信息公开中的权利滥用现象进行规制是矫正这种“畸形”状态的根本。唯有仰仗立法的创制，才能更有效地规范政府信息公开申请权及诉权的行使，推动与完善我国政府信息公开制度，从而实现政府信息公开制度价值的本位回归。

（作者单位：江西省萍乡市中级人民法院）

① 郑涛：“政府信息公开中非正常申请行为研究”，载《电子政务》2016年第8期。

公有公共设施致害的国家赔偿问题研究

刘 慧

【摘要】随着政府职能由管理型向服务型转变，由政府设置或管理的各种公有公共设施也越来越多地出现在人们的生活之中，随着社会主义法治进程的不断发展，人们的法律意识的不断加强，公有公共设施致害所引发的问题也日益凸显出来，本文首先从公有公共设施的内涵入手，确定公有公共设施的定义。进而以公有公共设施致害纳入国家赔偿的必要性为切入点，阐述研究这一问题的意义所在，通过研究各国的相关立法归纳我国立法应借鉴的地方，在此基础上阐明了公有公共设施致害赔偿的构成要件及免责事由，最后提出关于将公有公共设施致害纳入我国国家赔偿制度的几点建议。

【关键词】公有公共设施　国家赔偿　设置　管理

随着我国经济的飞速发展及服务型政府的职能转变，代表国家行使公权力的各机关为了满足公共利益的需求，由其设置或管理的公有公共设施越来越多，而因公有公共设施致害引起的侵权诉讼数量也在逐年激增，现在很多国家都已经将公有公共设施致害纳入国家赔偿范畴，但我国现在还没有公有公共设施的概念，要想将这种特殊的侵权行为纳入国家赔偿范畴，首先就要明确公有公共设施的概念。

一、公有公共设施的内涵

目前，我国的立法上还没有公有公共设施这一概念，学界中对公有公共设施的概念也没有形成统一的意见，笔者认为应从以下几点来界定其含义：

（一）设施的概念

公有公共设施中讲的设施，最突出的特征是其有体性，即设施必须为有体物，一些特殊的无体物，如电力和天然气等，还是需要依附于有体物才能实现其价值，其发生致害的原因也是因为其依附的有体物存在设置或者管理上的瑕疵。因此，仅有无体物是不会发生法律上的侵权行为的，如我们说核辐射致人损害，其原因是因为核泄漏，因为承载核能源的物体已经不再具备安全存储的条件，同时，没有载体，无体物很难为人们所利用，更不用说提供公共服务了，因此，公有公共设施只能是有体物。此外，值得注意的是，设施除了自身主体之外，还应包括其附属的部分，因为附属的部分往往是完善或者辅助主体设施的，因此，应扩大解释设施的定义。

（二）公共

公共最直接指向的就是公共利益，即必须以服务公共利益为前提，其次指向的是不特定的公众，必须以为公众服务为基础，但这里并不要求设施已经实际为公众所使用，因为公有公共设施的设置或管理自始至终都是以公共利益为前提的，这也就意味着代表国家行使公权力的机关对设置或管理均有排除瑕疵的义务，并且最终受益主体并不是该机关，而是不特定的公众，因此，不能仅以尚未投入使用而否认该设施的公共性的特征，因此，是否投入使用，不应影响其公共性。

（三）公有

在我国，公有应理解为国家所有或集体所有。实践中，所有并不仅仅指所有权，这里讲的所有既包含享有完全所有权，也包含共同享有所有权，甚至还应包括私有公管权。也就是说，公有的内涵并不仅限于所有权归国家或者集体所有，换句话说，所有权的属性只是确定公有性的因素之一，但不是唯一，严格来讲，凡是由代表国家行使公权力的机关设置或者虽然没有设置但事实上处于管理状态的公有公共设施，是属于公有范畴的。代表国家行使公权力的主体应当包括根据法律规定直接享有公权力的机关，主要指行政机关，还包括依据法律、法规授权获得公权力的组织。

综上所述，应将公有公共设施定义为：以公共利益为目的，由行使国家公权力的机关或组织设置或管理为不特定公众使用的有体物。生活中较为常见的公有公共设施包括：公路、桥梁、道路、铁路、码头、机场，等等。

二、公有公共设施致害纳入国家赔偿的必要性

（一）人民主权的要求

《宪法》第二条第一款规定："中华人民共和国的一切权利属于人民。"人民是国家的主人，人民是国家权力的所有者，根据社会契约理论，国家的人民达成共同的契约，将自己的权力全部赋予国家，由国家行使，为人民服务，对人民负责，所以，国家为了满足公共利益的需要而设置或管理公有公共设施，是为人民服务的体现，同时因设置或者管理公有公共设施引起的侵权责任，当然也应以国家为赔偿主体，这是责权相统一的结果和要求。

（二）建设服务型政府，促进良好行政的要求

实践中，好多公有公共设施致害案件都是因为公权力的行使不当造成的，如怠于管理和监督，相互推诿等，如果能明确国家赔偿责任，将公有公共设施致害纳入国家赔偿范畴，就可以通过受害人的求偿权的行使，督促公务人员能够主动地、积极地良好行政，从源头上减少因公有公共设施致害的发生概率。

（三）充分保障受害人合法权利的要求

由于公有公共设施服务的对象是不特定的，其造成的损害往往后果很严重，范围比较广，如 1999 年发生的重庆彩虹桥突然垮塌事件，造成了 40 人死亡的严重后果。如果仅仅依靠相关的具体所有机关或管理机关承担民事赔偿责任，往往会造成赔偿主体承担巨大的经济负担，而对受害人来讲可能也只是杯水车薪，最终两败俱伤。如果能将公有公共设施致害纳入国家赔偿范畴，以国家做后盾，可以充分保障受害人的合法权利得以实现。

三、我国关于公有公共设施致害的立法现状及相关国家和地区的立法规定

很多著作的观点都认为我国现有关于公有公共设施致害的法律规定有《民法通则》第一百二十五条："在公共场所、道旁或者通道上挖坑、修缮安装地下设施等，没有设置明显标志和采取安全措施造成他人损害的，施工人应当承担民事责任。"第一百二十六条："建筑物或者其他设施以及建筑物上

的搁置物、悬挂物发生倒塌、脱落、坠落造成他人损害的，它的所有人或者管理人应当承担民事责任，但能够证明自己没有过错的除外。”以及《侵权责任法》第十一章对物件损害责任的规定。但是只要稍加注意，我们就可以看出，以上的法条除了表述涉及“公共”二字之外，实际上与本文所述的公有公共设施根本无关，因为无论是《民法通则》还是《侵权责任法》均属于民法范畴，调整的是平等主体之间的人身权和财产权的权利义务关系。条文中设施的设置和管理往往是出于“私利”，并且在侵权的情况下均有明确的承担责任主体。所以，笔者并不同意上述著作的观点，我国现在对公有公共设施致害的立法尚属空白阶段，只是在司法实践中会出现以上述条文解决有关公有公共设施致害的案例，但这并不等同于是有关公有公共设施致害的立法规定，下面谈一下其他国家或地区的相关立法规定，作为我国的立法借鉴。

（一）英国

英国作为普通法系的代表国家，判例一直在其司法领域占有相当重要的地位，在英国的司法史上，1866 年的“默西码头和海港管理局诉吉布斯”一案成为首个有关公有公共设施致害引起的国家赔偿案例，该案是因为被告作为海港的工作人员因工作疏忽没能及时处理码头入口的泥潭，使得原告的商船受损，英国上议院最终判决认为，公共机构在行使权力时应遵守合理注意义务。

（二）德国

德国 1981 年《国家赔偿法》草案第一条规定：“任何人之权利受公权力之侵害者，公权力主体依本法对受害人负赔偿责任。”“公权力主体对于因其技术性设施之故障所生权利之侵害，亦负赔偿之责。”该草案中的技术性设施根据其在法条中所表达的意思，应与本文中的公有公共设施作同一理解。草案中体现了因技术性设施所引起的侵害，应纳入国家赔偿范畴，并承担无过错责任，即只要发生因技术性设施引起侵害就会由国家承担赔偿责任，不论主观上是否存在过错。虽然这一草案最终以违宪为由，没有正式通过实施，但从中我们已经看到了德国对公有公共设施引起的损害的国家赔偿态度是肯定的。

（三）日本

日本在 1947 年颁布的《国家赔偿法》第二条规定：“基于公有公共营造

物设置或者是管理瑕疵之损害赔偿责任，（1）因道路、河川或其他公共营造物之设置或者管理有瑕疵，给他人带来损害时，国家或公共团体，对该损害承担赔偿责任。（2）前项情形，如就损害之原因，别有应负责任之人时，国家或公共团体对之有求偿权。”从法条所体现的内容来看，日本将公有公共设施表述为公共营造物，对因公共营造物引起的损害以明确立法的方式纳入了国家赔偿，并以过错责任为归责原则。

（四）中国台湾地区

中国台湾地区的“国家赔偿法”第三条规定：“公有公共设施因设置或者管理有欠缺，致人民生命、身体或财产受损应负赔偿责任。前项情形，就损害原因有应负责任之人时，赔偿义务机关对之有求偿权。”

综上，通过其他国家和地区的立法研究，我们不难看出，无论英美法系还是大陆法系国家及地区都通过判例或成文法的形式将公有公共设施致害纳入了国家赔偿的范畴，只是在归责原则上略有不同，通过对其他国家和地区的立法研究，对我国在该领域的立法具有积极的借鉴作用。

四、公有公共设施致害的国家赔偿构成要件

（一）致害物仅限于公有公共设施

公有公共设施是以服务公共利益为前提设置的，不论其所有权的属性，主要看公权力对该设施是否有管理权限，该设施是否为不特定的公众利益服务，这是认定公有公共设施行政的两个本质特征。马怀德教授对此概括得简练而精辟：“界定公有公共设施的标准不是静态所有权，而是动态的公务活动。”

（二）公有公共设施的设置或者管理存在瑕疵

瑕疵，是指某种事物处于一种不完全或者有欠缺的状态。由于公有公共设施涉及的是不特定的公众的公共利益和公共安全，这就对公有公共设施的设置和管理提出了更高和更为苛刻的要求，因此，认定针对公有公共设施设置或管理存在瑕疵的标准应低于通常民事领域关于瑕疵的认定。

1. 设置瑕疵，指的是在公有公共设施最开始设计、施工、建造等环节，没有符合一般的安全标准的要求，在公有公共设施投入使用之时瑕疵就是存在的，是先天性的瑕疵。

2. 管理瑕疵，是指在公有公共设施投入使用之后，因相关的维护、修缮、保管和监管等相关的职责行为没有得到完全的履行，而使公有公共设施处于一种不稳定的安全状态，是一种后天性的瑕疵。

（三）公民、法人或其他组织的人身权或财产权利受到直接的损害

由于国家是出于服务于大众的目的，为了维护和更好地实现公共利益而设置、提供和管理公有公共设施的，针对的是不特定的公共群体，这种服务绝大多数都是无偿的、非营利的，尽管公众有权利使用设施及享用其带来的服务，但这并不意味着公共的权利不受任何限制，权利与义务总是相辅相成的，又因为，对公有公共设施的设置和管理要求比较高，对其瑕疵认定的标准比较低，这也就意味着国家对公有公共设施承担的责任比较大，因此，在发生侵权致害后果时，应对损害结果的认定进行严格的限制，这样才能做到责权利相统一。笔者认为将赔偿的客体限为人身权和财产权更为合理，因为其他权利很少会因为公有公共设施的瑕疵而受到侵害，人身权和财产权是最直接的侵害客体。关于损失的认定限制为直接损失为宜，因为公有公共设施的公共性和环境等客观因素的不确定性，如果将可期待利益等间接的利益损害纳入赔偿范畴，可能会导致受害人滥用权利并加重国家赔偿的负担，显失公平。

（四）公有公共设施致害与其设置或管理存在的瑕疵存在因果关系

一般侵权责任构成要件中损害结果与侵权行为之间存在因果关系，我国现行的《国家赔偿法》中关于因果可以表述为“国家赔偿责任中的因果关系，是以国家机关及公务员的公职义务为基础，以受到法律保护的受害人权益为依托，以违反公职义务与权益遭到侵害之间的关系为内容，用客观、恰当、符合正常社会经验的方式衡量和确定的逻辑关系”。[①] 因此，也就说明了公有公共设施致害与其设置或管理存在的瑕疵之间必须存在因果关系。

五、公有公共设施致害的免责事由

（一）不可抗力

不可抗力通常是指不能预见、不能避免又不能克服的客观情况。不可抗

① 马怀德著：《行政法与行政诉讼法学》，中国法制出版社 2005 年版，第 497 页。

力超越了人类自身能力和认知的范畴，是不能受任何人所控制的，“这些来自自然的或非自然的力量是人们无法预见或无法抗拒的，因此，对因不可抗力而产生的损害，国家不承担赔偿责任”①。根据各国现行的立法和判例，因不可抗力使公有公共设施致害发生的，均属国家免责的范畴。但值得注意的是，不可抗力是抽象的概念，不是指具体的现象或行为。如暴发山洪时，大坝被冲毁造成人身或财产损害，就要具体分析，假如按照修建的标准大坝能承受住这一规模的山洪，因设施或管理存在瑕疵，致使大坝坍塌，那也不能将此归于不可抗力的免责事由。不可抗力虽属于国家赔偿的免责事由，但也不是说损失没有救济的途径，完全可以通过国家的各种救助行为得到救济。

（二）受害人过错

受害人的过错，是指对损害结果的发生，受害人主观上存在故意或者重大过失。因受害人自己的过错导致侵权结果的发生，是世界各国法律普遍规定的免责事由。公有公共设施针对的是公共的利益，也是为公共服务的，我们不能要求既向公众提供公共服务，又为因公众自己的过错所致害埋单，没有无权利的义务，也没有无义务的权利，并且，国家对公有公共设施的设置和管理已经承担了较为苛刻标准和要求，从公平公正的角度出发，国家也不应为因受害人过错引起的公有公共设施致害结果埋单。值得注意的是，受害人过错同不可抗力一样，并不意味着会完全免除国家的赔偿责任，只有在国家在设置或管理公有公共设施不存在瑕疵的基础上，才会完全免责，除此之外，应按受害人和国家的过错来分担赔偿的比例。

（三）第三人过错

如果公有公共设施致害的行为是因为第三人的过错引起的，并且在设置或管理公有公共设施方面又没有瑕疵，那么损害责任应由第三方承担，这是发生在平等主体之间的侵权行为，如前所述，可以直接适用《民法通则》第一百二十五条、第一百二十六条及《侵权责任法》的相关规定处理，因此，虽然现行我国的《国家赔偿法》中并没有把第三人过错作为免责的事由，但根据相关民事法律的规定及法律的原则已经可以判断出，第三人过错可以成为免责事由。

---

① 房绍坤、毕可志著：《国家赔偿法学》，北京大学出版社2004年版，第155页。

六、关于构建我国公有公共设施致害国家赔偿制度的几点思考

（一）归责原则的确定

归责原则是一种法律价值判断，是指法律应以行为人的过错、已经发生的损害结果或是从公平的角度作为行为人承担侵权责任的判断标准。归责原则是侵权责任的灵魂，直接关系着举证责任的分担和最终承担侵权责任的风险。当前，公有公共设施致害引起的国家赔偿的归责原则在各国立法或学界还没有形成一致的意见，也没有相对主流的意见，都是根据国情来作出规定。归责原则主要有四种：

1. 过错责任原则，即以过错作为标准判断行为人对其造成的损害应否承担侵权责任的归责原则，它要求承担责任要以行为人主观上存在过错为前提，如果行为人主观上不存在过错，即使客观上造成了损害，也不承担赔偿责任。过错责任在性质上属于主观规则原则。

2. 过错推定原则，即不需由受害人举证证明，而是从损害事实本身推定加害人有过错，并据此确定加害人侵权责任的归责原则。也就是说，受害人不必举证证明对方存在过错，而是直接从损害事实的客观要件及他的违法行为的因果关系中，推定行为人主观存在过错，如果行为人不想承担赔偿责任，那么他就要自己举证来证明自己主观不存在过错，否则就要承担侵权责任。

3. 无过错责任原则，是指以已经发生的损害结果为价值判断标准，其行为与该损害结果有因果关系的行为人，不论其是否有过错，都要承担侵权责任，它与过错责任原则刚好相反，属于客观归责原则。

4. 公平责任原则，是指当行为人对损害结果均无过错但又不适用无过错责任的情况下，由人民法院根据公平的观念，在考虑当事人经济状况的情况下，责令加害人对受害人的财产损失给予适当补偿的责任原则。

综上所述，笔者认为，关于公有公共设施致害赔偿的归责原则首先应当排除无过错责任原则和公平原则，因为公有公共设施致害赔偿的构成要件之一就是要求设置或管理公有公共设施存在瑕疵，即可以理解为应以主观上存在过错作为判断是否承担国家赔偿的标准，其结果必然将不计主观过错的无过错责任原则和没有主观过错的公平原则排除在外。其次将无过错责任原则排除的另一重要原因就是，适用无过错责任原则将大大加重国家的负担，并

且如前所述显失公正与公平。既然在公有公共设施致害赔偿的规则原则上要求行使公权力的主体主观上存在过错，那么应该直接适用过错责任原则，但是由于在公有公共设施致害的案件中，受害人相对于国家来讲，属于弱势群体，并且公有公共设施往往都是带有很强的专业性，对其设置或管理是否存在瑕疵，受害人由于不具备专业知识或取证困难等原因在诉讼中也处于弱势地位，而相对方，即行使公权力的主体在设置或管理上负有排除瑕疵的责任，其往往具有较强的专业知识和方法，并且在取证上有着天然的优势，因此，我们认为，对公有公共设施致害的赔偿问题应适用过错推定原则更为妥当，既不会无故加重国家的负担，又使得受害人的权利得到了最大限度的保障。

（二）追偿权的适用

我国现行《国家赔偿法》第二条第一款规定：“国家机关和国家机关工作人员行使职权，有本法规定的侵犯公民、法人和其他组织合法权益的情形，造成损害的，受害人有依照本法取得国家赔偿的权利。”第十六条第一款规定：“赔偿义务机关赔偿损失后，应当责令有故意或者重大过失的工作人员或者受委托的组织或者个人承担部分或者全部赔偿费用。”可见，《国家赔偿法》中的追偿权是建立在国家机关或是工作人员在行政职权的过程中有重大过错的基础上的，那么对公有公共设施的设置或管理也是行使职权的形式，所以，针对公有公共设施致害的国家赔偿当然应适用追偿权，同时由于公有公共设施的特殊性，其追偿权的适用也存在一定的特殊性，即公有公共设施的设置或管理出现瑕疵，是由于行使公权力的主体不作为即不行使职权造成的，国家应享有追偿权。因为不作为在一定程度上可以说是在主观上存在重大过错的，是对权力的积极放弃和对义务的消极回避，危害性甚至比积极行使职权更大，因此，针对不作为引起的损害，也应适用追偿权的规定。

（三）赔偿标准的界定

综观世界各国，目前国家赔偿的标准主要有三种，即惩罚性赔偿、补偿性赔偿和抚慰性赔偿。惩罚性赔偿是指赔偿金额超过受害人实际受到的损失，超过部分是对侵权主体的惩罚；补偿性赔偿是指赔偿受害人的实际损失，将其损失填平，抚慰性赔偿是指赔偿金额低于受害人的实际损失。由于因公有公共设施致害的侵权行为有着严格的构成要件，并且还要适用过错推定的归责原则，因此，简单的抚慰性赔偿是不合理的，赔偿至少应弥补实际造成的损失。针对现在比较流行的观点，即惩罚性赔偿，笔者并不认同，因为，不论出于什么原因，对公有公共设施致害进行赔偿，赔偿主体不仅要支付赔偿款，还要加大对其设置和管理的公有公共设施监管、维护的力度，从其自身来讲，补偿性赔偿已经起到了警示和惩罚的作用，再者，从公平的角度来讲也应排除惩罚性赔偿的适用。

（四）赔偿义务机关的确定

由于引起公有公共设施损害赔偿的原因有两个，即设置瑕疵和管理瑕疵，因此根据我国现行《国家赔偿法》第七条第一款的规定："行政机关及其工作人员行使行政职权侵犯公民、法人和其他组织的合法权益造成损害的，该行政机关为赔偿义务机关。"我们可以得出公有公共设施致害的赔偿机关应为设施的设置机关或是管理机关。但现实生活中存在大量瑕疵不明的情况，即难以分清责任，同时设置职责和管理职责又分属于不同的主体，针对这种情况，《国家赔偿法》中没有相关的规定，相关的条文为第七条第二款："两个以上行政机关共同行使行政职权时侵犯公民、法人和其他组织的合法权益造成损害的，共同行使行政职权的行政机关为共同赔偿义务机关。"可是，该条指的是共同侵权的情形，针对瑕疵不明的情形，现实中相关机关往往相互推诿，并以上述条文抗辩担责。中国台湾地区的"国家赔偿法"明确规定了在瑕疵不明时，由共同的上级机关确定，上级机关逾期确定的，以该上级机关为赔偿义务机关。[①] 之后中国台湾地区出台的"国家赔偿法实施细则"又进行了补充，若该上级机关无法确定时，应由该上级机关的再上级机关确定。[②] 但是，相比较上述规定，笔者更赞同中国台湾地区学者施茂林先生的观点："无法判断欠缺之原因时，被害人得对其中之一或两者，同时或先后，请求全部或一部分之损害赔偿。"[③] 因为根据过错推定原则，如果相关的机关不能证明自己不存在设置或管理瑕疵，就都应承担责任，这既符合归责原则，又节约了受害人的获赔时间。

---

① 参见中国台湾地区"国家赔偿法"第九条规定："不能依前三项确定赔偿之义务机关，或于赔偿义务机关，或于赔偿义务机关有争议时，得请求其上级机关确定之。其上级机关自被请求之日起逾二十日不为确定者，得径以该上级机关为赔偿义务机关。"

② 参见中国台湾地区"国家赔偿法实施细则"第三条规定："依本法第 9 条第 4 项请求确定赔偿义务机关时，如其上级机关不能确定，应由其再上级机关确定之。"

③ 施茂林：《公共设施与国家赔偿责任》，大伟书局印行 1982 年版，第 191 页。

七、结语

综观世界各国，大多数法治国家都将公有公共设施致害纳入了国家赔偿的范畴，随着当下我国政府职能已经转变为服务型政府，在建设社会主义法治国家的大背景下，将公有公共设施致害纳入国家赔偿领域具有必要性，也具备了现实的可行性，也符合作为法治国家的要求。

（作者单位：内蒙古自治区宁城县人民法院）

论行政协议识别裁量机制“二元性”

郑　刚

【摘要】行政协议具有不同于民商事合同的“行政性”属性，又有不同于行政行为的“契约性”属性，实践中受传统契约理论影响，如何通过司法审查的识别判断，将其归类行政民事不同诉讼程序进行裁量，存在诸多的困惑和难题。本文以近三年安徽黄山市法院行政合同纠纷案件受理情况为研究视角，分析行政合同纠纷审判存在的问题，创新提出行政协议识别裁量“二元化”机制理念。从行政协议识别裁量机制“二元性”内涵、域外行政协议多维度识别归类的特点及借鉴、行政协议“二元性”识别裁量机制适用三个方面对行政协议识别裁量机制的“二元性”这一命题进行探讨。

【关键词】行政协议　识别裁量　二元机制

引　言①

随着国家治理现代化进程推进，传统的“干预行政”不断受到“服务行政”理念冲击，行政协议作为一种全新的国家治理方式，大量运用在政府特许经营协议、房屋征用和农村集体土地征收以及城市供水、供电、供热，污水垃圾处理等诸多领域，成为政府公共管理的重要手段，标志着命令行政向

① 本文通例：《中华人民共和国行政诉讼法》简称《行诉法》，《中华人民共和国民事诉讼法》简称《民诉法》，《最高人民法院关于适用〈中华人民共和国行政诉讼法〉解释》（法释〔2018〕1 号）简称《行诉法司法解释》，《最高人民法院关于适用〈中华人民共和国行政诉讼法〉若干问题的解释》（2015 年 4 月 20 日最高人民法院审判委员会第 1648 次会议通过）简称《若干问题解释》；本文中行政合同、行政协议、行政契约同一含义。

契约行政变革。[①]

由于这种协议具有不同于民商事合同的“行政性”属性，又有不同于行政行为的“契约性”属性，识别裁量中受传统契约理论影响，行政协议纠纷常常被当作一般民事合同案件审理，使得行政协议公法性和公共管理目的性及其优益权适用游离于司法监督之外。我国《行诉法》及最高人民法院《若干问题解释》对行政协议在受理范围进行“列举加兜底”归类，明确了“政府特许经营协议、土地、房屋等征收征用补偿协议”行政协议类型，但“其他”范围并不明确。[②] 如何通过司法审查的识别判断，将其归类行政、民事不同诉讼程序进行裁量，存在诸多的困惑和难题。

一、游离的“边缘”:“二元化”识别裁量机制提出

(一) 安徽省黄山市法院三年合同纠纷案件实证分析

笔者采取了2015至2017年安徽省黄山地区法院受理41517件合同类纠纷案件、365件行政纠纷案件受理裁判实际状况进行实证分析：

表1　三年受理合同纠纷案件变动情况

年度	合同纠纷案件总数	民商事合同纠纷案件总数	其他类合同纠纷案件总数	拆迁安置补偿合同纠纷总数	民商事合同纠纷案件占比	其他类合同纠纷案件占比	拆迁安置补偿合同纠纷占比
2015	15460	6125	9311	24	39.6%	60.2%	0.2%
2016	16210	6575	9603	32	40.6%	59.2%	0.2%
2017	16087	7405	8659	23	46%	53.8%	0.14%

① 江必新：“行政协议的司法审查”，载《人民司法》2016年第34期，本文交替使用“行政合同”和“行政协议”，不作特别区分。

② 《行政诉讼法》第十二条规定：“人民法院受理公民、法人或者其他组织提起的下列诉讼……（十一）认为行政机关不依法履行、未按照约定履行或者违法变更、解除政府特许经营协议、土地房屋征收补偿协议等协议的……”《最高人民法院关于适用〈中华人民共和国行政诉讼法〉若干问题的解释》第十一条规定：“行政机关为实现公共利益或者行政管理目标，在法定职责范围内，与公民、法人或者其他组织协商订立的具有行政法上权利义务内容的协议，属于行政诉讼法第十二条第一款第十一项规定的行政协议。”“公民、法人或者其他组织就下列行政协议提起行政诉讼的，人民法院应当依法受理：（一）政府特许经营协议；（二）土地、房屋等征收征用补偿协议；（三）其他行政协议。”

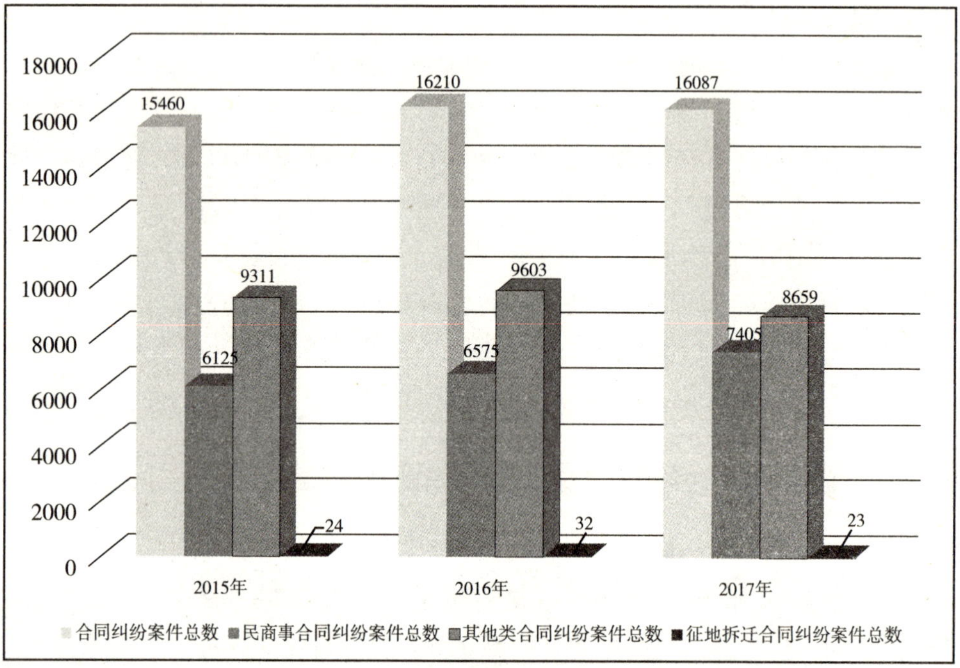

图1　三年三类合同数量变动情况图例

表2　三年365件行政案件类型数量统计表　　单位：件

分类 / 数据	信息公开	行政处罚	不履行法定职责、不作为	确认行政违法要求撤销	不服行政决定	提起国家赔偿	行政复议决定	其他
案件数	115	41	53	37	55	8	15	42
占比	31.4%	11.2%	14.3%	10.1%	15.1%	2.2%	4%	11.7%

表3　征地拆迁安置类合同纠纷成因比例情况分析

成因	协议生效反悔，政府机关起诉	安置房或补偿金未到位	安置房未达到合同约定条件	政府依法强制后起诉确认违法，要求赔偿	因遗产继承或分家争议等关联案件诉讼	其他原因致使合同无法履行
比例	26.7%	11.4%	10.7%	21.9%	14.8%	14.5%

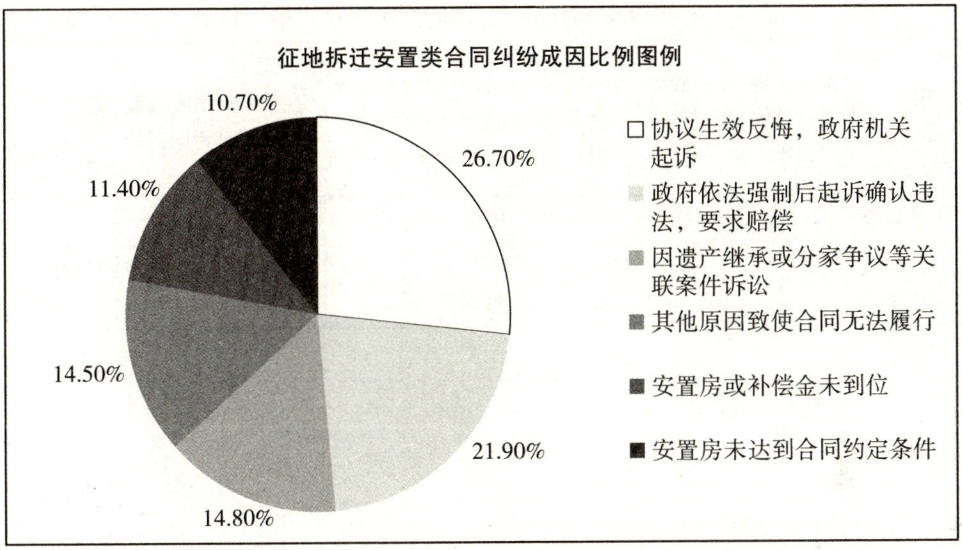

图 2　征地拆迁安置类合同纠纷成因比例图例

从上述实证分析中可以看出，三年来涉及行政合同的征地拆迁安置补偿合同纠纷每年受理案件数不仅在 41517 件合同类纠纷中占比甚少，占比不足 1%，而且年度增长率变化较小。从受理的涉及征地拆迁安置类合同纠纷六种成因看，由于行政合同作为公私法结合的产物，与单方的行政行为有很大的不同，而相应的行政诉讼制度在受案范围、诉讼结构、诉讼规则等方面都不能适应行政合同纠纷救济的要求。故而实践中将此类纠纷习惯于用一般民事合同纠纷受理占比较大。

笔者对黄山地区法院受理 41517 件合同纠纷案件调研分析中除了征地拆迁政府未完全履行协议作为民事纠纷案件受理外，对于有争议的国有土地出让合同纠纷、国有企业租赁合同纠纷、政府购买社会服务合同纠纷、委托培养等教育行政合同纠纷以及公私合作协议（PPP 协议）纠纷、矿产资源使用权出让合同纠纷和税收征管合同纠纷在选择争议解决方式上均选择仲裁委仲裁，即使是进入诉讼，法院立案均作为一般民事合同纠纷处理。

表 4　七类合同纠纷占比及争议解决方式情况统计　（单位：%）

方式　种类 数据 类别	国有土地出让合同纠纷	国有企业租赁合同纠纷	政府购买社会服务合同纠纷	托培养等教育行政合同纠纷	公私合作协议（PPP协议）纠纷	矿产资源使用权出让合同纠纷	税收征管合同纠纷	其他合同纠纷
占比情况	0.06	0.69	0.02	0.03	0.83	0.17	1.2	97
纠纷解决方式	商事仲裁	民事纠纷处理	民事纠纷处理	民事纠纷处理	商事仲裁	民事纠纷处理	行政民事混合	行政民事混合

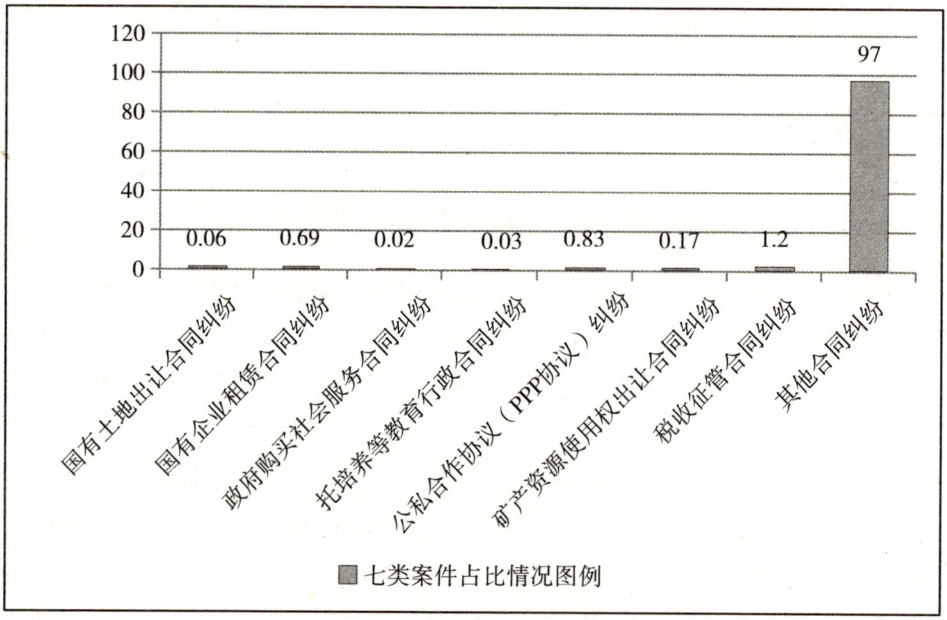

图 3　七类合同占比图例（%）

（二）困惑和挑战：行政合同识别裁量问题状况

1. 行政协议范围界定难。从行政机关签订或委托签订的内容看，大体涉及三类：第一类是与行政职权行使有关，如国有土地房屋征用和集体土地征收订立的征地拆迁安置补偿协议等。第二类与政府部门公共服务职能相关。如政府部门投资设立水电企业与用户签订的水电气和热力供用合同等，目前此类合同属于民商事合同范畴。第三类是政府以私法身份签订协议，由于政府以私法主体参与，内容形式均与公权力无关，此类协议归类为民法适用范围。[①] 为了界定行政协议，正确适用《行诉法》，《若干问题解释》第十一条第一款将行政协议定义为"行政机关为实现公共利益或者行政管理目标，在法定职责范围内，与公民、法人或者其他组织协商订立的具有行政法上权利义务内容的协议"，从目的要素、主体要素、职责要素、意思要素和内容要素五个方面进一步进行了明确。[②]

2. 行政协议甄别归类难。按照《行诉法》第十二条规定及其司法解释的第十一条"列举加兜底"的规定，对政府特许经营协议、土地、房屋等征收补偿协议明确为行政协议类型，但对于兜底的"其他"协议类型法律界定不明也缺乏甄别标准，实践中一些法院全部归类为民商事纠纷受理。

目前，司法理论界对于"其他"可纳入行政合同范围的甄别判别标准主要有目的说、标的说、主体说、新主体说等。[③] 目的说即"为实现国家行政管理的某些目标而依法签订的协议"[④]。此目的说从审查判断订立协议一方属于行政机关即视为行政协议虽简单易行，但对于行政机关"国库行为"即以私法主体身份参与协议行为等，难辨别归类为行政协议范畴。标的说主要指"行政合同是与行政法上法律关系为契约标的，旨在发生、变更、消灭行政法上权利义务的意思表示一致的行为"。[⑤] 问题在于如何甄别判断协议权利义务关系系行政法律关系？实践中难以确定，故此学说缺乏可操作性。有观点认为衡量鉴别行政协议归类要从主体、内容和目的要件综合分析判断，即从协议实质内容中只要与行政公共服务和管理职权以及执法活动相关则应纳入行政协议范畴，[⑥] 但实践中的难处在于立案归类阶段不可能启动协议纠纷实质性审查，登记初审时容易将此类协议归类到民商事协议纠纷中。

3. 司法审查原则适用难。目前，处理此类纠纷主要审查原则是合法性原则。"行政诉讼的一切活动都是以此为核心进行的，它犹如一根主线贯穿行政审判的始末。"[⑦] 而行政合同实质目的在于"运用契约的方式将国家所要达到

---

① 吴庚著：《行政法之理论与实用》，中国人民大学出版社 2005 年版，第 11 页。
② 杨科雄："试论行政协议识别标准"，载《中国法律评论》2017 年第 1 期。
③《最高人民法院关于适用〈中华人民共和国行政诉讼法〉若干问题的解释》第十一条规定。
④ 胡建淼著：《行政法学》，法律出版社 2003 年版，第 282 页。
⑤ 胡建淼著：《行政法学》，法律出版社 2003 年版，第 282 页。
⑥ 江必新："行政协议的司法审查"，载《人民司法》2016 年第 4 期。
⑦ 杨解君主编：《行政诉讼法学》，中国方正出版社 2002 年版，第 60 页。

的公务目标固定化、法律化”，[1] 包括审查行政合同主体是否合法、缔约涉及行政职权范围是否合法、缔结行政合同的程序是否合法、合同的内容是否违反法律的禁止性规定、是否符合公益目的，等等。但在特种经营等行政许可类的合同中，“霸王条款”可能性大，审查此类纠纷中，合理性原则尤为重要，体现“尊重相对方的意思自治与平等地位，蕴含着契约精神的私法原则理应在行政契约中获得应用”。[2] 这种由合法性、合理性、合约性三方面组成的审查体系[3]（笔者称之为“三维度”裁量原则）除了合法性以外，其他“二维度”审查原则立法上均无参照标准和可遵循规定。

4. 行政协议诉讼举证责任分担难。《行诉法》及在司法解释中关于举证规定主要集中在第三十四条、第三十七条和第三十八条，综观这些规定除了行政赔偿、补偿和不履行法定职责需要承担有限举证责任外，行政诉讼确立的是被告承担主要举证责任，原告承担辅助举证责任的举证责任制度。此规定也与我国行政诉讼法所规定的合法性司法审查原则一致。但行政合同不同于单方具体行政行为，合同中的权利义务既可能是法定的权利义务，也可能是约定的权利义务。这就决定了行政合同纠纷案件的司法审查中，人民法院不仅要审查行政主体行为的合法性，还要审查合同相对人行为的合约性，显然，新行政诉讼法的举证责任制度明显不能简单适用。

5. 裁量归类适用难。虽然《行诉法》第七十八条专门对行政机关不依法履行、未按协议履行以及违法变更、解除协议作了判决继续履行、采取补救措施或予以赔偿，对于行政机关变更、解除协议合法判决予以补偿的规定，《若干问题解释》第十四条、第十五条对于适用法律和不同情形裁量上也作了相应补充规定。但对于违约行政行为规定了维持并予以补偿判决、驳回诉讼请求判决、撤销判决、确认判决、履行判决及变更判决六种裁量形式。对于相对人不履行、不完全履行等违约行为，究竟如何适用此六种裁量方式在实践中产生困难，往往归类于民事纠纷处理。对于行政合同纠纷中相对人多种诉讼请求情形，如请求法院对合同某些条款效力进行确认、撤销行政机关的违约行为、请求违约赔偿等，裁判形式上则出现难以适用问题，这需要裁

---

① 郑艳：“私法原则在行政合同制度中的适用与超越——一个认识行政合同的新视角”，载《行政法学研究》2000 年第 4 期。

② 杨解君主编：《行政诉讼法学》，中国方正出版社 2002 年版，第 60 页。

③ 杨解君主编：《中国行政合同的理论与实践探索》，法律出版社 2009 年版，第 174 页。

判形式多样化，赋予法官较大的自由裁量权，满足相对人不同诉讼请求。

二、对症药方："二元性"识别裁量机制的构想

行政协议识别裁量机制的"二元性"是指行政协议识别归类中，按照"原告诉讼请求 + 行政权力因素（行政优益权）"二元化裁量模式作为归类选择，将"履行违约"和"变更解除"两种行为特征作为甄别依据分别纳入民事和行政不同诉讼程序中，从协议合法性、合理性和合约性三个维度进行审理和裁判的审判方式。[①] 这种从受理到审判不同流程环节选择不同诉讼模式和方法，能有效避免"行政遁入私法"损害相对人合法权益，防止社会公共利益被当事人双方之间的意思自治所架空和规避导致国有资产的流失和社会公共利益的虚化。[②]

（一）行政协议"二元化"识别标准设立

行政协议识别归类首先涉及其识别标准问题。行政协议的识别有两个判断标准：1. 形式要件，此也可称之为"主体要件"。即订立协议一方当事人原则上必须是具有行政职权、履行行政职责行政机关和法律、法规和规章授权组织，以及接受上述机关或者组织委托（不管是明示还是默示）的公民、法人或者其他组织。2. 实质要件。即行政协议标的及内容标准，表现为行政法上的权利义务。包含以下三方面要素：第一，协议订立是否属于行政机关在行使行政管理职权和履行行政管理职责；第二，是否以实现公共利益或者行政管理目标为目的；第三，协议中是否规定了行政机关的优益权。其中，行使行政职权、履行行政职责及行政机关具有优益权成为行政协议识别判断的核心要素。

（二）"二元化"分类裁量模式的构想

行政协议作为一种公法合同，既要恪守合同法上平等、自由、公平、诚实信用、依约履责等一般的合同原则，又要同时秉承职权法定、程序正当、行政优益权等特性，从而在裁量分类上更体现出其不同于民商事合同纠纷案件"二元化"特征。

---

① 杨解君主编：《行政诉讼法学》，中国方正出版社 2002 年版，第 57 页。

② 梁凤云："行政协议案件适用合同法的问题"，载《中国法律评论》2017 年第 1 期。

《若干问题解释》第十一条至第十六条对行政合同（行政协议）的司法审查进行了详尽规定，包括行政协议的识别界定、协议类型、受案范围、起诉期限（诉讼时效）、管辖法院、法律适用、判决方式、赔偿（补偿）责任、诉讼费交纳标准等。这些规定体现出立法上将“原告诉讼请求＋行政权力因素（行政优益权）”二元化裁量模式作为归类选择。将“行政机关不依法履行、未按照约定履行协议”与“行政机关单方变更、解除协议”两种不同类的行为作为适用民事、行政诉讼程序和实体法依据进行了区分。

识别归类为行政诉讼案件，审判中常常出现三种不同情况：1. 原告请求人民法院对行政公权力是否合法如单方变更解除合同等进行评价，人民法院审查时适用行政诉讼法以及相关行政法律法规等行政诉讼审理模式；2. 原告主张人民法院判决行政机关不履行、未按约定履行行政协议违法，要求继续履行或赔偿损失，对这种“违约性”审查则适用民事诉讼法以及合同法等不违反行政法和行政诉讼法的强制性规定民事法律法规，选择采取民事诉讼审理模式；3. 原告同时提出上述两种主张，则按照行政合同行政性特点，首先进行合法性审查，后以节点区分，分别审理。由此看来，在“二元化”识别裁量模式中，行政合同案件审理按照原告诉讼请求不同表现出多样化特点。

（三）“二元性”识别裁量机制应具备的特征

1. 规范化。行政职权契约化内容是识别和归类审查侧重点。有一种观点认为“从行政合同与行政职责的关系来看，前者是后者作用下的一种特殊形式，行政职权是行政合同的‘动力源’、合同是行政法律关系的一种具体实现形式”，因此应将行政性作为行政协议第一属性，合同性仅作为实现行政活动的一种方式，属于第二属性。[①] 此种观点值得商榷，但行政协议的特殊性在于其契约性，但其行政性本质属性决定了行政主体的优益权和相对人的行政复议权及行政诉讼救济权确立。这就要求行政协议识别裁量中规范化，一是规范审查程序的对象；二是规范识别审查序位。即受理阶段侧重审查协议的行政性从而决定是否归类为行政诉讼受案范围，审理阶段侧重审查行政协议的契约性，决定适用包括民事诉讼法、合同法在内的与传统单方行政行为审理的不同规则。

---

① 杨科雄：“试论行政协议的识别标准”，载《中国法律评论》2017 年第 1 期。

2. 类型化。类型化是按识别裁量对象不同而分类的一种研究方法。[①] 由于行政协议客体内容不仅包括公法权益和私法权益，而且包容着行政机关公法人和私法人双重角色，合同行政性、契约性兼容特征比较明显。这就要求在识别分类中采取行政和民事两种诉讼审查模式进行差别化的分类。民事诉讼审查模式主要围绕签约的合意性、履约的平等性、违约的惩罚性来进行，侧重点在于审查行政机关私法人行为的合约性和合同有效性。行政诉讼的审查模式主要侧重于审查行政主体优益权的合法性和合理性。尤其是“二元化”裁量归类模式运用中，这种类型化审查体现选择不同的诉讼程序和适用实体法不同。

3. 多样化。一是审查类型多样，由于当事人起诉类型和诉求的多样性。由此在审理环节既要审查合法性又要审查合理性和合约性，“三维度”审查特征明显。二是裁量结果的多样化。无论是形式要件还是实质要件，适用“二元化”的裁量归类模式中，需要按照当事人诉请和合同要素采取不同识别审查和裁量归类标准。有一种观点认为，行政协议价值定位上要采用行政、民事混合的折中模式，多重性、多层次地审查和确定行政协议的价值目标，对于相对人权益保护则引入合同法有关违约损赔、缔约过失等制度，确保保护程度不低于民事合同保护，对行政主体制约监督侧重缔约法定职责、是否履行竞争性法律程序等合法性审查，对行政机关优益权行使则审查其前提条件而明确不同后果，合法的则对相对人损失予以补偿，违法的按违约承担责任。[②] 此观点值得商榷，但实践中行政协议纠纷较为复杂，过错和违约原因混合多样，这就要求将可撤销、变更或解除、继续履行或确认协议无效等裁量类型的多样化地体现裁量的行政、民事不同诉讼流程中。

（四）域外分类识别裁量模式的借鉴

综观域外行政协议多维度识别归类的特点，多数国家的立法例都将公法合同视为不同于民事合同的单独类别。

德国在行政法发展过程中逐步接受和承认行政合同，并在程序法中对行政合同作出特别规定。明确了识别公法合同与私法合同的核心标准是合同标

---

① 郝晶：“对我国行政行为类型化研究的一点思考”，载《山西师大学报（社会科学版）》2012 年第 5 期。

② 麻锦亮：“纠缠在行政性与协议性之间的行政协议”，载《中国法律评论》2017 年第 1 期。

的即公法上的权利义务，必要时结合合同目的，即采用“合同标的＋目的”标准。[①] 强调行政主体享有有限的单方特权，并要受到严格的行政程序规制，以及援用民事法律规则适用行政合同案件的规定。合同的司法救济采用公私法混合的救济模式，兼顾其行政性和契约性。[②]

法国行政协议呈现出明显的合同化趋势，公法合同完全受制于一套单独的法律规范体系中，强调赋予行政优益权，包括享有单方变更、解除协议甚至对相对人实施处罚的特权，并明确行政优益权的行使要以协议约定为依据，以维护协议的安定性。在行政合同的识别归类问题上是通过法院判例、立法规范两种途径解决的。识别标准上，法国最高行政法院归纳了“公共服务之目的”“超越于普通法之条款”“所处的外部规范环境”三个基本标准，即行政机关签订的合同必须为了公共服务，并且以公权力保证公共服务之良好运作，该合同归属于行政合同，满足其中之一便可认定为行政合同。

在日本，传统学说将行政上的契约区别为公法契约与私法契约。即政府契约等被认为是接受适用民法、商法规定的私法契约，而行政主体相互间的事务委托契约、报偿契约以及将私有财产提供公用的公用负担契约，因关系到公共利益，所以学术上一直认为它是从当事人之间的利害调整观点出发而制定的、全部或者部分排除私法规定适用的公法契约。[③]

从域外行政协议多维度识别标准和实体法调整归类看大体相同。从主体要素、目的要素和内容来识别判断，只要与政府为实现公共服务目的与相对人达成与政府职权相关具有权利义务内容的契约归类为行政合同，由专门的公法法律规范调整。

三、探索与实践：“二元性”识别裁量机制架构与完善

（一）受理阶段识别裁量机制构建

识别既要区分行政协议和民事合同，又要区分行政协议和一般的行政行为。实践中，首先面临的难题是如何区分行政协议和民事合同，这要求必须

---

① 麻锦亮：“纠缠在行政性与协议性之间的行政协议”，载《中国法律评论》2017 年第 1 期。

② 德国 1976 年《行政程序法》第 4 章（公法合同）第 59 条（合同无效）规定：如果合同与法律规范的强制性事项抵触，或行政机关签订合同所依据职权行为无效，或者不具备缔结和解合同所具备的先决条件，或者程序或合同的形式严重违约的，合同应该被确认无效。

③ ［日］室井力主编：《日本现代行政法》，吴微译，中国政法大学出版社 1995 年版，第 142 页。

重视行政协议的行政性识别审查。从行政合同构成要素看，主体要素是行政主体和相对人；客体要素是为实现公权利益进行的行政职权契约化的行为即签订协议；内容要素是指以行政管理目标或者公益为目的的行政法上的权利（力）义务。对照《行诉法》第十二条第一款第（十一）项规定的行政协议法律定义，除协商一致这一客体标准与民事合同一致外，“二元性”识别主要以主体要素和目的要素形式要件和权利义务的标内容的实质要件为标准。有观点认为识别一个协议是否为行政协议，主要参考主体和目的这两大要素，并遵循“先主体后目的”的步骤进行判断。[①] 此观点值得借鉴。由于受理阶段主要侧重审查其是否属于行政协议并归类于行政法程序审理。所以，形式要件审查成为其主要方式，实质要件审查成为辅助规则。

1. 主体要素审查规则。行政协议缔约一方必须是行政机关，其他公民、法人和其他组织通过委托可以成为缔约一方。这里有两个“例外”排除，即行政机关之间由于公权管理服务需要而协作等订立的协议和行政机关内部管理等内部机构或工作人员间订立协议。

2. 目的要素审查规则。为了公共利益目的而将行政职权契约化是行政协议本质属性。故公权利益的目的性是协议价值定位，而鉴别公益目的的衡量尺度之一即识别协议中是否有行政机关享有行政公益权条款，以此鉴别协议具有公益目的。职责要素和内容要素是鉴别公益目的之辅助识别标准，公益目的往往通过行政机关行使行政职责而实现，职责要素往往被目的要素所吸收。所以，审查中，一要看是否是为行使行政管理职责和公共事务服务而签订协议，二要看内容是否具有行政法上的权利义务关系，以此有别于民事合同。

（二）审理阶段识别裁量机制构建

审理阶段功能在于其裁量性。即通过对合同的合法性、有效性和合约性“三维度”实质性审查而选择出适合裁量的法律规范。

1. 合法性审查为主。对行政契约合法性审查遵循依法行政原则，侧重审查协议订立的法定性和公益性，此有别于民事合同合约性的侧重审查。审查模式是以行政诉讼模式为主、民事诉讼模式为辅。具体操作从合同缔约主体

---

① 麻锦亮：“纠缠在行政性与协议性之间的行政协议”，载《中国法律评论》2017 年第 1 期。

合法性，即签约履约的主体资格合法性和有无违反法律授权强制性规定审查，合同内容和签约履行程序合法性审查，即契约化的行政职权是否具有合法的行政管理目标或公益目的，行政协议中行政主体主导的优益权行使合法性审查，即不能利用优益权强制相对人履行义务，损害其利益。行政主体一方违约制裁权合法性审查以及不作为违法性审查。

2. 合理性、合约性审查为辅。一是审查签约合理性，即是否符合包括价格、质量、信誉等“最优适格综合指数”的要求以及签约者的竞争程序是否高度透明和公平；二是审查契约双方的合意是否符合常理，是否具有公益目的的合理性；三是审查变更、终止和解除协议的优益权行使必须有公益需要的目的或是国家政策重大变化或相对人的履约过错的正当性以及这种变更、解除程度的合理性；四是审查优益权行使造成相对人损失赔偿、补偿是否适当合理；五是审查对相对人违约违法行为制裁处罚是否合理；六是审查协议双方合意性和实现公益目的的履约性。

3. 有效性审查的均衡性补充。均衡性是合同出现违法情形，根据其程度及对实现公益目的影响而综合判断其效力的一种衡量方法。合同效力判断包括合法性、目的性和效率性价值取向的审查，而合法性是以法律规范为参照的单一维度判断的一个方面。因此，效率性的价值取向对于存在较小的程序瑕疵的行为包容地视为有效。而合法行为由于不符合正义等价值，或极度不合理，也可被确认无效。[①] 由此，这里存在一个均衡性的衡量机制。效力审查结果会导致合同无效、可撤销、被废止或者无影响的法律后果。其一，合同即使被废止其过去的效力仍保留，对于轻微违法可补正的情形，协议效力不受影响。这里应根据合同效力和合法性间复杂对应关系进行综合判断。其二，行政协议严重明显违反强制性规定认定无效，审查时要注意区分效力性强制规定和管理性强制规定。只有违反效力性强制规定才确认其无效。

（三）“二元性”识别裁量机制实践运用

行政协议作为一种公法合同，既要恪守合同法上平等自愿有偿的一般原则，同时又要秉承其缔约行为行政性的特质。这就需要在意思表示自治语境下确保契约行为正义性来寻找一个平衡点。主要把握三个原则：

① 江必新：“行政协议的司法审查”，载《人民司法》2016 年第 34 期。

1. 从审查合同缔约行为合法性来判断和识别合同的效力。这里首先要审查判断行政机关的主体合法性和缔约行为合法性，即是否超出法律授权范围、是否违反法律和行政法规强制性规定，是否损害了国家利益和社会公共利益。

2. 通过审查变更和解除合同的条件是否合法来维护合同正义价值取向。对于行政机关单方变更、解除合同的优益权，必须结合对动因、目的和条件进行严格审查，以保护相对人依据合同应当享有的正当权利。如果因情势变更发生了订约时无法预见的变化，允许相对人变更或者解除协议，以便更好地保护公民、法人或者其他组织的合法权益。

3. 通过严格违约责任来维护契约正义。行政机关除依法或者依约享有行政优益权外，如果存在违法变更、解除行政协议等违约行为，相对人请求行政机关按照行政协议的约定承担违约责任的，人民法院依法应当予以支持。

实践中，几类有争议的协议得识别考量。一是对国有土地使用权出让合同纠纷和矿产资源使用权出让合同纠纷识别裁量。国有土地使用权出让合同的规定主要体现在物权法、城市房地产管理法和《城镇国有土地使用权出让和转让条例》。笔者认为，该类合同应当纳入行政诉讼受案范围为宜。其一，合同一方当事人即“出让人”系土地行政管理部门。其二，合同内容具有鲜明的行政协议特征。无论是出让人有权向受让人征收土地闲置费还是单方解除、变更或者终止协议行政性优益权特征明显。其三，最高人民法院的一些司法批复和答复确立了该类协议纠纷纳入行政诉讼受案范围。例如，《最高人民法院关于收回国有土地使用权案件适用法律问题的答复》规定：“在国有土地使用权出让合同纠纷中，具有土地行政管理职能的市、县人民政府决定收回国有土地使用权的行为，是单方履行行政职权的行为，对该行为不服提起诉讼的，属于行政诉讼受案范围。”其四，一些地方规章也明确将国有土地使用权出让合同列入行政合同范畴。《山东省行政程序规定》《江苏省行政程序规定》将“国有自然资源使用权出让合同”列为行政合同。其五，明确其行政协议的性质，归类由按照行政诉讼法受理有利于统一法律适用和裁判标准。

国家实行探矿权、采矿权有偿取得的制度并探索采取行政协议的方式进行管理。而且出让新设探矿权、采矿权，除按规定允许以申请在先方式或以协议方式出让的以外，一律以招标、拍卖、挂牌等市场竞争方式出让。此类矿产资源使用权出让合同应归类行政协议。

二是对国有资产承包经营、出售、租赁合同纠纷识别裁量。为推行行政政策、提高行政效率和经济效益，行政机关与公民就国有资产的承包经营、出售或者出租事宜签订合同，如国有企业承包经营合同、小型国有企业租赁合同等，应属于行政协议。最高人民法院司法解释已经明确将国有资产确权等行为作为外部性较强的行政行为纳入行政诉讼受案范围。

三是对委托培养等教育行政合同纠纷识别裁量。主要包括在教育领域行政机关、学校与学生、教师等签订的合同。国家对教育事务的管理具有较强的行政性。主要形式是订立购买服务方式，具体包括行政机关委托科研、咨询协议、教育委托培养协议等。此类协议纠纷也应纳入行政诉讼审查范围。

四是对特定范围内的政府采购合同纠纷识别裁量。政府采购合同涉及公共财政的使用，其缔约的程序、缔约方的选择等与民事合同有所不同。比如，允许任意终止合同、当政府违约时限制私人承包商可以获得救济措施等。我国一些地方规章则明确规定，政府采购合同属于行政协议。例如，《山东省行政程序规定》第一百条规定的“政府购买公共服务”宜归结为行政协议。故宜纳入行政诉讼审查范围。

五是对公私合作协议（PPP 协议）纠纷识别裁量。具体包括由消费者付费的公共工程、公共设施建设运营协议等。这种协议主要适用于政府负有提供责任又适宜市场化运作的公共服务、基础设施类项目，逐渐成为转变政府职能的重要改革举措和行政管理的一种新的方式宜列为行政合同。

六是治安处罚担保协议和行政强制执行和解协议。从协议主体内容看跟行政执法权密切相关，宜归类行政协议。

四、结语

行政协议的契约性决定了其“行政”是契约行政、协商行政，有别于传统的行政行为，而行政性又使得行政协议成为区别于民事合同的根本属性。实践中对此类合同纠纷审查识别并正确裁量归类成为解决行政协议纠纷难点。笔者探索性研究行政协议识别裁量机制“二元性”，以期能对行政协议诉讼制度的完善有所助益。

（作者单位：安徽省黄山市中级人民法院）

案例分析

行政机关拒绝向退休公务员亲属核发抚恤金和丧葬费的行为不可诉

——袁光琼诉乐山市五通桥区审计局社会保障行政给付案

王雪梅　易晓芸

【裁判要旨】

公务员病故后其亲属所享受的抚恤和优待，即抚恤金和丧葬费系公务员权利。公务员亲属申请核发死亡抚恤金和丧葬费，系基于死者生前的公务员身份和《公务员法》第七十七条有关公务员病故的权利规定。因此，行政机关不予核发丧葬费和抚恤金的行为，属于涉及原退休公务员权利义务的决定，即行政机关对其公务员的内部管理行为，不属于人民法院行政诉讼的受案范围。

【案号】

一审：四川省乐山市市中区人民法院（2016）川1102行初188号

二审：四川省乐山市中级人民法院（2017）川11行终48号

【案情】

原告：袁光琼。

被告：乐山市五通桥区审计局。

四川省乐山市市中区人民法院经审查查明：五通桥区审计局退休公务员龙世彬于2012年3月1日因病去世，其妻袁光琼于2016年8月8日向五通桥区审计局申请核发因龙世彬死亡的抚恤金和丧葬费。同年8月16日，五通桥区审计局作出《关于要求审核发放龙世彬抚恤金、丧葬费的申请的告知书》载明："对你申请发放抚恤金、丧葬费一事，根据相关规定，对拒绝火化、实施土葬的，不能领取丧葬费用，不能对其家属抚恤"。原告袁光琼不服诉至法院，请求判决责令被告为其核发抚恤金、丧葬费。

【审判】

四川省乐山市市中区人民法院经审理认为，《行政诉讼法》第十三条第（三）项规定："人民法院不受理公民、法人或者其他组织对下列事项提起的诉讼……（三）行政机关对行政机关工作人员的奖惩、任免等决定……"该项规定的"对行政机关工作人员的奖惩、任免等决定"，是指行政机关作出的涉及该行政机关公务员权利义务的决定。因此，对当事人不服行政机关作出的涉及该行政机关公务员权利义务的行为向人民法院提起行政诉讼的，人民法院不予受理。本案中，五通桥区审计局与龙世彬之间属于内部的管理与被管理的关系，五通桥区审计局作出的《关于要求审核发放龙世彬抚恤金、丧葬费的申请的告知书》及是否核发因龙世彬死亡的丧葬费和抚恤金的行为，属于涉及被告单位公务员龙世彬权利义务的决定与否的行为，对此作为或不作为行为提起的诉讼均不属于人民法院行政诉讼受案范围。据此，裁定驳回原告袁光琼的起诉。

袁光琼不服，向四川省乐山市中级人民法院提出上诉。其主要上诉理由为：申请审核、发放龙世彬抚恤金、丧葬费的并非龙世彬而是其亲属。上诉人不是公务员，与被上诉人不存在管理与被管理的内部关系。根据《公务员法》第七十七条规定："国家建立公务员保险制度，保障公务员在退休、患病、工伤、生育、失业等情况下获得帮助和补偿。公务员因公致残的，享受国家规定的伤残待遇。公务员因公牺牲、因公死亡或者病故的，其亲属享受国家规定的抚恤和优待。"上诉人基于龙世彬死亡的事实和与其生前的夫妻关系，取得了向被上诉人申请要求审核、发放抚恤金、丧葬费的权利。

被上诉人乐山市五通桥区审计局辩称，原审裁定认定事实清楚、适用法律正确。请求二审法院维持原审裁定。

四川省乐山市中级人民法院经审理后认为，根据《公务员法》第三条第一款“公务员的义务、权利和管理，适用本法”和第七十七条第二款“公务员因公致残的，享受国家规定的伤残待遇。公务员因公牺牲、因公死亡或者病故的，其亲属享受国家规定的抚恤和优待”的规定，公务员病故后其亲属所享受的抚恤和优待，即抚恤金和丧葬费系公务员权利。本案中，龙世彬生前系五通桥区审计局退休公务员。上诉人袁光琼虽与被上诉人五通桥区审计局不存在内部管理关系，但其向五通桥区审计局申请核发因龙世彬死亡的抚恤金和丧葬费，系基于龙世彬生前的公务员身份和《公务员法》第七十七条有关公务员病故的权利规定。因此，五通桥区审计局作出的《关于要求审核发放龙世彬抚恤金、丧葬费的申请的告知书》，即告知袁光琼不予核发龙世彬死亡的丧葬费和抚恤金的行为，属于五通桥区审计局作出的涉及该局原退休公务员龙世彬权利义务的决定，即行政机关对其公务员的内部管理行为。上诉人袁光琼认为其与被上诉人五通桥区审计局不存在内部管理关系，因此，该局针对其申请作出的行政行为不是内部管理行为的理由不成立。根据《行政诉讼法》第十三条第（三）项“人民法院不受理公民、法人或者其他组织对下列事项提起的诉讼……（三）行政机关对行政机关工作人员的奖惩、任免等决定……”的规定，行政机关作出的涉及行政机关公务员权利义务的决定，不属于人民法院行政诉讼的受案范围。本案被诉行政行为即五通桥区审计局作出的《关于要求审核发放龙世彬抚恤金、丧葬费的申请的告知书》，系五通桥区审计局作出的涉及该局原退休公务员龙世彬权利义务的决定，不属于人民法院行政诉讼的受案范围。原审裁定认为被诉行政行为不属于人民法院行政诉讼受案范围，裁定驳回上诉人的起诉正确。据此，裁定驳回上诉，维持原裁定。

【评析】

本案争议的焦点系行政机关拒绝向退休公务员家属核发抚恤金和丧葬费的行为是否可诉？对此，存在两种不同的意见。

第一种意见认为，根据《行政诉讼法》第十三条第（三）项的规定，对行政机关工作人员的奖惩、任免等决定不属于行政诉讼的受案范围。该条规定只能理解为公务员与所属行政机关之间基于国家职务关系所发生的内部行政行为不可诉。在公务员因退休、辞职、开除等情形丧失公务员身份之后与行政机关之间以及行政机关与非本机关公务员之间的行为均不属于内部行政行为，系普通公民与行政机关之间形成的外部行政争议，属于可诉的行政行为范畴。本案中，龙世彬已退休不具备公务员身份且龙世彬家属袁光琼本身亦并非公务员，龙世彬与五通桥区审计局之间并非管理与被管理的内部关系。根据《行政诉讼法》第十二条第一款第（十）项的规定，原告认为行政机关没有依法支付抚恤金的，可以依法向人民法院提起行政诉讼。本案中，区审计局拒绝向袁光琼支付抚恤金和丧葬费，对袁光琼权利义务造成了实际影响，法院对袁光琼的起诉应当予以受理。

第二种意见认为，公务员因退休而丧失公务员身份与其因辞职或被开除而丧失公务员身份的待遇是不完全一样的。公务员退休后虽然不再是公务员，但基于其原公务员身份仍然享有区别于其他非公务人员的特殊待遇，如病故后的安葬费和抚恤金待遇；而公务员因辞职或被开除而丧失公务员身份后，不享有区别于其他非公务人员的特殊待遇。因此，虽然退休公务员家属与行政机关不存在内部管理关系，但其向行政机关申请核发抚恤金和丧葬费，系基于死者生前的退休公务员身份和《公务员法》第七十七条有关公务员病故的权利规定。因此，行政机关不予核发丧葬费和抚恤金的行为属于行政机关作出的涉及原退休公务员权利义务的决定，不属于人民法院行政诉讼的受案范围。

笔者同意第二种观点，具体理由分析如下：

一、公务员退休后病故，其亲属所享有的抚恤金等待遇系基于死者原公务员身份所派生的特有权利

根据《公务员法》《公务员辞去公职规定（试行）》《公务员辞退规定（试行）》《行政机关公务员处分条例》等规定，我国公务员退出机制包括退休、辞职、辞退、开除等形式。公务员退出公务员系统，虽然均丧失了公务员身份，但不同的退出情形导致的后果有所不同，不能简单将其等同视之。退休属于基于年龄的自然性退出，退休公务员享有退休金；辞职属于自愿性退出，公务员辞职后无辞职补偿金，重新就业的“辞去公职前在机关的工作年限合并计算”；辞退属于强制性退出，可以领取辞退费或者根据国家有关规定享受失业保险；开除属于惩戒性退出，无物质补偿（如辞退费）、无失业保险、无退休金，在机关工作的年限不计入社会保险的缴费年限。[1] 在以上几种公务员退出机制中，只有退休公务员在丧失公务员身份后还可基于其原公务员身份享有区别于其他非公务人员的特殊待遇，如根据《民政部　人力资源和社会保障部　财政部　关于国家机关工作人员及离退休人员死亡一次性抚恤金发放有关问题的通知》的规定，退休公务员病故后，家属享有抚恤金待遇。该类特殊待遇并非一般公民的普遍性权利，而是基于公务员身份派生出的特有权利。

抚恤金是行政机关依法发放给某些伤残人员或者死亡人员遗属的专项费用，目的是对其进行抚慰和生活保障。抚恤金的发放属于给付行政的一种，抚恤金的享有是公民受社会保障的权利。因此，行政机关未依法发放抚恤金的行为是对公民人身权和财产权的侵害，由此引发的争议属于行政诉讼的受案范围。[2] 我国《行政诉讼法》明确规定公民、法人或者其他组织认为行政机关没有依法支付抚恤金、最低生活保障待遇或者社会保险待遇而提起的诉讼，属于人民法院受理行政诉讼案件范围。但并非所有涉及行政机关抚恤金发放行为引发的争议均属于行政诉讼的受案范围。我国抚恤金主要有伤残抚恤金和死亡抚恤金两种，伤残抚恤金发放对象为革命伤残军人、因公致残的职工等，死亡抚恤金的发放对象是革命烈士、因公牺牲人的家属。这两类抚恤金的发放主体为各级民政部门。此外，我国还规定有国家机关工作人员及离退休人员死亡一次性抚恤金。在多种性质的抚恤金中，离退休人员死亡一次性抚恤金是基于其原公务员身份派生出的特有权利，不仅非公务员身份者不能享有，曾经具有公务员身份但因辞职、开除等情形导致丧失公务员的也不能享有。故在讨论关于离退休人员死亡抚恤金发放行为引发的争议是否可诉问题之前，需要首先对抚恤金的性质进行认定和区别。

二、行政机关拒绝向本机关退休公务员家属核发抚恤金和丧葬费的行为内容涉及公务员权利义务，属于内部行政行为

行政法理论上，行政行为按其适用与效力作用的对象范围分为内部行政行为和外部行政行为。以作用对象为标准，凡是以公民、法人和其他组织为

---

① 参见吴丽娟："我国公务员退出机制的建立与发展——基于制度文本的分析"，载《经济与社会发展》2013 年第 11 期。

② 张树义著：《行政法与行政诉讼法》，高等教育出版社 2002 年版，第 180 页。

对象而做出的行为是外部行政行为，凡是以行政机关及其工作人员为作用对象的行为则是内部行政行为[①]；以效力范围为标准，如果行为作出的法律效果只及于行政系统内部，则为内部行政行为，反之，则为外部行政行为[②]。但在现代行政管理实践中，行政过程日渐复杂，内部行政行为与外部行政行为的区分愈发模糊。越来越多最初作用对象在行政机关系统内部的行政行为越过了内部界限对行政机关外部人员的权利义务产生了影响。同时，一些外观形式上作用对象为行政机关系统外部人员的行政行为，其内容实质却源于内部。鉴于此，对于内部和外部行政行为的区别应当进行实质性判断。

内部行政行为主要包括以下两种：一是工作性质的内部行政行为，如行政机关内部的会议纪要，请示、批复等；二是人事性质的内部行政行为，即行政机关对其工作人员的管理行为，如行政机关对工作人员的奖惩、任免。就工作性质的内部行政行为而言，如果内部行政行为的实施对行政机关外部人员的权利义务产生了实际影响，则该内部行政行为已被实质外化。例如，最高人民法院公布的22号指导案例魏永高、陈守志诉来安县人民政府收回土地使用权批复案裁判要旨提出："地方人民政府对其所属行政管理部门的请示作出的批复，一般属于内部行政行为，不可对此提起诉讼。但行政管理部门直接将该批复付诸实施并对行政相对人的权利义务产生了实际影响，行政相对人对该批复不服提起诉讼的，人民法院应当依法受理。"就人事性质的内部行政行为而言，一般情况下，实施内部行政行为的行政机关与该行政行为的相对人之间具有隶属关系。但行为相对人与行为做出机关是否具有行政隶属关系并非辨别内部行政行为的核心要素，行政行为所涉及的权利义务内容性质才是识别内部行政行为的实质标准。如果行政行为涉及的是公务员特有的权利义务，即使相对人与行为做出机关之间不具有隶属关系，亦应当认定为内部行政行为；如果行政行为涉及的是普通公民的权利义务则应当认定为外部行政行为，如公安机关对吸毒警察的治安行政处罚行为。

具体到本案而言，龙世彬退休丧失了公务员身份，无论是龙世彬还是其家属袁光琼与五通桥区审计局之间均不存在内部行政隶属关系。但如前所分析，袁光琼申请核发因龙世彬死亡的抚恤金和丧葬费待遇，系基于龙世彬生

---

① 参见应松年主编：《行政法与行政诉讼法词典》，中国政法大学出版社1992年版，第92页。

② 参见张焕光、胡建淼主编：《行政法学原理》，劳动人事出版社1989年版，第221页。

前的原公务员身份所派生的特有权利。五通桥区审计局作出的不予核发龙世彬死亡的丧葬费和抚恤金的行为内容涉及的是公务员特有的权利义务，该行为属于内部行政行为。

三、根据现有规定，行政机关作出的涉及行政机关公务员权利义务的内部行政行为不属于行政诉讼的受案范围

行政机关作出的涉及公务员权利义务的内部行政行为有时对当事人的权利义务造成了重大的影响，当其权利受到损害时应当允许其主张权利。一般认为，内部行政行为适用内部行政规范，当事人只能通过内部行政途径主张权利而不能寻求司法的救济。外部行政行为适用外部行政规范，当事人可通过复议和诉讼程序进行救济。

在我国学理讨论和司法实践中，有观点认为内部行政行为，尤其是人事性质的内部行政行为不可诉的理论基础源于20世纪末德国提出的“特别权力关系”理论。因“特别权力关系”理论强调公职人员为国服务，赋予公务员较一般公民更多的国家责任，因此行政机关对其内部人员作出的人事处分所产生的争议不遵循法律保留原则，而是在行政系统内部处理。但随着时代的发展，特别权力关系理论受到了批判和质疑，出现了公法上职务关系、劳动契约等理论，部分国家司法实践中允许包括司法救济在内的多种救济途径来充分保护公务员的权利。因此根据各国行政法发展趋势，针对涉及公务员权利义务的内部行政行为，尤其是对公务员的人事处理等具有重大影响的内部行政行为，应当允许当事人在穷尽行政救济途径后获得司法救济。[①]

对于上述观点，我国现行立法、司法解释以及最高人民法院的答复并未予以采纳。2014年修订的《行政诉讼法》第十三条第（三）项明确规定法院不受理就“行政机关对行政机关工作人员的奖惩、任免等决定”提起的诉讼。2018年2月8日起施行的《最高人民法院关于适用〈中华人民共和国行政诉讼法〉的解释》第二条第三款亦保留了《最高人民法院关于执行〈中华人民共和国行政诉讼法〉若干问题解释》第四条的规定，即“对行政机关工作人员的奖惩、任免等决定”是指行政机关作出的涉及行政机关工作人员公

① 姜德海：“内部行政行为不应长期排斥在法治之外”，载《学术月刊》2016年第12期；丁国民、吴菁敏：“论内部行政行为的可诉性——以人事性质内部行政行为为视角”，载《东北农业大学学报（社会科学版）》2018年第2期。

务员权利义务的决定。2018 年 7 月 25 日，针对江西省高级人民法院提出的《关于因国家机关工作人员病故引发的不履行抚恤金发放义务诉讼应以谁为被告及市委、市政府联合下发的规范性文件是否可以作为不予发放一次性抚恤金法律依据的请示》，最高人民法院作出的（2016）最高法行他 9 号《关于公务员一次性死亡抚恤金发放行为可诉性问题的答复》进一步细化明确："公务员一次性死亡抚恤金的发放行为（包含作为与不作为），不属于行政诉讼受案范围。"之所以目前仍将行政机关作出的涉及行政机关公务员权利义务的决定排除在行政诉讼的受案范围之外，主要是考虑到行政机关对其公务员权利义务的决定，量多面广，行政系统内部已设有相应的申诉等救济途径。行政机关内部管理具有灵活性和权威性，更多依据行政政策、内部制度和纪律，法院对该类争议不便于处理和干涉。但需要指出的是，行政诉讼受案范围与法治状况、公民法治意识等因素密切相关，并呈逐渐扩大和与时俱进态势。随着公务员福利待遇社会化等改革趋势，届时不排除将行政机关作出的部分涉及行政机关公务员权利义务的行政行为纳入行政诉讼的受案范围。

综上，行政机关拒绝向退休公务员家属核发抚恤金和丧葬费的行为，系涉及公务员特有权利的内部行政行为，该行为不属于行政诉讼受案范围。本案一审、二审裁定驳回袁光琼的起诉符合法律规定，裁判结果正确。

（作者单位：四川省乐山市中级人民法院）

行政机关错列行政相对人的司法审查

——曹萍诉甘肃省兰州公路路政执法管理处行政强制案

秦卫民　李德福

【裁判要旨】

行政机关实施行政强制行为应当在查明案件事实的基础上，遵循法定程序，依法保护相对人陈述、申辩等权利。行政机关在未查明违法建筑物所有人的情况下，将有关文书送达给错列的行政相对人，进而据此作出行政强制执行行为，属于作出行政行为证据不足、程序违法。违法建筑物的所有权人作为利害关系人有权针对行政机关的行政强制拆除行为提起行政诉讼。因行政机关未向违法建筑物所有人告知相关事项并送达相应法律文书，故起诉期限起算点应当以原告知道行政行为之日起算。

【案号】

一审：甘肃省兰州铁路运输中级法院（2017）甘71行初281号

二审：甘肃省高级人民法院（2018）甘行终144号

【案情】

原告：曹萍。

被告：甘肃省兰州公路路政执法管理处。

第三人：永登县城市管理行政执法局。

第三人：彭玉华。

原告诉称，2014年11月19日，永登县城市管理行政执法局作出《永登县户外广告设置审批表》（永广告设批字〔2014〕第10号），同意原告在永登县树屏镇苇茨村二社设置户外广告。原告缴纳了户外广告牌费用，租用苇茨村二社农户土地，在高速公路两侧控制区30米范围以外设置了户外大型立柱式双面广告牌。2017年6月，原告得知该广告牌被被告在行政执法过程中强制拆除。但在强制拆除前，原告未收到被告单位送达的行政强制执行催告书等文书，强制拆除时，也未被通知到场。后原告多次到被告单位要求处理解决，被告单位承认是在综合整治执法过程中误拆了原告的广告牌。原告认为被告的该行为严重侵害了原告的合法权益。请求依法确认被告的拆除行为违法。

被告辩称，1. 原告设置的广告牌是违法设施。根据《公路法》《公路安全保护条例》《甘肃省公路沿线非公路标志牌管理办法》《甘肃省高速公路管理条例》等法律、法规规定，禁止在公路建筑控制区内修建建筑物和地面构筑物，非公路标志牌的设置应当经过专门的行政许可程序，应当符合安全距离。原告设置的广告牌虽然经过永登县城市管理行政执法局的审批，但已经于2015年年底到期，原告并未办理延期审批手续。并且原告设置的广告牌已经不符合目前高速公路现状，存在安全隐患，属于违法设施。2. 被告清理整治广告牌的行为合法。针对兰州至中川机场高速公路沿线广告牌乱象，政府决定采取切实有效措施进行清理整治。并在《甘肃日报》等报纸发布了公告，公告发出后，有不服公告的广告牌设置者向甘肃省人民政府申请了行政复议，省人民政府作出了维持公告的行政复议决定。3. 被告强制拆除广告牌是依法履行职责。4. 被告于2017年4月14日拆除了涉案广告牌，原告于2017年11月提起行政诉讼，已经超过起诉期限。因此，被告的行政行为程序规范、合法，原告起诉没有事实根据和法律依据，请求驳回原告的诉讼请求。

兰州铁路运输中级法院经审理查明，2014年11月，曹萍经永登县城市管理行政执法局（以下简称执法局）审批在永登县树屏镇苇茨村二社（位于兰州至中川机场高速公路沿线）设置非公路标志广告牌1块，审批期限为2014年11月19日至2015年11月18日。其间，曹萍向执法局缴纳了户外广告牌设置费用，执法局出具了交款人为“彭玉华”的缴费凭证。2016年甘肃省兰州公路路政执法管理处（以下简称路政处）将兰州至中川机场高速公路沿线广告牌进行清理的相关事项分别在有关媒体进行了公告和催告。2016年6月16日，路政处向彭玉华作出《行政强制执行催告书》，限彭玉华自行拆除涉案广告牌，告知陈述和申辩的权利，并通过中国邮政快递邮寄送达。此后，路政处又向彭玉华分别作出《行政强制执行决定书》和《代履行决定书》，决定对涉案广告牌予以强制拆除，并告知彭玉华有陈述、申辩和提起复议及行政诉讼的权利。决定作出后，路政处以中国邮政快递邮寄至彭玉华住址，但被拒收退回。2017 年 4 月 14 日，路政处对涉案广告牌进行了强制拆除。曹萍于 2017 年 6 月知晓该强制拆除行为后，于 2017 年 11 月向人民法院提起行政诉讼。

【审判】

兰州铁路运输中级法院经审理认为，路政处在未查清广告牌权属的情况下，错误认定本案彭玉华为广告牌设置者，相关法律文书均针对彭玉华作出。在实施整个行政强制过程中，未向曹萍送达任何法律文书，也未通知曹萍到场，亦无证据证明曹萍知晓该强制拆除行为的具体时间。根据曹萍陈述，其于 2017 年 6 月底知道路政处的强制拆除行为，故自 2017 年 6 月起算至 2017 年 11 月 17 日提起行政诉讼，并未超过起诉期限。根据《行政强制法》的规定，行政机关在作出强制执行决定前，应当事先履行催告程序并告知当事人陈述申辩的权利。本案中，路政处提交了执法局对原告设置涉案广告牌的审批表，该审批表上明确显示涉案广告牌的设置申请人为曹萍。路政处在对广告牌设置现场进行现场勘查后，未对曹萍进行调查询问，也未向彭玉华核实相关情况，在未查清涉案广告牌权属的情况下，认定彭玉华为涉案广告牌的设置者，属于认定事实不清、证据不足。路政处在实施行政强制行为之前，未依法保障曹萍进行陈述、申辩的权利，也不符合送达法律文书的程序性规定，属于违反法定程序。判决确认路政处强制拆除广告牌的行为违法。路政处不服，提起上诉，甘肃省高级人民法院二审判决，驳回上诉，维持原判。

【评析】

行政强制是国家治理中不可或缺的手段，尤其在紧急情况下或者行政相对人拒不履行行政决定的义务时，行政强制成为实现行政目的的最后保障。任何权力都具有两面性，行政强制权也是如此。行政强制权行使的好，可以造福社会，提升人民福祉，但权力一旦缺少有效的控制和监督，则又会成为侵害人民权利的帮凶。[①]《行政强制法》就是为了规范行政强制的设定和实施，保障和监督行政机关依法履行职责而制定的一部法律。因此，行政机关在履行职责时，应当查明案件事实，遵循法定程序，依法保护相对人陈述、申辩等权利。

一、经审批设置的广告牌，在审批期限届满后未提出继续设置申请的，应视为未经批准设置

《公路法》第八条规定："国务院交通主管部门主管全国公路工作。县级以上地方人民政府交通主管部门主管本行政区域内的公路工作；但是，县级以上地方人民政府交通主管部门对国道、省道的管理、监督职责，由省、自治区、直辖市人民政府确定。乡、民族乡、镇人民政府负责本行政区域内的乡道的建设和养护工作。县级以上地方人民政府交通主管部门可以决定由公路管理机构依照本法规定行使公路行政管理职责。"《甘肃省公路路政管理条例》第五十一条规定："违反本条例第三十一条规定，未经批准设置非公路标志牌的，由公路管理机构责令限期拆除，可以处二万元以下罚款；逾期不拆除的，由公路管理机构强制拆除，有关费用由设置者承担。"路政处作为兰州市公路管理机构，具有行使公路行政管理的职责，对兰州市范围内违法设置的非公路标志牌具有进行清理整治的法定职权。

《行政许可法》第五十条规定："被许可人需要延续依法取得的行政许可的有效期的，应当在该行政许可有效期届满三十日前向作出行政许可决定的行政机关提出申请。但是，法律、法规、规章另有规定的，依照其规定。行政机关应当根据被许可人的申请，在该行政许可有效期届满前作出是否准予延续的决定；逾期未作决定的，视为准予延续。"本案中，曹萍于2014年11月19日到本案第三人永登县城市管理综合行政执法局获得设置非公路标志广告牌许可，许可期限从2014年11月19日至2015年11月18日，在许可期满后未办理延长许可手续。2016年5月，路政处对涉案广告牌设置现场进行勘查以及强制拆除时，曹萍设置广告牌的许可期限已经到期，且无证据证明其向有关部门提出过继续设置广告牌的许可申请，故涉案广告牌属于未经批准设置的非公路标志牌，路政处对该广告牌有责令限期拆除的职权，逾期不拆

① 江必新主编：《〈中华人民共和国行政诉讼法〉条文理解与适用》，人民法院出版社2011年版，第18页。

除的，有权强制拆除。

二、行政机关作出行政行为应当做到认定事实清楚、证据确凿

《行政诉讼法》第三十四条第一款规定：“被告对作出的行政行为负有举证责任，应当提供作出该行政行为的证据和所依据的规范性文件。”本案中，路政处在法定期限内向法庭提交了其强制拆除涉案广告牌的相关证据，用于证明其实施强制拆除行为合法。在路政处提交的证据中，本案第三人永登县城市管理综合行政执法局2014年11月19日对原告设置涉案广告牌的审批表上明确显示涉案广告牌的设置申请人为曹萍。曹萍向法庭提交的其2014年与满某某签订的《土地租赁合同》以及与朱某某签订的《合同书》亦可以证实涉案广告牌的设置者为曹萍。2016年，路政处在对广告牌设置现场进行现场勘查后，未对曹萍进行调查询问，也未向彭玉华核实相关情况。尽管路政处主张“彭玉华”为涉案广告牌的设置者，但从原、被告提交法庭的证据综合分析，无法证明“彭玉华”是广告牌的设置者，相反路政处和曹萍提交的证据均可以证实涉案广告牌由曹萍设置。因此，路政处在未查清涉案广告牌权属的情况下，认定彭玉华为涉案广告牌的设置者，属于认定事实不清、证据不足。

三、行政机关错列行政相对人，相关利害关系人有权提起行政诉讼

《行政诉讼法》第二十五条第一款规定，行政行为的相对人以及其他与行政行为有利害关系的公民、法人或者其他组织，有权提起诉讼……据此行政诉讼的原告既包括行政行为的相对人，也包括与行政行为有利害关系的公民、法人和其他组织。本案中，路政处在未查清广告牌所有人的情况下，针对定人彭玉华作出了一系列行政行为，并告知了相关权利义务，彭玉华应当是路政处作出行政行为的相对人。但是结合曹萍和路政处提交的证据以及第三人执法局的陈述，本案涉案广告牌的实际设置者为曹萍，并非彭玉华，行政机关在认定主体错误的情况下，违法建筑物的实际所有人作为利害关系人有权提起行政诉讼。

四、行政机关错列行政相对人时，起诉期限的起算点为利害关系人知道或者应当知道行政行为之日

行政诉讼的起诉期限是法律设定的起诉条件之一，解决的是行政起诉能否进入司法实体审查的问题。法律设定起诉期限的目的在于追求法律自由和公正价值的同时，更倾向于追求法律的秩序和行政效率的价值，更倾向于维护行政管理秩序的稳定。《行政诉讼法》第四十六条第一款规定："公民、法人或者其他组织直接向人民法院提起诉讼的，应当自知道或者应当知道作出行政行为之日起六个月内提出。法律另有规定的除外。"据此，起诉期限的起算时间是行政相对人"知道或者应当知道行政行为之日"。关于起诉人知道或者应当知道作出行政行为的时间点，起诉人往往难以提供有效证据证明，而行政机关作为行政行为作出主体，可以掌握有效证件证明这一事实，因此，在行政诉讼中，如果被告认为原告的起诉超过了起诉期限，应当提供原告超过起诉期限的证据材料。本案中，路政处在未查清广告牌权属的情况下，错误认定彭玉华为涉案广告牌设置者，相关法律文书均针对彭玉华作出。在实施整个行政强制过程中，路政处未向曹萍送达任何法律文书，也未通知曹萍到场，亦无证据证明曹萍知晓该强制拆除行为的具体时间。根据曹萍陈述，其于 2017 年 6 月底知道路政处的强制拆除行为，故自 2017 年 6 月起算至 2017 年 11 月 17 日曹萍提起行政诉讼，并未超过起诉期限。

五、行政机关错列行政相对人，作出的行政行为未保障利害关系人陈述申辩的权利，属于程序违法

行政强制执行的目的在于行政决定确定的义务能够得到履行。行政强制执行是手段，行政决定确定的义务得到履行才是目的。在任何情况下，只要当事人能够自觉主动完全履行行政决定的义务，行政强制执行程序并非必要的程序[①]。因此，《行政强制法》为规范行政强制执行行为，规定了执行前的催告程序，尽可能使当事人在思想上转变，自觉接受并服从行政决定确定的行政法义务，创造机会让当事人自行履行义务，从而避免对抗性冲突和矛盾的发生。同时，听取行政相对人的陈述和申辩是行政程序法上的一项基本制度，是正当程序原则的基本要求。行政机关在作出行政行为，尤其是对当事人不利的行政行为前，应当认真听取各方当事人对事实的陈述和对行政行为的不同意见，并在充分考虑陈述与辩解意见的基础上作出合法公正的行政行为。陈述申辩权既是法律赋予行政相对人的权利也是为行政机关设立的一项法律义务。当事人有权放弃权利，但并不当然减轻行政机关的举证责任。行政机关必须依照法定程序履行该法定义务，才能视为行政程序的正当和完整。

---

① 江必新主编：《〈中华人民共和国行政诉讼法〉条文理解与适用》，人民法院出版社 2011 年版，第 195 页。

根据《行政强制法》第三十四条、第三十五条、第三十六条、第三十七条、第三十八条之规定，行政机关在作出强制执行决定前，应当事先催告当事人履行义务；当事人收到催告书后有权进行陈述和申辩；经催告，当事人逾期仍不履行行政决定且无正当理由的，行政机关可以作出强制执行决定；催告书、强制执行决定书应当直接送达当事人，当事人拒绝接收或者无法直接送达当事人的，应当依照《民事诉讼法》的有关规定送达。本案中，因路政处认定行政相对人主体错误，导致其在之后作出的《行政强制执行催告书》《行政强制执行决定书》和《代履行决定书》中均错误地将彭玉华作为行政相对人，并向彭玉华直接以邮政快递等形式送达相关法律文书，未依法保障曹萍进行陈述、申辩的权利，也不符合送达法律文书的程序性规定，属于违反法定程序。

（作者单位：兰州铁路运输中级法院）

行政机关撤销行政许可应受信赖保护原则的严格限制

刘　薇

【裁判要旨】

行政机关作出行政许可撤销决定，应受到信赖保护原则的严格限制，权衡公共利益和被许可人利益后，遵守程序正当的原则，作出合理决定。

【案号】

一审：江西省芦溪县人民法院（2016）赣0323行初13号

二审：江西省萍乡市中级人民法院（2017）赣03行终44号

【案情】

原告：陈永松。

被告：芦溪县国土资源局。

被上诉人陈永松系芦溪县新泉乡市上村村民，于2008年户籍变更为非农业家庭户口，变更户籍前后均在市上村生产、生活。2008年10月，陈永松通过以每亩2500元的价格购买陈水生的山岭置换苏正桂位于罗中坪的房屋及空闲地。2009年5月，陈永松以该罗中坪的房屋系其继承而来，现已成危房为由申请利用老屋基地建房。经村民小组、村委会、乡镇层报，上诉人芦溪县国土资源局同意，芦溪县人民政府于2009年12月9日批准同意陈永松的建房用地申报。上诉人芦溪县国土资源局于2009年12月9日作出（2009）芦土字第0294号芦溪县非农业建设用地许可证，许可陈永松在新泉市上村7组地方老宅基地建房160平方米。该许可证说明“此证仅作准予用地证明。竣工后，经土地部门验收符合规定后再换发土地使用证”，并说明该许可证的有效期限至2011年12月8日。陈永松取得该许可证后，建成了房屋，用于梦蝶山庄的宾馆楼使用。2016年4月22日，芦溪县国土资源局国土监察执法人员对陈永松取得农村村民建房用地许可进行调查。芦溪县国土资源局调查认为，陈永松与陈述清、陈永秋、欧阳联明经营梦蝶山庄，该山庄有宾馆、公寓楼、游泳池、停车场等设施，存在不符合土地利用总体规划、宾馆楼和公寓楼骗取批准用地手续、其他建筑物未办理用地手续的违法事实。2016年6月22日，芦溪县国土资源局作出芦国土资字（2016）67号行政许可撤销决定书。该决定载明：陈永松2009年5月申报农村村民建房用地之时就已经是城镇居民，却故意隐瞒城镇居民身份，假借新泉乡市上村村民身份进行农村村民建房用地手续申请，谎称置换到的苏正桂老屋是自己老屋，于2009年12月9日骗取160平方米老宅基地改建手续，并且将批准为宅基地的用地手续改变土地使用用途建成了梦蝶山庄宾馆，宾馆占地面积518.6平方米，超出批准面积358.6平方米。依照《行政许可法》第六十九条规定，决定撤销陈永松取得的（2009）芦土字第0294号芦溪县非农业建设用地许可证。原告不服，遂提起行政诉讼，请求依法撤销被告作出的芦国土资字（2016）67号行政许可撤销决定书。

另查明，2015年4月30日，芦溪县国土资源局作出芦国土资字（2015）43号行政许可撤销决定书，撤销（2009）芦土字第0294号许可证，陈永松向芦溪县人民法院提起了行政诉讼。2015年12月3日，芦溪县国土资源局撤销（2015）第43号行政许可撤销决定书，后经陈永松申请撤诉，芦溪县人民法院于2015年12月18日作出（2015）芦行初字第06号行政裁定，准许陈永松撤回起诉。

【审判】

江西省芦溪县人民法院于2017年6月3日作出（2016）赣0323行初13号行政判决，根据《行政诉讼法》第七十条第（二）项、第（三）项之规定，判决撤销被告芦溪县国土资源局于2016年6月22日作出的芦国土资字（2016）67号行政许可撤销决定书。宣判后，芦溪县国土资源局提起上诉。江西省萍乡市中级人民法院于2017年10月9日作出（2017）赣03行终44号行政判决，根据《行政诉讼法》第八十九条第一款第（一）项及第七十条第（一）项、第（二）项、第（三）项之规定，判决驳回上诉，维持原判。

法院生效裁判认为，芦溪县国土资源局作出的芦国土资字（2016）67号行政许可撤销决定（以下简称撤销决定）事实依据不足。本案中，芦溪县国土资源局所称的“陈永松改变土地用途及超面积用地”的行为是陈永松取得行政许可后发生的，与之前的行政许可本身并无关联，上述行为即使属实，也应通过行政处罚程序予以处理。陈永松于2008年变更为非农业户口，但其一直生产生活在新泉乡市上村，并非实质意义上的城镇居民。芦溪县国土资源局以陈永松隐瞒城镇居民身份，置换他人的老屋申请宅基地为由，不足以撤销行政许可。

芦溪县国土资源局作出的撤销决定，法律适用不明。芦溪县国土资源局依照《行政许可法》第六十九条之规定，撤销用地许可。《行政许可法》第六十九条共有四个条款，分别对可以撤销行政许可、应当撤销行政许可、不予撤销、行政机关给予赔偿的情形作出了规定，其中第六十九条第一款还针对可以撤销行政许可列举了五种情形。芦溪县国土资源局作出撤销决定仅依照《行政许可法》第六十九条，未明确具体款项，属于法律适用不明确。

芦溪县国土资源局作出的撤销决定，有明显不当之处。根据《行政许可法》第六十九条第三款“依照前两款的规定撤销行政许可，可能对公共利益造成重大损害的，不予撤销”之规定，行政机关需要慎重行使撤销权，必须权衡各种利益后作出合理的决定。本案中，没有证据反映芦溪县国土资源局作出该撤销决定系经过利益权衡后作出的合理决定。芦溪县国土资源局在诉讼中提出撤销用地许可是为了保护萍乡市的水源地山口岩水库，但在行政程序中并未提出该理由，在诉讼程序中也未提供相关证据。

芦溪县国土资源局作出的撤销决定，程序违法。本案中，撤销用地行政许可涉及陈永松的重大切身利益，应当举行听证。尽管芦溪县国土资源局逾期提供听证笔录等证据，应视为没有相应证据证明其举行了听证。此外，撤销决定笼统适用《行政许可法》第六十九条，严重影响了行政相对人行使陈述和申辩的权利。

综上，芦溪县国土资源局作出的芦国土资字（2016）67号行政许可撤销决定事实依据不足，法律适用不明，违反法定程序。一审判决撤销该决定，处理并无不当，应予维持。根据《行政诉讼法》第八十九条第一款第（一）项及第七十条第（一）项、第（二）项、第（三）项之规定，判决驳回上诉，维持原判。

【评析】

一、行政许可撤销应受到信赖保护原则的严格限制

《行政许可法》第二条规定，本法所称行政许可是行政机关根据公民、法人或者其他组织的申请，经依法审查，准予其从事特定活动的行为。由此可知，行政许可行为是一种授益性的行为，是赋予或认可行政相对人某种权利和资格，准予当事人从事某种活动的行为，是对申请人有利的行为。《行政许可法》第八条规定："公民、法人或者其他组织依法取得的行政许可受法律保护，行政机关不得擅自改变已经生效的行政许可。行政许可所依据的法律、法规、规章修改或者废止，或者准予行政许可所依据的客观情况发生重大变化的，为了公共利益的需要，行政机关可以依法变更或者撤回已经生效的行政许可。由此给公民、法人或者其他组织造成财产损失的，行政机关应当依法给予补偿。"该条规定系我国法律首次对信赖保护原则的确认。信赖保护原则的基本内涵是：（1）公民、法人或者其他组织依法取得的行政许可应当受到法律保护，除非法律、法规有明确规定的外，行政机关不得撤销或者变更已生效的行政许可。（2）行政机关和申请人、被许可人都没有过错，而是因客观原因，行政机关为了公共利益的需要，可以依法变更或者撤回已经生效的行政许可。（3）行政机关依法变更或者撤回已经生效的行政许可造成公民、法人或者其他组织财产损失的，应当依法给予补偿。[①] 其法理基础是基于公众对国家权力的信任，信任利益应予保护，目的在于法的安定性。

根据信赖保护原则的要求，《行政许可法》第六十九条对撤销行政许可作出了规定，对行政机关可以撤销、应当予以撤销、不予撤销及给予赔偿的情形分别作出了规定，充分体现了信赖保护原则在各种利益之间的衡量。行政机关撤销公民、法人或者其他组织依法取得并已经生效的行政许可，应当遵从信赖保护原则的要求，受到严格的限制。据以撤销许可的事实应符合第六十九条规定的内容要件，应与申请、准予、取得许可密切相关，一般发生在行政许可的过程中。同时，撤销许可针对的对象是行政机关自身曾经作出的行政许可行为，本质上属于行政机关的自我纠错行为。先前作出行政许可

---

① 杨临萍著：《行政许可法与司法审查》，人民法院出版社2004年版，第3页。

是否错误或违法，应以当时许可程序中申请人的申请行为，行政机关的审查、许可行为的相关事实为依据。本案中，芦溪县国土资源局所称的“陈永松改变土地用途及超面积用地”的行为是陈永松取得行政许可后发生的，与之前的行政许可本身并无关联，上述行为即使属实，也应依据行政处罚程序予以处理。行政处罚与行政许可（包括撤销许可）属于不同的法律关系，由不同的法律调整，二者对应的条件和事实不能相互混同。芦溪县国土资源局不能以改变土地用途及超面积用地为由撤销行政许可。

基于对信赖保护原则的把握，在本案的事实审查中，我们对被许可人是否具备申请资格、有无如实申报采取了实质审查的标准，充分考虑引起行政许可决定违法的性质及程度。芦溪县国土资源局作出撤销决定时，《国务院关于进一步推进户籍制度改革的意见》（国发〔2014〕25 号）已实施，取消了农业户口与非农业户口性质区分，因此在执行《国务院关于深化改革严格土地管理的决定》（国发〔2004〕28 号）第十条“禁止城镇居民在农村购置宅基地”规定时，不宜以户口类型作为唯一标准，而应综合判断。本案中，被许可人陈永松于 2008 年变更为非农业户口，但其一直生产、生活在新泉乡市上村，并非实质意义上的城镇居民。基于此，新泉乡市上村村委会和新泉乡人民政府也认可其当地村民的身份，并在被许可人的农村村民建房用地申报表作出同意申请的层报意见。申请许可的过程中，无论是层报机关还是批准机关均未要求审查其户籍材料。被许可人也难以意识到其变更为非农业户口后不能申请村民建房用地，否则完全可以用其妻子（农业户口）的名义申请用地。芦溪县国土资源局还认为陈永松未如实申报。经查，陈永松在农村村民建房用地申报表中填写的职业、住址等情况符合事实，未如实填报老屋系置换而来。我们认为，同一村民集体中置换宅基地不违反法律的规定，未如实申报老屋系置换而来对用地许可没有实质性影响。综上，通过对本案事实进行实质审查，被许可人的户口类型和未完全如实申报，性质和程度不足以引起该用地许可违法。现陈永松已建成房屋多年，芦溪县国土资源局以陈永松隐瞒城镇居民身份，置换他人的老屋申请宅基地为由，不足以撤销行政许可。

二、行政机关撤销行政许可应当符合比例原则

比例原则是公法领域中一个非常重要的原则。一般说来，比例原则不是一个单一概念，是由以下三个具体的次要原则构成的：适当性原则，要求所采取的手段必须是有助于目的达成；必要性原则，要求在同等有效地达成目的的手段中，应选择采取对人民权益干涉最小的；狭义的比例原则，要求应对所牵涉的相关价值法益作一轻重的权衡[①]。《行政许可法》第六十九条第三款规定的“依照前两款的规定撤销行政许可，可能对公共利益造成重大损害的，不予撤销”，是比例原则在行政许可撤销中的具体规定。行政机关需要慎重行使撤销权，必须权衡各种利益后作出合理的决定：撤销行政许可可能对公共利益造成重大危害的，不予撤销；撤销行政许可维护的公共利益明显小于维持行政许可决定保护的被许可人的利益及维护社会关系稳定所体现的利益的，不予撤销；只有当撤销行政许可保护的公共利益明显大于维持行政许可体现的利益时，行政机关才可以撤销行政许可。

本案中，没有证据反映芦溪县国土资源局作出该撤销决定是系经过利益权衡后作出的合理决定。芦溪县国土资源局在诉讼中提出撤销用地许可是为了保护萍乡市的水源地山口岩水库，但在行政程序中并未提出该理由，在诉讼程序中也未提供相关证据。行政机关撤销行政许可时，应有证据证明其作出撤销行政决定所保护的是何种公共利益以及公共利益的大小，允许被许可人说明维持行政许可决定保护的被许可人的利益，经过权衡后，方可作出撤销决定。

此外，我们认为在行政许可撤销中还应考量许可发生效力存续时间的长短。行政许可法未对撤销行政许可的期限予以规定，但是基于维护社会关系稳定的考虑，行政机关决定是否撤销该行政许可决定应考量许可存续时间的长短这一因素。本案中被许可人于2009年取得用地许可，至2016年撤销决定下发时建成房屋多年，此时撤销许可更应慎重。

三、行政机关作出行政行为应当符合程序正当原则

行政机关作出行政行为首先要求符合法定程序，即行政机关的行政行为符合法律、法规规定的行政程序，这是程序正当原则的基本要求。《行政诉讼法》第七十条第一款第（三）项规定了行政行为违反法定程序的，应予撤销。在司法实践中，并非违反法定程序的行政行为必须一律撤销，一般认为，违反可能影响到正确作出具体行政行为的程序或者违反法律、法规中的一些

---

① 李鑫：“法律原则的适用方式：类型化之研究——以比例原则为例”，载《法律方法》2011年第1期。

重要程序，可以判决撤销。

程序正当原则还要求行政机关作出行政行为要充分保障行政相对人的陈述、申辩权。这一程序是行政机关作出任何不利行政行为的必要程序，即便法律没有规定，也不能认为法律允许缺乏这一程序[①]。相对人只有在充分了解案件事实、法律规定以及可能面临的不利后果时，才能有针对性地进行权利救济。

具体到本案，《行政许可法》第四章第四节专节规定了听证程序，对行政机关主动举行听证和应申请举行听证的行政事项作了规定，还规定了行政许可的听证程序规则。芦溪县国土资源局撤销用地行政许可涉及陈永松的重大切身利益，应当举行听证。芦溪县国土资源局在一审庭审时才提交听证笔录等证据，系无正当理由逾期提供证据，视为没有相应证据，即芦溪县国土资源局没有提供证据证明举行了听证，可以认定其作出的撤销决定违反了法定程序。此外，由于芦溪县国土资源局作出的撤销决定法律适用不明，严重影响了被许可人行使陈述、申辩的权利。芦溪县国土资源局依照《行政许可法》第六十九条之规定，撤销陈永松取得的许可证。《行政许可法》第六十九条共有四个条款，第一款还针对可以撤销行政许可列举了五种情形。撤销决定仅依据《行政许可法》第六十九条，未明确具体款项，造成行政相对人不能确定其是因何情形被撤销行政许可，是“可以”还是“应当”撤销行政许可的情形，难以有针对性地进行权利救济，影响了被许可人行使陈述和申辩的权利。芦溪县国土资源局作出的撤销决定既未提供证据证明举行了听证，也未充分保障行政相对人的陈述、申辩权，系程序违法，该决定应予撤销。

（作者单位：江西省萍乡市中级人民法院）

① 江必新、梁凤云著：《行政诉讼法理论与实务》，法律出版社2016年版，第1610页。

附记存在瑕疵的房地产抵押行为之处理

沈莉萍

【裁判要点】

房地产抵押登记对外具有公示效力，而房地产抵押登记中的附记内容，是对抵押登记的补充、备注以及关联事实的记载。在登记行为合法而附记内容存在瑕疵的情况下，利害关系人有权对附记内容提起行政诉讼。由于房地产抵押登记及附记行为的法律适用、证据规则各不相同，人民法院可以对房地产抵押登记行为及附记行为的合法性分别进行判断，最大限度维护抵押登记的公信力，并平衡及保障抵押权人、抵押人以及利害关系人的合法利益。

【案号】

一审：上海铁路运输法院（2016）沪7101行初231号

二审：上海市第三中级人民法院（2017）沪03行终21号

【案情】

原告：张玉明、张华彦。

被告：上海市不动产登记局。

第三人：杨鸿辉。

第三人：卞秋芳。

原告（被上诉人）张玉明、张华彦述称：两原告是上海市徐汇区蒲汇塘路101号2103室（以下简称蒲汇塘路房屋）的权利人。2014年10月21日，上海市房地产登记处作出普201407016174房地产抵押权登记（以下简称被诉抵押登记），载明房地产抵押权人杨鸿辉，房地产权利人卞秋芳，房地产坐落镇坪路176弄8号901室（以下简称镇坪路房屋），建筑面积88.61平方米，债权数额200万元，债务履行期限2014年10月7日起至2015年10月17日止，附记：余额抵押，根据抵押合同约定，另有蒲汇塘路房屋共同为200万元的债务担保。被诉抵押登记对张玉明、张华彦产生影响，请求撤销被诉抵押登记上附记的蒲汇塘路房屋上的余额抵押登记。

被告（上诉人）上海市不动产登记局辩称：债权人杨鸿辉与债务人卞秋芳的借款抵押意思真实，关于镇坪路房屋的抵押登记合法有效。被诉抵押登记附记栏记载的内容仅仅是对多宗房地产担保同一债权的信息勾连，并不对张玉明、张华彦产生权利、义务影响。蒲汇塘路房屋如需抵押，应到上海市徐汇区房地产登记处办理。请求驳回张玉明、张华彦的诉讼请求。

第三人（上诉人）杨鸿辉述称：关于镇坪路房屋的被诉抵押登记是杨鸿辉与卞秋芳共同向普陀区房地产登记处申请办理的，提交了相关证明材料，并经登记机关审查核准无误，合法有效。同意撤销被诉抵押登记中关于蒲汇塘路房屋的附记内容。

第三人（被上诉人）卞秋芳辩称：由于普陀区房地产登记处的误导，导致了卞秋芳的错误和损失，请求撤销被诉抵押登记。

原审法院经审理查明，2014年10月17日，卞秋芳为向杨鸿辉借款200万元，共同至上海市普陀区房地产登记处（以下简称普陀区房地产登记处）申请办理卞秋芳所有的镇坪路房屋房地产抵押登记手续。登记部门收取了抵押双方提交的房地产登记申请书、卞秋芳和杨鸿辉的身份证明、镇坪路房屋房地产权证书、抵押借款合同等文件，并向申请人出具了房地产登记收件收据。房地产登记申请书、抵押借款合同没有张玉明、张华彦的签名。卞秋芳、杨鸿辉在提出房地产抵押登记申请时，没有提交张玉明、张华彦的房地产权证和身份证明，张玉明、张华彦也没有亲自到登记部门提出办理张玉明、张华彦所有房屋的抵押登记申请。2014年10月21日，上海市房地产登记处作出被诉抵押登记，登记证载明房地产抵押权人杨鸿辉，房地产权利人卞秋芳，房地产坐落镇坪路176弄8号901室，建筑面积88.61平方米，债权数额200万元，债务履行期限2014年10月7日起至2015年10月17日止，附记：余额抵押，根据抵押合同约定，另有蒲汇塘路房屋的共同为200万元的债务担保。张玉明、张华彦知悉后不服，请求撤销上海市房地产登记处作出的被诉抵押登记。

二审法院另查明：杨鸿辉与卞秋芳于2014年10月16日签订的借款抵押

合同约定“另有抵押物蒲汇塘路101号2103房产价值伍佰捌拾万元正共为贰佰万债权担保，余额抵押”。

【审判】

上海铁路运输法院于2016年11月30日作出（2016）沪7101行初231号行政判决，撤销被诉抵押登记。宣判后，上海市不动产登记局、杨鸿辉提出上诉。上海市第三中级人民法院于2017年7月17日作出（2017）沪03行终21号行政判决，撤销上海铁路运输法院（2016）沪7101行初231号行政判决；撤销被诉抵押登记附记栏中的记载内容。

裁判理由包括：

1. 镇坪路房屋抵押登记合法有效。

卞秋芳、杨鸿辉共同向普陀区房地产登记处申请办理镇坪路房屋抵押登记，并提供了房地产登记申请书、身份证明、镇坪路房屋房地产权证书、抵押借款合同，所有材料均指向卞秋芳以自有的镇坪路房屋为其向杨鸿辉借款作抵押担保。因此，可以确认被诉抵押登记系卞秋芳为了向杨鸿辉借款而所作的真实意思表示，卞秋芳依法应当遵循诚实信用原则履行借款抵押担保义务。故镇坪路房屋抵押登记事项的内容及行政效力应予确认有效。

2. 蒲汇塘路房屋抵押登记附记存在瑕疵应予撤销。

本案中，杨鸿辉与卞秋芳提供的借款抵押合同中虽有“另有抵押物蒲汇塘路房屋为200万元债权担保”的约定，但并无证据证明张玉明、张华彦同意将蒲汇塘路房屋为卞秋芳向杨鸿辉的此次借款作抵押担保进行余额抵押，张玉明、张华彦亦未到普陀区房地产登记处就该项约定内容作出相应意思表示。在此情况下，被诉抵押登记的附记栏中所作附记记载确有不当，原审认为附记中记载余额抵押的主要证据不足及登记机构未尽到审慎审查义务的认定，可予确认，对于该部分附记内容应当判决撤销。

【评析】

本案被诉抵押登记包含了两部分内容：第一部分是镇坪路房屋抵押登记，第二部分是蒲汇塘路房屋的附记内容。本案的主要争议焦点在于，被诉抵押登记权证中第二部分附记内容存在瑕疵是否影响第一部分抵押登记的合法性。

一、房地产抵押登记行为中附记内容的法律属性

（一）房地产抵押登记行为中附记的含义及法律渊源

房地产登记簿的附记，是指对于房屋有关状况、权利现状、权利变动情况及其他相关事项的描述和应当记载于房屋登记簿附记栏内的补充事项。[①] 房地产抵押登记附记中记载的事项，是用来记载登记机构认为应当说明的事项，其本意是通过相关客观事实的记载、备注和补充，对抵押登记的相关信息进行连接。比如，附记可以载明余额抵押的关联信息，可以是同一抵押房屋是否向同一债权人多次抵押，也可以是同一抵押房屋向不同债权人分别抵押，抑或有其他房地产抵押房屋共同为同一债权人进行抵押，等等。

关于房地产抵押登记附记没有法律上的规定。上海市房地产登记处在2013年8月13日的第7期房地产登记业务问答《关于房地产抵押登记有关问题的问答（二）》，第五问中明确：多宗房地产为同一债权抵押担保的，不应将整体债权拆分为多个债权以应对每宗房地产。例如，多宗房地产位于不同区县，房地产所在的区县房地产登记处在分别办理抵押登记时，每宗房地产的登记簿和每份抵押登记证明上均应当记载合同约定的完整债权数额，并在附记栏里注记："根据抵押合同约定，另有××区（县）（××坐落）的房地产共同为××数额的债权担保。"

（二）房地产抵押登记行为中附记的作用及审查

众所周知，抵押登记具有对外公示公信力。房地产抵押登记附记作为抵押登记的一个重要组成部分，自然而然也产生对外公示公信力。记载内容有效与否可能会影响到相关当事人的实体权利。因此，附记的重要性是显而易见的。

房地产抵押登记有专门的法律规定。附记的附属性决定了房地产登记机关对于附记的审查不能按照房地产抵押登记的法律规定进行，否则会加重登记机关的审查责任。但是，登记机关对于附记的审查应当尽到审慎的义务，记载事项应当慎重，不宜随意记载限制他人权利的内容。

（三）房地产抵押登记行为中附记的可诉性

虽然房地产抵押登记行为中的附记行为不发生抵押登记的法律效力，但也可能对相对人的合法权益产生影响。根据《行政诉讼法》第二条规定，行

---

① 孙洁、周剑："浅析房屋登记簿的附记记载"，载《中国房地产》2009年第2期。

政相对人认为行政机关的行政行为侵犯其合法权益，有权提起行政诉讼。如在本案中，司法机关在执行镇坪路抵押权之时，因附记内容找到张玉明及张华彦，要求其履行余额抵押之责。张玉明及张华彦虽可解释清楚，却徒增义务。因此，利害关系人对于房地产抵押登记行为中附记可以提起行政诉讼。

二、本案抵押登记的内容与附记内容可以分别进行审查

抵押登记的内容与附记内容同时记载于房地产抵押权证，附记本身虽然不是独立的行政行为，但实际上产生了影响。在抵押登记合法有效而附记存在瑕疵的情况下，应当根据相应的法律规定分别进行审查，从而完善行政行为。

（一）对房地产抵押登记的司法审查

根据《担保法》第四十四条规定，办理抵押物登记，应当向登记部门提供主合同、抵押合同、抵押物的所有权或者使用权证书。根据《城市房地产抵押管理办法》第二十五条、第三十条规定，房地产抵押，抵押当事人应当签订书面抵押合同，到房地产所在地的房地产管理部门办理房地产抵押登记。该办法第三十二条规定，办理房地产抵押登记，应当向登记机关交验抵押当事人的身份证明或法人资格证明、抵押登记申请书、抵押合同、《国有土地使用权证》《房屋所有权证》或《房地产权证》，共有的房屋还必须提交《房屋共有权证》和其他共有人同意抵押的证明等文件。本案中，卞秋芳与杨鸿辉作为抵押双方共同至上海市普陀区房地产登记处申请办理镇坪路房屋抵押登记手续，并依据上述规定提交了相关文件，抵押登记机关进行审核后作出被诉的抵押登记，符合上述法律规定，对镇坪路房屋抵押登记的合法性应当予以肯定。如果仅因被诉抵押登记附记栏中记载内容的不当，在卞秋芳尚未向杨鸿辉归还全部借款本息的情况下，而将整个被诉抵押登记予以撤销，必将对杨鸿辉合法权益的保障带来影响，不利于合法有效的民事法律行为权利义务关系的确定、稳定和生效民事调解书的执行。

（二）关于抵押登记中附记的司法审查

实践中存在多宗房地产为同一债权抵押担保的情况，登记机关对于附记中的抵押登记内容的真实性、合法性及其效力无权也无须进行审查。如果附记中的利害关系人对于抵押事项并不知晓或者无意按照抵押合同的约定去房地产登记机构办理抵押登记，那么在房地产抵押权登记证明附记栏里予以注记的内容就会出现不周延的情形，可能引发不必要的行政争议。本案中，卞秋芳、杨鸿辉签订的借款抵押合同约定“另有抵押物蒲汇塘路 101 号 2103 为 200 万元债权担保，余额抵押”。房地产登记机构依葫芦画瓢，将该段文字内容记载于被诉抵押登记的附记栏中，但是对该段文字内容所指向的蒲汇塘路房屋余额抵押之事项是否成立，没有进行审查核实，故原审认为附记中记载内容主要证据不足的认定，可以予以确认，对于附记内容应当予以撤销。

（作者单位：上海市第三中级人民法院）

承包人作为劳动者从事所承包工程的施工中受伤不宜认定为工伤

王呈虹

【裁判要旨】

承包人作为劳动者在从事所承包工程的施工中受伤，人力资源和社会保障部门认定承包人构成工伤的，法院应不予支持。

【案号】

一审：浙江省杭州市西湖区人民法院（2018）浙0106行初109号

二审：浙江省杭州市中级人民法院（2018）浙01行终510号

【案情】

原告（上诉人）：杭州德朗装饰工程有限公司。

被告（被上诉人）：杭州市西湖区人力资源和社会保障局（以下简称区人社局）、杭州市人力资源和社会保障局（以下简称市人社局）。

第三人（被上诉人）：吴向东。

2017年6月，原告将其承包的杭州市溪上玫瑰园枫月苑12－7的排屋室内装修工程中的木工部分分包给第三人。7月10日下午3时许，第三人本人在从事木工作业时不慎从梯子上摔下，造成身体多处受伤。8月14日，第三人向区人社局提起工伤认定申请，并提交了原告的身份证复印件和授权委托书、邵逸夫医院医疗诊断证明书、住院病历等材料。当日，区人社局出具《申请工伤认定补正材料通知书》，要求第三人补充提供劳动合同文本复印件或其他建立劳动关系的有效证明等材料。10月17日，第三人向区人社局提交《仲裁裁决书》（该裁决书认定双方不存在劳动关系）。区人社局于同日受理原告的工伤认定申请。10 月 19 日，区人社局向原告发出举证通知书。10 月 24 日，原告提交相关证据材料。当日，区人社局向原告法定代表人进行了调查。12 月 13 日，区人社局向第三人进行了调查。12 月 15 日，区人社局作出案涉工伤认定决定书，认定第三人受到的事故伤害（或患职业病），符合《工伤保险条例》第十四条第（一）项之规定，现予以认定（或视同）为工伤。原告不服，于 2018 年 1 月 16 日向市人社局提出行政复议申请，市人社局于次日受理后，通知区人社局进行行政复议答复，通知吴向东为第三人参加行政复议。1 月 30 日，区人社局向市人社局提交行政复议答复书及作出行政行为的证据和依据。3 月 14 日，市人社局作出复议决定，维持区人社局的工伤认定决定。原告仍不服，诉至法院，要求撤销《工伤认定决定书》及《行政复议决定书》。

【审判】

杭州市西湖区人民法院经审理认为，根据《劳动和社会保障部关于确立劳动关系有关事项的通知》（劳社部发〔2005〕12 号）第四条规定，建筑施工、矿山企业等用人单位将工程（业务）或经营权发包给不具备用工主体资格的组织或自然人，对该组织或自然人招用的劳动者，由具备用工主体资格的发包方承担用工主体责任。《人力资源和社会保障部关于执行〈工伤保险条例〉若干问题的意见》（人社部发〔2013〕34 号）第七条规定，具备用工主体资格的承包单位违反法律、法规规定，将承包业务转包、分包给不具备用工主体资格的组织或者自然人，该组织或者自然人招用的劳动者从事承包业务时因工伤亡的，由该具备用工主体资格的承包单位承担用人单位依法应承担的工伤保险责任。上述通知及意见系劳动部门颁布的规范性文件，不违反相关法律、行政法规的规定，内容合法、有效并合理、适当，应予适用。原告将案涉房屋室内装修的木工工程非法分包给自然人即本案第三人。第三人作为分包业务的劳动者，在从事案涉房屋室内装修的木工工程时不慎从梯子上掉下摔伤，属于在工作时间因工作原因受伤。区人社局根据《工伤保险条例》第十四条第（一）项之规定作出案涉工伤认定决定属事实清楚，适用法律法规正确，程序合法。市人社局的复议决定合法。为此，依照《中华人民共和国行政诉讼法》第六十九条、第七十九条之规定，判决驳回原告的诉讼请求。

一审宣判后，原告不服，向浙江省杭州市中级人民法院提起上诉。

杭州中院进行了协调，原告向第三人支付相关款项后申请撤回上诉。

【评析】

本案一审法院对区、市人社局作出的决定持肯定态度。二审通过协调，促使原告和第三人进行了和解，由原告向第三人支付相关款项后，通过裁定准许上诉人撤回上诉而结案。做到案结事了，达到了法律效果与社会效果的统一。但本案有值得探讨的空间。其中引出的问题为：在原告将其承包的木工工程分包给第三人，第三人作为分包业务的劳动者在从事木工工作过程中受伤，应否认定为工伤。

笔者认为，可从以下几个方面进行分析

一、从劳动关系分析

根据《工伤保险条例》第二条和第十四条规定，劳动法上的工伤主体只能是用人单位的职工，包括企事业单位的职工和个体工商户的雇工，也即工伤认定必须以劳动关系的存在为前提。《工伤保险条例》第十八条第一款第（二）项规定，提出工伤认定申请应当提交与用人单位存在劳动关系（包括事实劳动关系）的证明材料。这是在工伤认定工作中，劳动关系作为工伤认定前提的一般规定。比如，从本案的工伤认定的行政程序就可以看出，区人社局在收到第三人的工伤认定申请后，首先是要求第三人补正双方存在劳动关系的证据。

而《最高人民法院关于审理工伤保险行政案件若干问题的规定》第三条第（四）项规定，“社会保险行政部门认定下列单位为承担工伤保险责任单位的，人民法院应予支持：（四）用工单位违反法律、法规规定将承包业务转包给不具备用工主体资格的组织或者自然人，该组织或者自然人聘用的职工从事承包业务时因工伤亡的，用工单位为承担工伤保险责任的单位”。这是指存在转包关系的情况下，发生事故时用人单位的确定，以有利于保护职工为原则。从该条规定可以解读出，在转包关系中，无用工主体资格组织或个人聘用的人从事发包工程遭受工伤情况下的用人单位确认，不以是否存在真实劳动关系为前提，这是对工伤保险条例将劳动关系作为工伤认定前提的一般规定之外的特殊情形处理。

笔者认为，该规定并不适用于本案。理由是，从该条规定看，涉及三个主体，即用工单位、不具备用工主体资格的组织或者自然人、该组织或者自然人聘用的职工。但本案中，只有两个主体，即用工单位（即原告）、不具备用工主体资格的组织或者自然人（即第三人），并不存在“该组织或者自然人聘用的职工”。第三人作为项目承包人，其虽从事了劳动，但其并不是该条规定中所指的“该组织或者自然人聘用的职工”，不符合该条规定的主体资格。故该条规定不适用本案。

因此，作为第三人申请工伤认定时，需要依据《工伤保险条例》第十八条第一款第（二）项规定提交与用人单位存在劳动关系（包括事实劳动关系）的证明材料。但从第三人提供的证据即仲裁裁决看，双方之间存在的是劳务分包关系，并不存在劳动关系（或事实劳动关系）。故从劳动关系分析，认定第三人为工伤缺少重要的前提条件。

二、从身份关系分析

《劳动和社会保障部关于确立劳动关系有关事项的通知》（劳社部发〔2005〕12号）第四条规定，建筑施工、矿山企业等用人单位将工程（业务）或经营权发包给不具备用工主体资格的组织或自然人，对该组织或自然人招用的劳动者，由具备用工主体资格的发包方承担用工主体责任。在实践中这一条款也常常被扩展到其他领域，包括本案的建筑装饰企业，并不仅仅局限于建筑施工、矿山企业。本款确定的原则只要构成违法分包（发包），并发生事故，则追究违法分包（发包）用工单位责任。《人力资源和社会保障部关于执行〈工伤保险条例〉若干问题的意见》（人社部发〔2013〕34号）第七条规定，具备用工主体资格的承包单位违反法律、法规规定，将承包业务转包、分包给不具备用工主体资格的组织或者自然人，该组织或者自然人招用的劳动者从事承包业务时因工伤亡的，由该具备用工主体资格的承包单位承担用人单位依法应承担的工伤保险责任。

上述规定的精神与前述《最高人民法院关于审理工伤保险行政案件若干问题的规定》第三条第（四）项精神相一致。同样的，该规定也并不适用于本案第三人。

因为，从法院查明的事实看，第三人从原告处承接了涉案排屋的木工工程，双方之间口头达成协议：原告提供材料，由第三人组织人员、自带工具进场，根据设计图纸完成板材加工，在约定的时间内完成工作，最后双方根据所加工的板材张数来进行结算。即第三人属于协议的一方当事人。第三人收取的承包费用不仅是人工费用，同时还包括他组织人员进场的费用及工具使用费用，双方间的劳务承接关系在法律上是承揽合同关系。《最高人民法院关于审理人身损害赔偿案件适用法律若干问题的解释》第十条规定，承揽人在完成工作过程中对第三人造成损害或者造成自身损害的，定作人不承担赔偿责任。但定作人对定作、指示或者选任有过失的，应当承担相应的赔偿责任。故第三人与原告在承揽工作发生纠纷应适用该条规定进行处理。

虽然本案的第三人从事了实际劳动，而且其也是在劳动时受伤，但不能否认其是木工工程的承包人的身份，且其主要收入并不是直接从事劳动的报酬，而是该工程的剩余价值，故第三人本质上应认定为承包人。故不宜认定第三人为工伤。

三、从逻辑关系分析

《最高人民法院关于审理工伤保险行政案件若干问题的规定》第三条第二款规定，前款第（四）项、第（五）项明确的承担工伤保险责任的单位承担赔偿责任或者社会保险经办机构从工伤保险基金支付工伤保险待遇后，有权向相关组织、单位和个人追偿。上述规定的本意是最大化保护职工权益，防止因承包人原因，导致工伤职工不能及时充分获得救助，规定先由用人单位承担工伤保险责任，再由用人单位依法向承包人追偿，这并未额外增加用人单位负担，其实是用人单位对违法转包承担的不利法律后果，这是符合逻辑的。

本案中，第三人是承包人，如果其可以认定工伤，那么依据上述规定，由原告先行承担工伤保险责任后，则会发生原告在承担工伤保险责任后或者社会保险经办机构从工伤保险基金支付工伤保险待遇后又享有向第三人追偿的权利，形成了逻辑上的悖论。即存在与法律规定相背离的情形。由此可见，从逻辑关系上看，第三人从事承包业务时因工伤亡，不宜认定为工伤。

本案从前述三个关系分析后得出的结论是：承包人作为劳动者在从事所承包工程的施工中受伤的，不宜认定为工伤。

（作者单位：浙江省杭州市西湖区人民法院）

对声环境功能区的划分属行政确认行为

鲍　蕊

【裁判要旨】

行政确认是指行政机关和法定授权的组织依据法定权限和程序对事实、关系、地位、权利等既有情况进行甄别，给予确定、认定、证明（或否定）并予以宣告的具体行政行为。环保部门对特定区域所属声环境功能区作出的认定、宣告符合行政确认的基本要素。这种认定行为对声环境功能区域内的居民权利义务将产生实际影响，应当纳入司法审查范畴。

【案号】

一审：江苏省海门市人民法院（2016）苏0684行初55号

二审：江苏省南通市中级人民法院（2016）苏06行终387号

【案情】

原告：蒋忠平。

被告：启东市环境保护局。

被告：南通市环境保护局。

2015年10月26日，蒋忠平向启东市环保局提交政府信息公开申请表，内容为：1. 请问老家东海镇兴旺村八组划分为几类声功能区。2. 基于启政发（2013）81号的相关文件，要求解释（1）交通干线经过是不是穿过村庄的意思。（2）交通干线不在我村规划范围内，也没有经过我村庄，交通干线距离村庄住宅200米左右，村没有工业活动，也没有工业集镇，请问适用几类声功能区。2015年11月11日，启东市环保局作出政府信息依申请公开告知书，告知蒋忠平：1. 你村临近临海高等级公路（G328），属于《声环境质量标准》（GB3096－2008）中7.2关于乡村声环境功能的确定的规定和《市政府关于调整城市区域环境噪声标准适用区域划分的通知》（启政发〔2013〕81号）附件2启东市城市区域外环境噪声标准适用区域划分第四条规定的有交通干线经过的村庄，应执行2类声环境功能区标准。2. 关于对启政发〔2013〕81号文件的有关内容的分析理解，不属于信息公开内容。蒋忠平收到告知书后，认为答复中第一项内容是将兴旺村认定为2类声环境功能区的具体行政行为，侵犯了蒋忠平的合法权益，于2015年11月20日向南通市环保局申请行政复议。南通市环保局于2016年1月28日作出通环复决字〔2016〕2号行政复议决定，维持了启东市环保局作出的政府信息依申请公开告知书。蒋忠平仍不服，诉至法院。请求撤销启东市环保局确定兴旺村应执行2类声功能区标准的具体行政行为；撤销行政复议决定书。

【审判】

海门市人民法院经审理认为，蒋忠平以申请政府信息公开的形式，其实是要求启东市环保局对其老宅所在村应执行的声环境功能区类型进行确定。启东市环保局在信息公开答复中确认其老宅所在村应执行2类声环境功能区标准。《声环境质量标准》7.2规定，乡村区域一般不划分声环境功能区，根据环境管理的需要，县级以上人民政府环境保护行政主管部门可以根据文件要求确定乡村区域适用的声环境质量要求，同时规定村庄原则上执行1类声环境功能区要求，工业活动较多的村庄以及有交通干线经过的村庄可局部或全部执行2类声环境功能区要求。启东市人民政府启政发〔2013〕81号文件附件2，对启东市城市区域外环境噪声标准适用区域划分也作了规定，将交通干线经过的村庄明确为2类声环境功能区。蒋忠平老宅所在的兴旺村临近临海高等级公路，启东环保局依据《声环境质量标准》及启东市人民政府启政发〔2013〕81号文件附件2的相关规定，确定蒋忠平老宅应执行2类声环境功能区标准的告知意见，依据充分，程序合法。南通环保局的复议程序合法。

海门市人民法院依照《民事诉讼法》第六十九条之规定，判决驳回蒋忠平的诉讼请求。

蒋忠平对一审判决不服，提起上诉。南通市中级人民法院判决驳回上诉，维持原判。

【评析】

本案双方争议的焦点主要有两点。一是启东市环保局在答复中告知，兴旺村应执行2类声环境功能区标准的行为能否视为行政确认行为；二是启东市环保局确认兴旺村应执行2类声环境功能区标准是否正确。其中第一个焦点是本案考量的关键，争议最大，形成两种不同意见。第一种意见认为：启东市环保局作出的是信息公开答复，只需审查原告申请公开的内容是否属于政府信息，信息是否存在，是否应该提供，提供的信息是否准确即可。第二种意见认为：启东市环保局在答复中对兴旺村的声环境功能区划分作出判断、确认、告知，可以视为行政确认行为，对该确认行为法院应当进行合法性审查。笔者支持第二种观点，理由如下：

一、原告的申请内容不属于政府信息范畴

从《政府信息公开条例》第二条关于政府信息的定义来看，政府信息应当具有四大司法要件：信息产生的主体主要是行政机关；信息产生的过程是行政机关履行行政管理职责过程中；产生的方式可能是行政机关自身制作的，也可能是行政机关从其他国家机关、企事业单位等组织以及个人处获取；从存在的形式来看，是通过一定载体记录、保存的客观存在。本案中，对于兴旺村声功能区的具体划分结果，在启东市环保局的答复作出之前，并没有任何文件、材料予以明确、记载或保存。也就是说原告申请的内容不是现实存在的信息，不符合政府信息的概念内涵。虽然原告的申请冠以政府信息公开名义，但究其本质是一种咨询、询问，是希望行政机关提供专门知识的意见和解释，对兴旺村的声环境质量标准予以确认、告知。

二、在信息公开答复面纱下隐藏的是行政确认行为

对于咨询性质的申请，法律并无明确规定要求行政机关必须书面答复，咨询类的政府信息公开行为也不具有行政可诉性。但本案所涉的答复内容具有其特殊性。该行为虽然是针对信息公开申请作出，没有冠以“行政确认”的名称，但答复内容及行为特征完全符合行政确认的基本内涵。

行政确认，是指行政主体依法定权限和程序对行政相对人的法律地位、法律关系或有关法律事实进行甄别，给予确定、认定、证明（或否定）并予以宣告的具体行政行为。开展行政确认的目的在于对一些不明确的法律事实或状态予以明确。同时，行政确认作为严肃的、专业的法律行为，应当严格按照法律规定和技术规范作出，并以书面形式呈现。对声环境功能区的认定就是一种行政确认行为。《环境噪声污染防治法》以及《声环境质量标准》赋予了环保主管部门划定本行政区域内各类声环境质量标准的适用区域（即声环境功能区划分），并进行管理的职权。这种划分是对一定区域所能容忍的噪声污染的程度和范围的对外宣告，主要是作为噪声污染防治的法定依据。因此这种职权的行使具有较强的专业性要求，必须由法定部门即环保主管部门以专业标准即声环境质量标准为依据作出。目前，按照区域适用功能特点和环境质量要求，声环境功能区分为五类，五类区域对噪声的容忍程度逐级上升。一般而言，全国各个城市基本都有声环境功能区的划分方案。但这样的方案很难做到事无巨细、面面俱到。例如，本案中，《声环境质量标准》及所涉的启东市政府 81 号文件均为普遍适用的标准，并未细化到对案涉村落所属声环境功能区作出明确认定。当地政府和环保部门也没有其他文件对兴旺村所属声环境功能区作出确定、宣告。在面对原告的申请时，启东市环保局所作的答复实际上就是对兴旺村所属的声环境功能区进行了明确的、专业化的确定、认定、告知即作出了行政确认行为。如果简单地将此案作为信息公开案件处理，将会在事实上导致原告对行政确认行为诉讼无门。毕竟，除了本案中的答复之外，环保部门似乎并没有作出其他任何行政行为对兴旺村所属声环境功能区予以确认。

三、行政确认对当事人权利义务产生影响

表面看来，行政确认不创设新的法律关系，对当事人既不授予权益，也不使其承担义务，只是依据事实、法律法规和规定，对法律关系、法律事实等作出中肯、客观公正的评价或者证明。但确认行为必将带来一种结果，那就是被确认的对象一经法定主体宣告，其状态就具有了不可抗拒的法律拘束力、确定力，得到国家权力的认同与保障。这种确认的结果往往成为行政相对人享受其他法定权利，履行法定义务不可或缺的前提。如果行政确认错误，必然损害行政相对人享受国家权力认同和保障的权利。就本案而言，对兴旺村的声环境功能区划分、确认带来的影响是多方面的，如直接关系到何种噪声限值企业可以入驻该地，当地的噪声污染项目治理采取何种标准，等等。一旦划分错误，可能造成噪声超标准限值企业的入驻，引发噪声污染问题，侵犯居住者的合法权益。

四、对专业性行政确认的司法审查尺度

行政确认与行政机关的行政职权、当事人的合法权益有密切关系。但是由于确认行为往往具有专业性强的特点，我国对行政确认的程序缺乏相应的法律法规予以规范。在这种情形下，如果再阻断行政相对人的司法救济途径，势必会造成行政机关权力滥用。对相对人而言，合法权益更加难以得到法律保障。因此，在法定条件下，行政确认应当受到司法审查。至于对一些专业性强的行政确认行为的审查尺度问题，以本案中声环境功能区的划分为例。笔者认为，只要行政机关是在合理的范围内作出了认定和判断，没有明显超过法定范畴、违反法定程序，法院一般应当予以尊重。《声环境质量标准》7.2 规定，村庄原则上执行 1 类声环境功能区要求，工业活动较多的村庄以及有交通干线经过的村庄可局部或全部执行 2 类声环境功能区要求。启东市人民政府启政发〔2013〕81 号文件附件 2，对启东市城市区域外环境噪声标准适用区域划分也作了规定，将交通干线经过的村庄明确为 2 类声环境功能区。兴旺村临近临海高等级公路（G328），另有一条县级公路海防线公路穿村而过，启东市环保局在法定范畴、法定标准内对声环境功能区作出了专业性事实认定和判断，告知原告，兴旺村为“有交通干线经过的村庄”，应执行 2 类声环境功能区标准并无违法之处，法院应当予以认可。

（作者单位：江苏省南通市中级人民法院）

交通管理措施通告作为规范性文件的合法性审查

——张军晖诉北京市公安局公安交通管理局丰台交通支队丰北大队行政处罚案

郑文静　冯黎明

【裁判要旨】

合法的交通管理措施通告可以作为行政处罚的依据。对交通管理措施通告的规范性文件附带审查，应从职责权限、内容、程序三方面进行，审查是否属于制定主体的职权范围、有无超越制定权限，是否符合上位法、遵循了法律保留等原则以及制定时是否履行了法定程序、满足正当程序要求。

【案号】

一审：北京市丰台区人民法院（2017）京 0106 行初 124 号

二审：北京市第二中级人民法院（2017）京 02 行终 1291 号

【案情】

原告（上诉人）：张军晖。

被告（被上诉人）：北京市公安局公安交通管理局丰台交通支队丰北大队（以下简称丰北大队）。

2016 年 11 月 21 日，北京市环境保护局、北京市交通委员会、北京市公安局公安交通管理局联合发布《关于对国Ⅰ及国Ⅱ排放标准轻型汽油车采取交通管理措施的通告》（以下简称《通告》）。《通告》内容为：根据《环境保护法》《大气污染防治法》《道路交通安全法》和《北京市大气污染防治条例》的有关规定，为改善首都空气质量，有效降低高排放车辆污染，经市政府同意，对本市及外省、区、市核发号牌（含临时号牌）高排放污染国Ⅰ及国Ⅱ排放标准轻型汽油车（燃料种类为汽油的小型、微型客车及轻型、微型货车）采取如下管理措施：一、自2017年2月15日起，国Ⅰ及国Ⅱ排放标准轻型汽油车工作日（因法定节假日放假调休而调整为上班的星期六、星期日除外）禁止在本市五环路（不含）以内区域道路行驶；二、对于机动车违反规定进入限行区域道路行驶的，认定为违反限制通行规定的违法行为，由公安交通管理部门依法处罚。

2017年2月21日（星期二）16时42分，京NN6459号小客车（车主系张军晖）在北京市丰台区西罗园路南口北由北向南处（属五环路以内区域道路）行驶，被安装在上述地点的交通技术监控设备记录。2017年3月6日，张军晖到丰北大队接受处理，丰北大队作出《公安交通管理简易程序处罚决定书》，认定2017年2月21日16时42分，张军晖在北京市丰台区西罗园路南口北由北向南处，实施违反机动车排放标准限制通行规定的违法行为。根据《北京市实施〈中华人民共和国道路交通安全法〉办法》第九十一条第（四）项的规定，决定给予张军晖罚款100元的处罚。张军晖不服，提起本诉讼，请求依法撤销上述处罚决定书，审查《通告》的合法性。

【审判】

北京市丰台区人民法院一审认为，根据《道路交通安全法》及《道路交通安全法实施条例》的规定，对道路交通安全违法行为人处以罚款，由违法行为发生地的县级以上人民政府公安机关交通管理部门或者相当于同级的公安机关交通管理部门作出决定。据此，丰北大队具有对道路交通安全违法行为人予以行政处罚的法定职权。本案的争议焦点在于：《通告》能否作为认定被诉处罚决定书合法的依据；丰北大队对涉案车辆排放标准的认定是否正确；被诉处罚决定书合法性的其他方面。

一、关于《通告》能否作为认定被诉处罚决定书合法的依据问题

《行政诉讼法》第五十三条第一款规定，公民、法人或者其他组织认为行政行为所依据的国务院部门和地方人民政府及其部门制定的规范性文件不合法，在对行政行为提起诉讼时，可以一并请求对该规范性文件进行审查。第六十三条第一款规定，人民法院审理行政案件，以法律和行政法规、地方

性法规为依据。地方性法规适用于本行政区域内发生的行政案件。《北京市大气污染防治条例》由北京市第十四届人民代表大会第二次会议于2014年1月22日通过，自2014年3月1日起施行，属北京市地方性法规。该条例第七十二条规定，市人民政府可以根据大气环境质量状况，在一定区域内采取限制机动车行驶的交通管理措施。第七十八条规定，本市鼓励淘汰高排放机动车和非道路移动机械。市环境保护行政主管部门会同市财政、交通、公安、商务、质量技术监督等行政主管部门，根据本市大气环境质量状况和机动车、非道路移动机械排放污染状况，制订高排放在用机动车、非道路移动机械淘汰、治理和限制使用方案，报市人民政府批准后实施。本案中，《通告》系北京市环境保护局会同北京市交通委员会、北京市公安局公安交通管理局联合制定，并经北京市人民政府批准后实施，制定主体、内容和程序均符合《北京市大气污染防治条例》的上述规定，可以作为认定被诉处罚决定书合法的依据。张军晖认为《通告》不能作为认定被诉处罚决定书合法的依据的主张不能成立，不予支持。

二、关于丰北大队对涉案车辆排放标准的认定是否正确问题

《行政诉讼法》第三十四条第一款规定，被告对作出的行政行为负有举证责任。丰北大队为佐证涉案车辆属于国Ⅱ排放标准，向本院提交了《关于北京市环保局对京NN6459号小客车环保标识进行确认的情况说明》。在该份说明中，作为机动车法定登记机构的车辆管理所，依据环保部门的数据确认涉案车辆为国Ⅱ排放标准。在此情况下，丰北大队认定涉案车辆属于国Ⅱ排放标准，并无不当。张军晖提交的货物进口证明书只能证明涉案车辆来源合法，该证明书的内容并未涉及车辆排放标准，故不足以证明涉案车辆系其主张的排放标准，张军晖提交的检测报告亦不足以证明其主张。因此，对张军晖认为丰北大队对涉案车辆排放标准认定错误的主张，不予支持。

三、关于被诉处罚决定书合法性的其他方面问题

人民法院审理行政案件，对行政行为是否合法进行全面审查。《行政处罚法》第三十一条规定，行政机关在作出行政处罚决定之前，应当告知当事人作出行政处罚决定的事实、理由及依据，并告知当事人依法享有的权利。本案中，丰北大队作出被诉处罚决定书前，向张军晖作出《处理机动车违法记录告知书》，依法保障了张军晖陈述和申辩的权利。丰北大队依据《北京市实施〈中华人民共和国道路交通安全法〉办法》第九十条规定，对张军晖作出罚款100元的处罚，法律适用亦无不当。因此，张军晖请求撤销被诉处罚决定书并返还罚款的主张，不予支持。

综上，一审法院判决驳回原告张军晖的诉讼请求。张军晖不服一审判决，提起上诉。

北京市第二中级人民法院经审理认为，加强道路交通安全管理工作，维护道路交通秩序，是公安机关交通管理部门应当履行的法定职责。丰北大队作为本市公安机关交通管理部门，在履行上述法定职责时，具有对道路交通安全违法行为予以纠正、作出行政处罚的法定职权。本案中，张军晖于2017年2月21日16时42分，在本市丰台区西罗园路南口北由北向南处，实施违反机动车排放标准限制通行规定的行为，该事实有相关情况说明、交通技术监控设备记录照片等证据在案为证，可以认定。丰北大队据此作出《处罚决定书》具有事实根据和法律依据且符合法定程序。针对一审法院判决就本案焦点问题的认定，本院持相同意见，不再赘述。张军晖上诉要求撤销一审法院判决等主张，理由不能成立，对张军晖的上诉请求不予支持；综上，一审法院判决认定事实清楚，适用法律正确，审判程序合法，应予维持。

【评析】

近年来，空气污染成为中国社会最大的“烦恼”之一，全国多地在重度雾霾面前“沦陷”。为改善首都空气质量，有效降低高排放车辆污染，北京于2016年11月制定了《关于对国Ⅰ及国Ⅱ排放标准轻型汽油车采取交通管理措施的通告》。本案便是《通告》实施后，北京市法院受理的首例涉国Ⅰ及国Ⅱ排放标准轻型汽车限行政策行政案件。据有关媒体报道，此次限行政策涉及车辆40多万辆，占目前北京用车保有量的7%左右。因此，本案对《通告》合法性的审查具有十分重要的意义，现从以下几个方面来对本案进行分析论述：

一、审查前提：请求的提出应符合《行政诉讼法》第五十三条的规定

虽然判决主要是围绕规范性文件的合法性要件来对《通告》进行审查，但是根据《行政诉讼法》第五十三条的规定，还暗含了法院对原告能否提出规范性文件审查的判断：1. 规范性文件的审查只能作为一项诉讼请求提出，而不能作为一个诉讼案件提出。2. 请求审查的主体应当是认为行政行为侵犯其合法权益的公民、法人或者其他组织，其他与该行政行为没有利害关系的公民、法人或者其他组织均无权提出。同时，公民、法人或者其他组织认为行政行为侵犯其合法权益向人民法院提起行政诉讼，该行政行为应当具有可诉性，属于行政诉讼受案范围。3. 请求提出的时间，一般在公民、法人或者其他组织认为行政行为侵犯其合法权益向人民法院提起行政诉讼时，一并请求人民法院对作为行政行为依据的规范性文件进行审查。4. 审查请求必须是认为规范性文件不合法，如果认为规范性文件不合理则不属于附带审查的受理范围。5. 审查对象是规章以下的规范性文件。

按照上述审查标准，原告张军晖是在起诉针对自己作出的行政处罚这一具体行政行为不合法的同时，提出对《通告》合法性进行审查的诉求，且《通告》属于规章以下的规范性文件，符合法院受理规范性文件审查的条件。

二、审查次序：规范性文件审查应先于行政行为审查

尽管规范性文件审查必须依附于被诉行政行为才能提出，但是考虑到被审查的规范性文件恰好是被诉行政行为作出时的依据或依据之一，所以逻辑上规范性文件审查应先于行政行为审查。换言之，规范性文件审查事实上成为被诉行政行为审查的一个先决问题。① 具体到本案而言，法官在归纳出三个诉讼争议焦点后，首先将作为行政处罚依据的《通告》的合法性放在前面进行审查，在确认《通告》的合法性后，再对行政行为的合法性进行审查。

三、被审查主体：不可追加制定机关为被告

由于行政诉讼被告与规范性文件的制定机关通常不是同一个行政机关，作为被告无法对于应当由制定机关说明的规范性文件的制定目的、依据、必要性、需要解决的主要问题、确立的主要制度等问题作出说明，但是规范性文件是否合法往往成为当事人针对行政行为合法与否的诉讼理由。此种情况下，法院能否追加制定机关为被告？由于规范性文件附带审查请求并不是一个独立的诉讼，所以法院只能在原告与被告参与的情况下审查规范性文件合法性。但是法院可以在庭审查明情况的基础上，要求制定机关提交书面意见，就制定相关条款的目的、依据及理由等问题作出说明，必要时也可以当面听取制定机关的意见。规范性文件的制定机关有义务及时向案件管辖法院就争议条款制定方面问题进行说明。

---

① 程琥："新《行政诉讼法》中规范性文件附带审查制度研究"，载《法律适用》2015 年第 7 期。

本案中，为审查确认《通告》在职责权限、制定内容和制定程序上是否合法，法官专门要求北京市环境保护局、北京市交通委员会和北京市公安局公安交通管理局三家单位提供了情况说明，而非追加三家制定机关为被告。

四、审查内容：应从职责权限、制定内容和制定程序等方面进行合法性审查

首先是职责权限的合法性审查，即审查制定主体是否适格，是否为国务院部门、地方人民政府及其部门以及法律、法规、规章授权的组织，有无制定权限或者超越制定权限。《北京市大气污染防治条例》第七十二条和第七十八条规定，市人民政府可以根据大气环境质量状况，在一定区域内采取限制机动车行驶的交通管理措施，市环境保护行政主管部门会同市财政、交通、公安、商务、质量技术监督等行政主管部门，制定高排放在用机动车、非道路移动机械淘汰、治理和限制使用方案。本案中，《通告》的制定主体为北京市环境保护局、北京市交通委员会和北京市公安局公安交通管理局，三家单位作为市政府组成部门，具有行政主体资格，其制定权限来源于上述地方性法规的授权，且未超越权限。

其次是制定内容的合法性审查，即内容不得违反宪法、法律、法规、规章的规定和国家的方针政策，不得违背上级行政机关的规范性文件，同时还应遵循法律保留、法律优位等原则。本案中，《通告》的内容是对高排放污染国Ⅰ及国Ⅱ排放标准轻型汽油车在北京市范围内采取限制通行措施，其直接上位法依据是《北京市大气污染防治条例》第七十二条和第七十八条。同时，《通告》内容未违反《环境保护法》《大气污染防治法》《道路交通安全法》等上位法的规定，也未设定新的行政处罚，符合法律优位和法律保留原则。

最后是制定程序的合法性审查，即是否履行了法定程序或者遵循了正当程序要求。《国务院关于加强法治政府建设的意见》规定，制定对公民、法人或者其他组织的权利义务产生直接影响的规范性文件，要公开征求意见，由法制机构进行合法性审查，并经政府常务会议或者部门领导班子会议集体讨论决定；未经公开征求意见、合法性审查、集体讨论的，不得发布施行。本案中，根据制定机关提供的相关证据材料显示，《通告》在实施前广泛征求了专家、NGO组织、市民代表等多方意见，制定机关的法制机构进行了合法性审查，领导班子进行了集体讨论，市政府还进行了专题审议，发布后制定机关向市政府法制办进行了备案，符合《北京市行政规范性文件备案规定》和正当程序的要求。

综上，《通告》的制定主体、内容和程序合法，可以作为认定被诉处罚决定书合法的依据。

随着经济社会的发展和环保力度的加强，未来国Ⅲ、国Ⅳ等排放标准车辆也可能面临被限制通行的情况，本案作为北京市首例环保限行案件，其意义不仅在于规范性文件合法性审查对政府依法行政的监督作用，还在于其在环保领域的示范意义，让公众更加信服和认可环保相关规定，从而投身到环保事业中来。

（作者单位：北京市丰台区人民法院）

浅析联合执法行政案件的司法审查

许祥华

【裁判要旨】

联合执法机关应在各自的职权范围内，依法依规实施行政行为，做到权责分明，衔接有序，对于忽视程序，推诿责任的，依法应承担败诉责任。

【案号】

福建省龙海市人民法院（2017）闽0681行初23号

【案情】

原告：叶小平。

被告：漳州市芗城区交通运输局（以下简称芗城区交通局）。

原告叶小平诉称：2017年5月5日，原告哥哥叶仁春驾驶原告的加装有动力装置的三轮车被漳州市芗城区通北交警中队查获，并作出罚款20元的行政处罚决定，随后交警将该三轮车移交给被告芗城区交通局。原告通过信访了解到被告对原告车辆的处理意见是要求原告携带0723号人力三轮车营运证到被告处办理营业注销手续后，再归还车辆。原告认为被告的行为存在以下违法，一是让原告丧失营运资格，不能从事载客工作，生活将产生严重困难；二是两执法机关对一次行政违法行为作出双重处罚。故向本院提起行政诉讼，请求判决：一、确认被告扣押原告三轮车行为违法；二、被告依法返还原告的人力三轮车一辆。

被告芗城区交通局辩称：1. 叶小平不具有原告主体资格。原告提供的闽交运管漳芗字0723号营运资格证，该证载明持证单位为南坑劳动服务站，即漳州市芗城区交通运输管理所许可营运的主体应为南坑劳动服务站，而非本案原告叶小平，故叶小平与被诉行政行为不具有法律上的利害关系，不具备原告主体资格。2. 漳州市芗城区交通运输管理所只是履行程序上的告知义务，并未实际办理取消营运资格的注销手续，行政行为尚未具体实施，未侵犯原告的合法权益。3. 被告系为贯彻落实漳州市公安局、漳州市交通运输管理局、漳州市城市管理行政执法局、漳州市创建全国文明城市工作指挥部交通专项整治协调组和漳州市芗城区人民政府的相关文件精神，实施交通秩序整治工作。应漳州市及芗城区有关部门要求，由交通运输部门联合公安交警对人力三轮车加装动力装置从源头督促恢复原状，被告只是作为其中的一个执法部门参与整治活动，并非本案适格被告主体。请求法院驳回原告起诉或驳回其诉讼请求。

福建省龙海市人民法院经审理查明，2016 年 5 月 29 日，漳州市创建全国文明城市工作指挥部交通专项整治协调小组发布漳公综（2016）219 号文件，对城区交通秩序进行整治，人力三轮车加装动力装置也在整治范围内。2017 年 5 月 5 日，原告哥哥叶仁春驾驶原告叶小平的人力客运三轮车（执照号 0723）上路，因加装动力装置被芗城区交警大队查获，交警对叶仁春作出罚款 20 元的行政处罚。2017 年 5 月 9 日，芗城区交警大队作出《涉案车辆移送通知书》，将该三轮车移交被告芗城交通局，通知书载明："已将该车非法加装的动力装置拆除，收缴完毕，根据漳公综（2016）219 号文件要求，现将该车移送你单位取缔其营运资格。"被告芗城交通局接管该人力三轮车后，停放在本单位停车场。原告叶小平欲寻回三轮车，遂引起本案诉讼。另查明，2017 年 5 月 12 日，原告哥哥叶仁春向交警部门主动缴纳了罚款 20 元。

【审判】

福建省龙海市人民法院于 2017 年 12 月 28 日作出（2017）闽 0681 行初 23 号行政判决书：一、确认被告漳州市芗城区交通运输局对原告 0723 号人力客运三轮车的扣押行为违法；二、驳回原告叶小平的其他诉讼请求。宣判后，双方均未提起上诉，一审判决生效。

法院生效裁判认为：根据《行政诉讼法》第二十五条第一款规定：行政行为的相对人以及其他与行政行为有利害关系的公民、法人或者其他组织，有权提起诉讼。本案原告叶小平是 0723 号人力客运三轮车的实际所有人，该车被扣，与其有利害关系，因此原告叶小平是适格主体。在本案中，芗城区交警大队作出《涉案车辆移送通知书》，将该三轮车移送被告芗城交通局，被告也实际接管该车，根据《行政强制法》第九条："行政强制措施的种类：……（三）扣押财物……"的规定，被告的接管行为即属行政扣押行为。该法第二十四条还规定：行政机关决定实施查封、扣押的，应当履行本法第十八条规定的程序，制作并当场交付查封、扣押决定书和清单。第二十五条第一款规定：查封、扣押的期限不得超过三十日；情况复杂的，经行政机关负责人批准，可以延长，但是延长期限不得超过三十日。法律、行政法规另有规定的除外。被告自 2017 年 5 月 9 日接管涉案车辆至今，未向原告出具扣押手续，也未按照上述法律规定对原告作出相应行政处理，其扣押行为明显违法。但原告请求法院直接判决被告向其返还 0723 号人力三轮车，该车目前是否应当返还尚属行政管理范畴而非本案审查范围，故该项请求依法不予支持。

【评析】

本案实际涉及两个行政主体联合执法行为。鉴于现行法律尚未对联合执法的主体、程序及案件裁判等事项作出具体规定，而当事人在受到该种执法侵害时应如何准确判断被告主体，如何依法维护自身权益方面也存在诸多疑惑和困难。本案的判决一方面充分肯定了交警部门正确的行政执法行为，另一方面也依法确认了交通管理部门的违法不作为行为，对联合执法中各行政主体依法实施行政行为具有较为典型的指导意义。

一、被告主体资格的判定

通常，联合执法指两个或两个以上不同职能的行政主体分别派出工作人员组成联合执法队伍或机构，分别作出行政处理决定的行政执法方式。在联合执法活动中，要确定行政诉讼被告资格，就要明确执法机构是否具备行政执法主体资格。行政执法主体资格的获得应当得到宪法、法律、法规和规章等法律规范性文件的授权，并具备一定组织机构的要求。根据职权法定原则，行政执法主体的职权范围应由法律规定，并在法律规定的职权范围内行使，故联合执法过程中各行政机关也应当在各自的职能范围内，依法依规实施行政行为。从当前的联合执法队伍或机构的设立来看，主要有两种方式，一种根据法律、法规和规章规定设立的，另一种是根据行政规范性文件的规定设立的。前者如《海洋环境保护法》第十九条和《大气污染防治法》第九十二条规定的联合执法，但实务中更多的联合执法队伍或机构是通过规范性文件方式设立的。无论是哪种方式成立的联合执法机构，其职责一般是负责具体执法部门的组织、协调，但具体的执法人员与该队伍、机构并不存在职务上的隶属关系，执法的依据亦是各个执法部门所特有的法律规范，作出的行政处理决定一般也不是以联合执法队伍或机构的名义作出，而是以具体执法部门的名义作出。因此，联合执法不适用《行政诉讼法》第二十六条第四款“两个以上行政机关作出同一行政行为的，共同作出行政行为的行政机关是共同被告”的规定。也就是说，如果联合执法队伍或机构是法律、法规或规章授权设立，具备行政主体资格的，其在联合执法过程中以自己的名义作出行政行为应当以联合执法队伍或机构为被告。但如果该联合机构仅根据行政规范性文件设立，其没有行政主体资格，则应当按照行政诉讼“谁作为、谁被告”原则确定被告主体。

就本案而言，漳州市创建全国文明城市工作指挥部交通专项整治协调小组是根据漳公综（2016）219 号文件设立的，主要是对公安交警、交通运输、城管执法等各部门在漳州市所辖芗城区、龙文区、高新区范围内实施的交通秩序整治工作进行协调，各个行政机关在各自的行政职权范围内进行执法，并且是以各个行政机关的名义作出行政决定，协调小组并不具备行政主体资格，不应当是本案的被告。因此，被告芗城区交通局称其是应上级部门组织要求参加联合执法活动，不应独立承担法律后果的答辩于法无据。从本案涉及的行政行为来看，主要包括芗城区交警大队和芗城区交通局两个行政机关，2017 年 5 月 5 日，涉案三轮车被芗城区交警大队查获，芗城区交警大队将该车非法加装的动力装置拆除，并对驾驶人叶仁春作出了罚款 20 元的行政处罚决定。对于芗城区交警大队的上述行为，原告叶小平及其哥哥叶仁春均未有异议。2017 年 5 月 9 日，芗城区交警大队作出《涉案车辆移送通知书》，同日将该三轮车移交被告芗城区交通局。涉案车辆从 2017 年 5 月 9 日移交，到 7 月 31 日原告起诉芗城区交通局请求返还被查扣的三轮车之时，已由被告接管近三个月之久，被告芗城区交通局既未向原告依法作出扣押（留车）手续，也未就涉案三轮车作出任何处理决定，已经实际侵犯原告合法权益。因此，根据《行政诉讼法》第二十六条第一款的规定，芗城区交通局才是本案的适格被告。

二、原告主体资格的分析

被告芗城区交通局在诉讼中还抗辩称，涉案三轮车的营运证持有人是南坑劳动服务站，故原告叶小平并不具有起诉资格。为此，法院应根据具体情况对本案原告是挂靠单位还是实际车主作出分析。

挂靠是指由个人或者个人合伙出资购买车辆，为了交通营运过程中的方便，将车辆登记为某个具有运输经营权资质的单位名下，以单位的名义进行运营，并由挂靠者向被挂靠单位支付一定的管理费用的行为。目前，运营挂靠车辆对第三人产生民事责任承担主体，《最高人民法院关于适用〈中华人民共和国民事诉讼法〉的解释》第五十四条、《最高人民法院关于审理道路交通事故损害赔偿案件适用法律若干问题的解释》第三条都作出了非常明确的规定。但是，对于挂靠单位和实际所有人之间如何承担行政责任问题尚未有明确规定，是否具备行政诉讼原告主体资格在各地司法实践中也有不同的认定。有的判决认为挂靠经营关系为内部关系，不可对外约束第三人，对外应以登记为准，挂靠车主不具备行政诉讼主体资格；有的判决认为机动车行驶证的登记仅为准予或不准予机动车上道路行驶的登记，所挂靠登记的运输公司并非车辆所有人，无物权效力，实际车主应为原告。还有的判决认为挂靠登记的运输公司和实际车主都具有利害关系，应当为共同原告。

根据《行政诉讼法》第二十五条的规定，行政相对人和其他与行政行为有利害关系的公民、法人或者其他组织有权提起行政诉讼。可见，行政诉讼中具有原告资格的包含行政相对人和利害关系人。一般认为行政相对人是行政管理法律关系中与行政主体相对应的一方当事人，而利害关系人是指不属于行政相对人，但与行政行为有利害关系的公民、法人和其他组织。对于利害关系的判定，根据《最高人民法院关于进一步保护和规范当事人依法行使行政诉权的若干意见》的规定，主要是审查行政机关的行政行为是否确实造成公民、法人或其他组织权利义务的增减，以及其在诉讼中是否确实具有值得保护的实际权益。因此，车辆挂靠单位和个人在行政诉讼中是否具有原告资格应当根据具体案件进行分析。如果行政主体作出的行政行为是针对挂靠的公司和个人作出的，无论该挂靠车辆所有人为谁，都可以作为行政诉讼原告。如果行政主体的行政行为是针对挂靠的公司或个人中的某一方，那么涉及的一方是行政相对人，另一方是否能作为原告应当根据对其是否有利害关系来判断。一般来讲，车主作为实际所有人，行政主体对车辆作出的行政处理行为肯定会对其财产权和经营权产生实际影响。而挂靠单位只是名义所有人，也不参与挂靠车辆的经营活动，因此，挂靠单位反而不具有行政诉讼原告资格。当然如果车辆权利尚不完全由车主享有，挂靠单位为共同权利人，挂靠单位也可以作为行政诉讼原告。

在本案中，经查实该车实际购买人是原告叶小平，南坑劳动服务站只是原告人力三轮车的挂靠单位，扣押车辆影响的是车主财产权和实际营运，挂靠单位南坑劳动服务站的权利义务没有增减，与车辆的扣押行为没有利害关系，挂靠车主才是适格原告。故此车辆被扣与原告叶小平有着直接利害关系，被告芗城区交通局的抗辩理由完全不能成立，依法应当确认被告行为违法。

值得一提的是，本案判决中驳回原告叶小平提出的返还涉案车辆的诉讼请求，法院认为被告芗城区交通局尚未对涉案人力三轮车作出处理决定，是否可以返还仍应由被告作出首判，司法机关无权提前介入，这是司法不干涉行政的应有之义，也体现了司法权对行政权的尊重。

三、联合执法的意义和应当注意的问题

当前行政执法体制中存在着大量“碎片化”的管理，如无证经营，工商、城管皆有查处职权；违法建设，更是涉及规划、国土、城管、公安、环保、属地政府等多个部门的管理责任。为更好地完成公共服务和社会管理职能，确实需要各行政主管部门之间互相协作和配合，步调一致地开展工作。因此，联合执法能够减少部门之间的内耗，降低执法成本，提高执法效率工作成效。但是由于当前对联合执法没有明确的法律规定，实务过程中也产生了诸如职责边界不清、忽视程序、推诿责任等问题。

我们认为，在当前主要“联合行动，单独处理”的联合执法模式中，各执法机关都应当具备相应的行政执法资格，遵守法定程序，明确组织分工，强化责任意识，建立健全联合执法档案。执法主体在各自职权范围内行使职权的同时，还要及时、妥善做好不同执法主体之间的衔接，切实保护行政相对人的合法权益。例如，在本案中，芗城区交警大队根据法律规定的法定职责，在对涉案车辆作出处理后，及时将涉案车辆移交给有权取缔其营运资格的芗城区交通局处置，较好体现了联合执法中不同行政机关在各自职权范围内的有效衔接。此本案判决后，原、被告双方均无异议，取得了良好的法律示范效果。

（作者单位：福建省龙海市人民法院）

先行支付中第三人不支付情形的认定

周　磊

【裁判要旨】

因第三人的原因造成工伤，第三人不支付工伤医疗费用的，工伤职工可以申请工伤保险基金先行支付。工伤职工已经对第三人提起民事诉讼，申请先行支付时应提供民事裁判文书以确定第三人是否支付。工伤职工没有提起民事诉讼，社保部门不能以工伤职工未提供民事裁判文书为由拒绝支付，在现有证据能够证明第三人未支付的情况下，社保部门应当向工伤职工支付工伤保险待遇。

【案号】

一审：江苏省南京铁路运输法院（2017）苏 8602 行初 1035 号

二审：江苏省南京市中级人民法院（2017）苏 01 行终 1056 号

【案情】

上诉人（原审原告）：朱智文。

被上诉人（原审被告）：南京市社会保险管理中心（以下简称南京市社保中心）。

2016 年 9 月 10 日，朱智文在上班途中与案外人陈涛驾驶的电动自行车发生交通事故。经交警部门认定，陈涛负全部责任，朱智文无责任。受伤后，朱智文在东南大学附属中大医院就诊治疗。南京市玄武区人力资源和社会保障局于 2017 年 2 月 9 日作出宁人社工认字（2017）XW0013 号《认定工伤决定书》，认定朱智文构成工伤。南京市社保中心于 2017 年 6 月 9 日收到朱智文的要求先行支付医疗费用的申请，于 2017 年 6 月 19 日出具《关于不予报销朱智文医药费的函》，决定不予支付。朱智文未向陈涛提起民事诉讼。朱智文提起行政诉讼，要求判令南京市社保中心向其支付工伤保险待遇8053.5元。案件审理中，朱智文按照处理交通事故时民警告知的地址向案外人陈涛邮寄律师函，要求陈涛向朱智文支付其应承担的医疗费用，该邮件后以“原址查无此人”为由被退回。南京市社保中心在审理中明确，朱智文没有按照《工伤保险经办规程》第七十三条的规定提供民事判决书或民事调解书，不符合先行支付的条件。

【审判】

南京铁路运输法院经审理认为：职工由于第三人的侵权行为造成伤病的，其医疗费用应当由第三人按照确定的责任大小依法承担。本案中，朱智文的工伤系由于第三人原因造成，朱智文在向南京市社保中心提出先行支付申请时未提供证据证明第三人不支付工伤医疗费用或者无法确定第三人，径行要求社保部门支付相关医疗费用，于法无据。南京市社保中心作出不予支付的决定，认定事实清楚，适用法律正确。南京市社保中心于2017年6月9日收到朱智文申请，于2017年6月19日作出不予报销的决定，违反了《社会保险基金先行支付暂行办法》第九条的规定，程序轻微违法，但对朱智文的权利不产生实际影响，应予确认违法。由于朱智文的先行支付申请不符合法定条件，故对朱智文关于支付医疗费用和伙食补助的诉讼请求，不予支持。

南京铁路运输法院依照行政诉讼法判决：一、驳回朱智文的诉讼请求；二、确认南京市社保中心作出的不予报销决定程序违法。

宣判后，原告朱智文不服一审判决，提起上诉，请求撤销一审判决，改判南京市社保中心支付医药费和伙食补助费。

江苏省南京市中级人民法院经审理认为：根据《社会保险基金先行支付暂行办法》第四条、《最高人民法院关于审理工伤保险行政案件若干问题的规定》第八条第二款的规定，符合先行支付条件的前提条件是“第三人不支付或者无法确定第三人”，职工对第三人提起民事诉讼不是先行支付成就的必要条件，在职工事实上没有提起民事诉讼时，社会保险经办机构不得以此为由拒绝先行支付。本案中，南京市社保中心要求朱智文提供民事判决书或民事调解书以说明第三人不支付的情形，该要求实际上是让朱智文首先提起民事诉讼，再视民事诉讼的裁判和执行结果判断是否先行支付。上述要求明显与前述法律规定不符，额外增加朱智文的负担，使得朱智文无法及时获得工伤保险待遇，该不予报销的决定适用法律不当。《工伤保险经办规程》第七十三条规定的工伤职工应提供民事判决书或民事调解书等证明资料的前提是，工伤职工已经提起了民事诉讼，工伤职工可以直接提供而无须其他负担。本案是朱智文尚未提起民事诉讼，其在事实上无法提供民事判决书或民事调解书，故该条的规定不适用本案。

关于本案中先行支付的条件是否成就的问题，朱智文称因无法与第三人取得联系，故第三人未支付朱智文医疗费用。综合本案来看，考虑到朱智文对于第三人拒绝支付情形的举证能力，其向南京市社保中心告知第三人不支付的情况，符合《社会保险基金先行支付暂行办法》第四条的规定。结合朱智文在二审中向案外人陈涛发函被退回的情况看，本案确实存在第三人不支付这一客观情况。因此，朱智文先行支付的条件已经成就，南京市社保中心应当对于朱智文提交的医疗费用票据等材料进行审核，确定数额后向朱智文支付工伤保险待遇。

江苏省南京市中级人民法院判决：一、撤销南京铁路运输法院（2017）苏 8602 行初 1035 号行政判决；二、撤销南京市社保中心于 2017 年 6 月 19 日作出的《关于不予报销朱智文医药费的函》；三、南京市社保中心于判决生效之日起 10 个工作日内对朱智文提交的相关材料审核确定数额后支付工伤医疗费用。

【评析】

一、先行支付的概念与申请条件

《社会保险法》第四十二条规定：“由于第三人的原因造成工伤，第三人不支付工伤医疗费用或者无法确定第三人的，由工伤保险基金先行支付。工伤保险基金先行支付后，有权向第三人追偿。”该法条确立了工伤保险领域中的先行支付制度。工伤保险基金先行支付工伤医疗费用这一制度设立的目的在于优先、及时保障工伤职工的工伤保险待遇，工伤职工如果符合先行支付的条件，工伤保险基金应当按照规定向工伤职工支付工伤医疗费用。

《社会保险法》第四十二条本身实际上已经确立了先行支付的两个前提，

即“第三人不支付工伤医疗费用”或“无法确定第三人”。所谓第三人不支付，应当是指一种现实情况，即第三人客观上没有向工伤职工支付医疗费用。从法律责任上来讲，第三人作为侵权人，应当承担侵权赔偿责任。从保护劳动者的角度来看，工伤职工尽管可以向第三人主张，但结果可能是得不到实际的赔偿，这时工伤保险基金应当承担起相应的社会责任，先行向工伤职工支付医疗费用，后再向第三人追偿。先行支付制度在一定程度上降低了工伤职工向第三人主张赔偿而不可得的风险，保障了工伤职工的医疗费用能够足额到位。

二、判断第三人不支付的依据

本案涉及的是一起交通事故，事故的双方是明确的，交警部门也出具了事故认定书，因此本案不存在无法确定第三人的情况。本案需要解决的问题是第三人是否存在不支付的情况，如果存在，那么社保部门应当按照先行支付的规定向申请人支付医疗费用；如果不存在，则不应支付。第三人是否已经支付，是一个事实认定问题，应当通过当事人提交的申请材料予以判断。《社会保险基金先行支付暂行办法》第四条规定：“个人由于第三人的侵权行为造成伤病被认定为工伤，第三人不支付工伤医疗费用或者无法确定第三人的，个人或者其近亲属可以持工伤认定决定书和有关材料向社会保险经办机构书面申请工伤保险基金先行支付，并告知第三人不支付或者无法确定第三人的情况。”该条规定的审查路径是由工伤职工告知第三人不支付的情况，但如果仅仅是口头告知，那么社保部门还是无法确定第三人究竟有无支付。《工伤保险经办规程》第七十三条规定了在审核工伤待遇时，应当审核相关的民事伤害赔偿法律文书，其第（三）项规定，经人民法院判决或调解的，需提供民事判决书或民事调解书等证明资料。该条规定的审查路径是通过民事判决书或调解书审查第三人支付的情况，但民事判决书或调解书实际上只是对于第三人支付义务的确定，而客观上第三人有无支付，并不能仅以判决书或调解书确定。在民事案件裁判之后，第三人可能依据裁判文书主动履行，也可能需要经执行程序才能履行，甚至经过执行程序也未能履行。因此，本案南京市社保中心要求申请人提供民事裁判文书或执行文书，其本意是想通过法律文书来确定第三人是否支付的情况。

如果可以提供裁判文书或执行文书，那么这些法律文书无疑是最直接和最便捷的审查第三人支付情况的依据。但如果工伤职工没有对第三人提起民事诉讼，工伤职工在申领工伤保险待遇的时候，根本不可能提供上述法律文书，那么此时社保部门再强行要求工伤职工提供，并以不能提供法律文书为由拒绝支付工伤保险待遇，似乎就有些强人所难。社保部门这样做，等同将先行支付的程序规定为：发生工伤事故——提起民事赔偿诉讼——要求先行支付。社保部门这一做法可以将工伤保险基金支付错误的风险降至最小，但却忽视了《社会保险法》第四十二条的立法本意。《社会保险法》第四十二条后半段规定，工伤保险基金先行支付后，有权向第三人追偿。工伤保险基金是有追偿权的，不能因为追偿可能存在困难，就将此风险交由工伤职工承担。先行支付制度之所以称之为“先行”，即意味着工伤职工可以在第三人赔偿之前享受到工伤保险待遇，如果要求工伤职工必须提起民事诉讼才能申请先行支付，那么“先行”的含义就不复存在。

在工伤职工没有提起民事诉讼、缺乏法律文书时，社保部门应当通过何种途径审查第三人的支付情况呢？这需要回到《社会保险基金先行支付暂行办法》第四条的规定，也就是工伤职工需要明确向社保部门表示第三人不支付，并提供曾经向第三人主张，而第三人明示拒绝或不予理会的证据材料。本案中，第三人虽然在交警部门留有联系方式，但电话已经无法接通，上诉人通过预留的地址发函要求赔偿，应当视为工伤职工已经向第三人主张赔偿。函件因无法投递被邮政部门退回后，也足以证明存在第三人不支付的情况。在以上情形具备时，社保部门已经能够判断先行支付的条件是否具备，其仍坚持要求提供法院裁判文书，就不当地增加了工伤职工的负担，属于适用法律错误。

三、司法解释与规范性文件的理解

《最高人民法院关于审理工伤保险行政案件若干问题的规定》第八条第二款规定：“职工因第三人的原因受到伤害，社会保险行政部门已经作出工伤认定，职工或者其近亲属未对第三人提起民事诉讼或者尚未获得民事赔偿，起诉要求社会保险经办机构支付工伤保险待遇的，人民法院应予支持。”第三款规定：“职工因第三人的原因导致工伤，社会保险经办机构以职工或者其近亲属已经对第三人提起民事诉讼为由，拒绝支付工伤保险待遇的，人民法院不予支持，但第三人已经支付的医疗费用除外。”从司法解释的表面意思来看，是否提起民事诉讼与工伤保险基金支付工伤保险待遇没有关联。但《工伤保险经办规程》第七十三条又规定了需要提供民事判决书或调解书的情况，两者之间是否存在矛盾？

虽然是否提起民事诉讼不是先行支付的必要条件，但却是可能影响先行支付前提成就的因素，司法解释第二款规定系针对工伤职工未提起民事诉讼或未获得民事赔偿的情形。如果工伤职工实际已提起民事诉讼，或者申请执行的情况下，这时社保部门按照《工伤保险经办规程》第七十三条的规定要求提供相应的法律文书，属于合理的要求，司法解释与规范性文件的规定并不冲突。民事裁判文书和执行文书属于工伤职工能够提供的材料，并不需要额外的负担，没有增加法律规定之外的义务。司法解释第三款规定系针对工伤职工是否提起民事诉讼的问题，先行支付案件需要解决的是工伤职工是否实际获得第三人赔偿的问题，故社保部门不能仅以工伤职工提起了民事诉讼为由拒绝支付，社保部门要求工伤职工在提起民事诉讼后提供相关法律文书以核查实际赔付情况，也是正常地履行审查职责的方式，两者规定之间并不冲突。

（作者单位：江苏省南京市中级人民法院）

实务争鸣

工伤认定中死亡的认定标准

王惠奕

【裁判要点】

对突发疾病职工死亡及死亡时间的认定本质是事实问题，法院对此应予以弱审查。在未有与法律规定明显抵触或明显缺乏事实依据的情况下，法院一般应尊重医疗机构的判断。

【案号】

一审：广东省深圳市盐田区人民法院（2016）粤0308行初413号

二审：广东省深圳市中级人民法院（2016）粤03行终639号

【案情】

原告：童恒峰、童欣、童煜婷、童博伟。

被告：深圳市人力资源和社会保障局。

原告童恒峰、童欣、童煜婷、童博伟诉称：关于程晋美的工伤认定，被告深圳市人力资源和社会保障局对于员工在48小时内脑死亡的情形，认为不视为工伤的行政行为违法，请求人民法院依法撤销深人社认字（龙）（2016）第660078001号《深圳市工伤认定书》，对于程晋美工作期间突发疾病死亡一事重新作出工伤认定。

被告深圳市人力资源和社会保障局辩称，四名原告的主张不成立，程晋美于2015年12月29日早上8:25左右在工作时突然晕倒，后于12月31日13:35抢救失败，宣布死亡，整个过程已超过48小时，不符合《广东省工伤保险条例》第十条规定视同工伤的认定条件。被告的认定依据充分，程序合法，请求依法驳回四名原告的诉讼请求。

第三人深圳市耀群实业有限公司同意四名原告的意见。

法院经审理查明：2015年12月29日8:38，程晋美在第三人车间工作时晕倒，后被送入深圳市龙岗区第六人民医院。医院诊断为脑出血，被转院送入深圳市龙岗中心医院抢救。医院诊断为：①右侧小脑出血破入脑室系统；②脑疝形成；③脑室积血；④脑积水；⑤吸入性肺炎。医院出具的《死亡记录》记载的死亡时间为2015年12月31日13:35:00。其中，诊疗经过记载为：12月30日9时已基本脑死亡，预后极差，家属仍坚持积极药物抢救治疗，持续大剂量肾上腺维持血压，12月31日3:40患者血压测不到，无自主呼吸，心跳存，家属仍不愿放弃治疗，至12月31日13:00，患者出现心跳停止，血压测不出，大动脉搏动消失，持续抢救至13:35，患者双侧瞳孔散大固定，血压测不出，心电监护仪上心电图呈一直线，无自主呼吸，全身发绀，宣布患者临床死亡。

2016年1月8日，被告收到第三人提交的工伤认定申请。第三人提交了工伤认定申请表、医疗病历本、疾病诊断书、员工身份证、劳动关系证明、上下班工作记录卡、法医证明、证人证词。受理申请后，被告依职权对第三人进行调查并制作了笔录。综合上述材料，被告于2016年2月1日作出《工伤认定书》，认为程晋美于2015年12月29日在车间突发疾病，送院抢救超过48小时死亡，不符合《广东省工伤保险条例》第九条、第十条规定，认定其不属于或不视同工伤。以上事实有《死亡记录》《工伤认定书》《死亡医学证明书》等证据证实。

【审判】

广东省深圳市盐田区法院于2016年6月16日作出（2016）粤0308行初413号行政判决：一、驳回原告童恒峰、童欣、童煜婷、童博伟的全部诉讼请求；二、案件受理费人民币50元，由原告童恒峰、童欣、童煜婷、童博伟负担。宣判后，童恒峰、童欣、童煜婷、童博伟向广东省深圳市中级人民法院提起上诉。深圳市中级人民法院于2016年11月30日以同样的事实作出（2016）粤03行终639号行政判决，驳回上诉，维持原判。

法院生效裁判认为：根据《工伤保险条例》第十五条第一款第（一）项及《广东省工伤保险条例》第十条第一款第（一）项规定，职工在工作时间和工作岗位，突发疾病死亡或者在48小时之内经抢救无效死亡的，视同工伤。

本案中，程晋美于2015年12月29日8时许在工作时间工作岗位突发疾病并送医院抢救，深圳市龙岗中心医院出具的《死亡记录》载明的程晋美死亡日期为“2015－12－31 13:35:00”，该院出具的《深圳市死亡医学证明书》亦载明程晋美死亡日期为“2015年12月31日”。深圳市人力资源和社会保障局正是依据上述记载，认定程晋美死亡时间为2015年12月31日13:35:00。需要指出，《死亡记录》有记载程晋美于12月30日09:00已基本脑死亡，童恒峰、童欣等据此主张应基于保障员工利益对员工有利的立场认可脑死亡时间为死亡时间。我国相关法律法规中并未对死亡标准作出明确规定，在此情形下，无论法院还是工伤认定主管机关，都应尊重专业医疗机构的判断。深圳市龙岗中心医院出具的《死亡记录》中虽然记载了程晋美“于12月30日09:00已基本脑死亡”，但一方面，其用语是“基本脑死亡”，而基本脑死亡是否等同于已经脑死亡，实难以判断；另一方面，更为重要的是，《死亡记录》中亦载明“持续抢救至13:35……宣布抢救失败患者临床死亡”，宣布程晋美临床死亡的主要依据是心电图呈直线、无自主呼吸，即心肺死亡，同时注明的死亡日期为“2015－12－31 13:35:00”，该医院出具的《深圳市死亡医学证明书》记载的死亡日期亦与《死亡记录》一致。由此可见，深圳市龙岗中心医院作为专业医疗机构，在“基本脑死亡”与“宣布临床死亡”两个标准、两个时间中，仍然采用了以后者为死亡标准，以后者时间为死亡时间来作出程晋美死亡的最终判断。在该判断未有明显与法律规定抵触亦未有明显缺乏事实依据时，法院或工伤认定主管机关在职权范围内，皆不应当也不适宜对此予以否定。因此，深圳市人力资源和社会保障局认定程晋美死亡时间为2015年12月31日13:35:00，即死亡时间距离发病时间已超过48小时，从而作出被诉深人社认字（2016）第660078001号《深圳市工伤认定书》，认定程晋美不属于或不视同工伤，认定事实清楚、适用法律正确，程序亦符合法律规定，依法应予维持。

【评析】

根据《工伤保险条例》第十五条第一款第（一）项规定，职工在工作时间和工作岗位，突发疾病死亡或者在48小时之内经抢救无效死亡的，视同工伤。该案例正是涉及主管部门进行工伤认定时认定突发疾病职工死亡时间及死亡标准的问题。

本案中，程晋美于2015年12月29日8时许在工作时间工作岗位突发疾病并送医院抢救，各方当事人均无异议，但是，以何标准认定程晋美死亡，以何时间为其死亡时间，对于程晋美能否视同工伤有着决定性意义。双方当事人尖锐的争议也正在于以脑死亡时间还是心肺死亡时间为程晋美死亡时间，进而各提交了数份结论相反的其他法院生效判决。该案例在此混乱而尖锐的局面中试图厘清法院的裁判基准，涉及行政诉讼审查强度问题。

一、死亡标准及死亡时间认定是事实问题

死亡是法律问题也是事实问题。法律上，涉及个人多项权利的消灭；事实上，涉及个体生命的终结。正因如此，不少国家地区会在立法中明确死亡的标准。但在我国，目前尚未就此进行立法，因而死亡的判断标准及死亡时间的认定，本质上是一个事实问题，而且是事实问题中专业医学问题，由专业医疗机构对死亡进行认定和宣告。正因如此，根据《国家卫生和计划生育委员会、公安部、民政部关于进一步规范人口死亡医学证明和信息登记管理工作的通知》规定，医疗卫生机构对居民死亡及其原因须出具医学证明，即人口死亡医学证明。

二、法院对死亡标准、死亡时间这一事实问题遵循弱审查原则，对医疗专业机构的认定应予以高度尊重

行政诉讼中，法院作为司法审查机关对行政行为的审查强度会因事实问题、法律问题的区分而有不同。一般而言，对法律问题，法院进行高强度的审查。法官是法律问题的专家，对法律问题具有独立和最终的决定权。但对事实问题，特别是专业性技术问题，法院遵循弱审查原则，因为法官并不是技术专家，在专业领域内的知识远不如专业机构。此时，法院一般应尊重专业技术机构认定，对其审查通常仅限于是否明显缺乏事实依据、是否与法律法规明文相抵触。

死亡这一医学问题，具有极强的专业性。医学界传统死亡标准是心肺死亡，但随着呼吸机等生命支持措施的广泛运用，意味着极端情况下只要有呼吸机存在，理论上生命可以永续存在。因此，近年来，在全世界及在我国医学界均开始了对脑死亡标准的探究。在部分国家地区，脑死亡甚至已被立法采纳为死亡标准或成为医学界普遍接受运用的标准。但在我国，立法未有明确规定死亡标准，更遑论对脑死亡进行立法（这意味着医学界的死亡判定不会与法律明文规定抵触），甚至医学界对脑死亡也仍然存在相当争议。此种情形下，法院对死亡这一高度专业技术性问题更应谦抑克制，应予以专业医疗机构既有判断予以高度尊重。案中，龙岗中心医院出具的《死亡记录》及《死亡医学证明书》上最终记载的死亡时间均为“2015 年 12 月 31 日”，即系以员工心肺死亡而非“基本脑死亡”为标准判定死亡。《死亡记录》上详细阐明了程晋美抢救经过，该认定具有事实依据。深圳市人力资源和社会保障局以医疗机构认定的死亡时间为程晋美死亡时间，证据充分确凿。法院应予以认可。

童恒峰、童欣等诉请法院认定《死亡记录》中“基本脑死亡”时间为死亡时间。但是，一方面，“基本脑死亡”是否等同于已经脑死亡，法院无法判断；另一方面，更重要的是，如前所述，在龙岗中心医院已经以心肺死亡标准认定了程晋美死亡时间，而该认定并未“明显缺乏事实依据”时，法院不应当也不适宜对此予以推翻。换言之，假设医院以“基本脑死亡”作为标准宣告了程晋美死亡，认定了其死亡时间，只要认定未“明显缺乏事实依据”，法院亦应予尊重。即此更多的是医疗机构专业判断权限范围，法院遵循低强度审查，不应以自己的判断代替医疗机构的判断。一句话，法律问题留给法官，医疗技术问题留给医院。

三、死亡标准在各法律体系中应保持同一性，不能简单地在工伤认定中予以突破

工伤认定旨在保障因工受伤员工权益，不少其他省市法院认可脑死亡的工伤认定行政判决中皆以保障员工权益为理由之一。但是，死亡是重大的法律命题，涉及个人多项权利的消灭，涉及多种法律关系的发生终结变动。死亡的认定标准、死亡时间的确定不仅仅影响到工伤的认定，还直接关联到其他诸多法律关系，如继承、婚姻、致人死亡类刑事犯罪等。如果仅仅出于保障职工权益的考虑，法院就在立法未明确确立脑死亡为死亡标准的情况下，径行否定案中医疗机构采用的心肺死亡标准，而在工伤认定中直接确认脑死亡标准，无疑会有冲击我国目前各法律体系中死亡认定标准同一性之虞。保障员工权益虽是工伤制度的重要立法目的，却不能过于绝对，不应仅仅因此而过于扩大法院的权力，否定医疗机构专业判断，损伤法律体系的同一性。

（作者单位：广东省深圳市盐田区人民法院）

48小时内脑死亡能否认定为工伤

王海燕　温贵能

【裁判要旨】

死亡既是沉痛的生活命题，也是重大的法律命题。对于法律意义上的死亡，我国并未出台相关认定标准。《工伤保险条例》的立法本意在于保护劳动者的合法权益，鉴于脑死亡对生命终结具有不可逆转性，持续救治只能延缓心肺死亡时间，在死亡标准没有明确法律规定的情况下，应当作出对劳动者有利的解释，故脑死亡应当属于“48小时之内经抢救无效死亡的”情形，但脑死亡判定标准需要结合具体案情作出具体分析，不能扩大其适用范围。

【案号】

一审：山东省昌邑市人民法院（2015）昌行初字第38号

二审：山东省潍坊市中级人民法院（2016）鲁07行终149号

再审：山东省高级人民法院（2017）鲁行申127号

【案情】

原告：李光翠。

原告：潍坊市平安消防工程有限公司（以下简称平安公司）。

被告：昌邑市人力资源和社会保障局（以下简称人社局）。

李光翠之夫曹文龙系平安公司职工。2013年4月17日上午8:30左右，曹文龙在该公司工地工作时突发脑出血倒地，被送往潍坊市中医院抢救。当日，经手术抢救后，曹文龙无自主呼吸、双侧瞳孔散大、光反射消失，处于脑死亡状态，潍坊市中医院于2013年4月17日当天出具了诊断证明，诊断结论为：病人处于脑死亡状态。因曹文龙已无自主呼吸，应曹文龙家属的要求用呼吸机通气，直至2013年4月25日因脑死亡状态持续而放弃，停止呼吸机通气后呼吸心跳停止，医院宣布其临床死亡。2013年5月6日，用人单位平安公司向人社局提出第一次工伤认定申请。人社局认为，曹文龙于2013年4月17日在潍坊世界城工地突发疾病倒地，入医院治疗，至2013年4月25日宣布临床死亡。自入院抢救至死亡时间超过了48小时，不符合《工伤保险条例》第十四条、第十五条的规定，于2013年7月22日作出不予认定工伤的认定结论。李光翠不服，于2013年12月3日提起第一次行政诉讼，昌邑市人民法院认为，在工伤认定程序当中，脑死亡应当作为职工因工死亡的标准，人社局应对曹文龙是否系脑死亡进行审查并作出工伤认定结论。昌邑市人民法院于2014年4月27日作出（2013）昌行初字第42号行政判决，判决撤销人社局的工伤认定结论并责令其重新认定。该判决经潍坊市中级人民法院（2014）潍行终字第76号行政判决予以维持。2014年7月22日，人社局重新认定，作出了昌人工伤认字（2014）09203号不予认定工伤决定书，以曹文龙临床死亡时间超过法定48小时为由，再次认定其不是工伤。李光翠、平安公司再次提起行政诉讼，昌邑市人民法院一审认为，人社局在重新作出工伤认定过程中，没有按照法院生效判决的要求对曹文龙脑死亡的事实进行审查，再次以临床死亡时间作为认定工伤的时间依据，属于认定事实不清、对法律的理解和适用不当，昌邑市人民法院于2015年1月23日作出（2014）昌行初字第40号行政判决，判决撤销人社局的不予认定工伤决定书，责令其限期重新作出认定。人社局提出上诉，潍坊市中级人民法院作出（2015）潍行终字第65号行政判决认为，《工伤保险条例》第十五条规定将在工作时间、工作岗位突发疾病死亡或者在48小时之内经抢救无效死亡的视同工伤。鉴于我国法律目前对死亡标准的判定没有明确规定，并结合《工伤保险条例》第一条“为了保障因工作遭受事故伤害或者患职业病的职工获得医疗救治和经济补偿，促进工伤预防和职业病康复，分散用人单位的工伤风险，制定本条例”所体现的保护劳动者合法权益的立法精神，在适用《工伤保险条例》第十五条第（一）项的规定时应当作出对劳动者有利的解释。职工脑死亡时其死亡已具有不可逆性，持续救治只能延缓心肺死亡时间，因此，职工突发疾病在48小时之内经抢救无效死亡的，在适用《工伤保险条例》第十五条第（一）项规定时，应当从保护职工合法权益的角度考虑，按照脑死亡的标准予以解释。根据人社局提交的住院证明书和李光翠提交的医院诊断证明书，可以确认曹文龙系在工作时间、工作岗位上突发疾病被送入医院抢救的事实，人社局应当根据查明的事实对曹文龙脑死亡的事实予以审查并认定。人社局仅以临床死亡作为认定工伤的理由不当，依法不予支持。故潍坊市中级人民法院二审维持了一审判决。

人社局在本次工伤认定中向上级部门请示，山东省人力资源和社会保障厅于2015年2月2日作出《关于对〈工伤保险条例〉第十五条第一项“死亡”证据如何适用的请示的答复》。山东省人力资源和社会保障厅的答复意见为：判断职工死亡的法定证据是《居民死亡医学证明书》。2015年6月16日，潍坊市中医院向人社局出具《病情证明书》，内容为：患者手术当天因脑出血导致深度昏迷、瞳孔散大固定、自主呼吸消失，依据上述临床症状判断为“脑死亡状态”，这是对临床症状的描述，并非具体的疾病诊断。因当时患者病情危重，生命体征不稳定，无法进行脑电图检查，而无脑电图检查则不能明确脑死亡的诊断结论。目前我国中华医学会的死亡判定标准仍以心跳停止心电图呈直线为标准，不以脑死亡作为临床死亡的判定标准。患者于2013年4月25日应家属要求放弃治疗，于当天21:20心跳停止，宣布临床死亡。根据上述请示答复和调查结果，人社局于2015年6月29日作出昌人工伤认字（2015）09119号不予认定工伤决定书，再次不予认定曹文龙的死亡为工伤或视同工伤。李光翠和平安公司不服，提起本案行政诉讼。

【审判】

昌邑市人民法院一审认为，诊断证明书是潍坊市中医院出具的证明材料，与工伤认定过程中申请人提供的潍坊市中医院病历中临床死亡记录、住院证明中的记载一致，上述证据能够相互印证，足以证明曹文龙于工作时间、在工作岗位突发疾病送医院抢救当天手术后即处于脑死亡状态的事实。大脑是人体的神经中枢，是生命活动和思想意识的中心，脑死亡者已无意识，无自主呼吸，脑功能和人的生命已经不可逆转地永久性丧失，仅仅依靠呼吸机通气、药物升压等意识之外的强制力来维持其部分生命体征，包括心跳、体温等，一旦撤除上述设备和措施，所维持的生命体征迅速消失。从涉案曹文龙的发病、抢救、死亡的过程以及医疗机构的病历记录、诊断证明来看，可以认定曹文龙在工地突发疾病送医抢救当天即处于脑死亡状态的事实。《工伤保险条例》旨在保障工伤职工的合法权益、分散工伤风险，因此在工伤认定中应遵循上述立法宗旨，对死亡这一概念作出有利于工伤职工的解释。对于职工在工作岗位突发疾病送医抢救无效，在48小时之内呈脑死亡状态，超过48小时撤除维持治疗设备后心肺死亡的，应当认定为工伤。人社局在工伤认定中排除脑死亡这一情形，仅以临床死亡时间作为认定工伤的依据，认定事实不清，对法律的理解和适用不当。遂判决撤销人社局于2015年6月29日作出的昌人工伤认字（2015）09119号不予认定工伤决定书；责令人社局于判决生效之日起60日内重新作出认定。

人社局不服，提起上诉。

潍坊市中级人民法院二审认为，潍坊市中级人民法院（2014）潍行终字第76号及（2015）潍行终字第65号两份生效行政判决，判决“在目前我国法律未对死亡判定标准作出明确规定的情况下，人社局作为负责工伤保险工作的社会保险行政部门，仅依据心肺死亡时间作出工伤认定结论认定事实不清。遵照《工伤保险条例》立法目的，根据《工伤保险条例》第十九条的规定，由人社局对曹文龙送医当天是否已脑死亡进行调查核实，以确定曹文龙的死亡是否符合《工伤保险条例》第十五条第一款第（一）规定的视同工伤情形”。“鉴于我国法律目前对死亡标准的判定没有作出明确规定，并结合《工伤保险条例》第一条所体现的保护劳动者合法权益的立法精神，在适用《工伤保险条例》第十五条第（一）项规定时应当作出对劳动者有利的解释。职工脑死亡时其死亡已经具有不可逆性，持续救治只能延缓死亡时间，因此，职工突发疾病在48小时之内经抢救无效死亡的，在适用《工伤保险条例》第十五条第（一）项规定时应当从保护职工合法权益角度考虑按照脑死亡的标准予以解释。人社局应当对曹文龙是否属于脑死亡的事实予以审查认定，并依据《工伤保险条例》第十五条第一款第（一）项的规定作出曹文龙是否属于工伤的认定结论。”人社局应当依据上述生效判决对曹文龙送医当天是否已脑死亡的事实进行调查核实，以确定曹文龙的死亡是否符合《工伤保险条例》第十五条第一款第（一）规定的视同工伤情形。而本案人社局作出的昌人工伤认字（2015）09119号不予认定工伤决定书，仍然排除脑死亡这一情形，仅以临床死亡时间作为认定工伤的依据，与上述生效判决相悖。一审判决认定事实清楚，适用法律正确，程序合法，应予维持。遂判决驳回上诉，维持原判决。

人社局仍不服，申请再审。

山东省高级人民法院经再审认为，《工伤保险条例》第一条："为了保障因工作遭受事故伤害或者患职业病的职工获得医疗救治和经济补偿，促进工伤预防和职业康复，分散用人单位的工伤风险，制定本条例。"第十五条第一款第（一）项"在工作时间和工作岗位，突发疾病死亡或者在48小时之内经抢救无效死亡的"视同工伤。我国法律目前对死亡标准的判定没有明确规定，为了保护劳动者合法权益，在适用《工伤保险条例》第十五条第一款第（一）项的规定时不宜作出对劳动者不利的解释。职工脑死亡时其死亡已具有不可逆性，持续救治只能延缓心肺死亡时间，因此，职工突发疾病在48小时之内经抢救无效死亡的，在适用《工伤保险条例》第十五条第一款第（一）项规定时，应当从保护职工合法权益的角度考虑，按照脑死亡的标准予以解释。本案人社局应当根据生效法律文书确定的义务对曹文龙是否属于脑死亡的事实予以审查认定，并依据《工伤保险条例》第十五条第一款第（一）项的规定作出曹文龙是否属于工伤的认定结论，不应仅以临床死亡时间超过48小时就不予认定工伤。遂驳回人社局的再审申请。

【评析】

传统医学认为"心跳和呼吸不可逆停止"就是死亡，这种认定死亡的标准，成为人们的生活常识和根深蒂固的观念。但是随着现代医学的发展，人们对人体生理的认知越来越深入，以脑死亡为死亡判定标准的理念被广泛提出，医学研究证明，脑死亡在目前的医学水平下是不可逆的，是一种科学的死亡认定标准。很多发达国家对此已进行了相关立法。比如，美国于1983年施行的《统一死亡确定法》，它是现代脑死亡立法的典范。日本于1997年施行的《器官移植法》，该法规定，脑死亡就是人的死亡，如果死者生前愿意捐献器官，医院可以选出有用器官挽救其他患者生命。所谓脑死亡，是指原发于脑组织严重外伤或脑的原发性疾病，致使脑的全部机能不可逆地停止，并最终导致人体死亡。脑死亡作为死亡标准对医学、法律和社会具有深远影响。

在工伤认定程序中，根据《工伤保险条例》第十五条第一款第（一）项的规定，职工在工作时间和工作岗位，突发疾病死亡或者在48小时之内经抢救救无效死亡的，视同工伤。对于“48 小时之内经抢救无效死亡的”职工，死亡标准如何确定，是以脑死亡为判定标准，还是以心肺死亡为判定标准，直接关系到工伤认定结论的作出，关系到职工及其亲属的切身利益，关系到我国工伤保险制度的完善和发展。本案曹文龙在从抢救到死亡的全过程中，医院先是诊断其属于脑死亡状态，后在家属放弃治疗后宣布心肺死亡。曹文龙被确定脑死亡的时间符合《工伤保险条例》第十五条第一款第（一）项关于“48 小时之内的”时间规定，而心肺死亡时间则超出了该时间规定。李光翠、平安公司人社局为此产生争议，即在本案工伤认定中，曹文龙的死亡时间是应当以心肺死亡时间作为判断标准还是应当以脑死亡时间作为判断标准。但是，本案双方当事人的争议实质却并非如何将脑死亡和心肺死亡作为死亡判断标准的纯学术之争，而是如何认定“在48 小时之内抢救无效死亡”的法律适用之争。解决这一争议应当从以下几方面来分析评判：

第一，从法律规定寻求解决争议的途径。《工伤保险条例》的立法本意是为了保护劳动者，为了让劳动者在工作当中因伤、因病而造成的权益损害获得保障，人社局在进行工伤认定时，应当从有利于保护劳动者合法权益的角度来进行综合评判。现行工伤认定相关的法律、法规并未对确定死亡的状态作出规定，也就是说，本案曹文龙的死亡时间是以心肺死亡时间还是以脑死亡时间作为判断标准，法律上并没有明确的规定，同时也没有相关的禁止性规定。因此，如果本案人社局根据实际情况，不以心肺死亡时间而是以脑死亡时间作为确定曹文龙死亡的时间，在法律上并没有障碍。

第二，从心肺死亡和脑死亡状态进行分析。常规的死亡大都是以心肺死亡为标准，其状态为双侧瞳孔散大固定，无对光反射，大动脉搏动消失，无自主呼吸，全心停搏。而脑死亡的状态则表现为呈深昏迷状态，双侧瞳孔散大固定，无自主呼吸，暂停呼吸机后心电监护见末梢血氧饱和度持续降低，依靠静脉泵入多巴胺、多巴酚丁胺维持血压，深浅反射均消失。也就是说曹文龙在脑死亡后，完全是靠采用呼吸机以及各种药物来维持生命体征，症状是一种不可逆的状态，随时存在心跳停止的可能。两种死亡状态最大的区别在于脑死亡状态靠呼吸机和药物来维持生命体征，保持血压和心跳，其他的身体状态二者无较大区别。因此，不论从人文关怀角度还是从医学学术角度，将曹文龙脑死亡时间作为本案工伤认定的抢救无效死亡的时间界定标准，更为符合人情和学理。

第三，从客观存在的事实出发综合考量。曹文龙在工作时间和工作岗位突发疾病送医院抢救无效死亡，医院诊断确定了其在抢救的过程中存在两种死亡状态，即符合《工伤保险条例》“48 小时”规定的脑死亡状态和超出“48 小时”规定的心肺死亡状态。而人社局在进行工伤认定时，却直接无视了脑死亡状态的实际存在，未对医院诊断确定的脑死亡状态和时间是否符合规定进行审查和评判，仅根据《居民死亡医学证明书》上记载的死亡时间作出认定。人社局作出的认定没有从客观存在的事实出发，将本案有利于行政相对人的事实和不利于行政相对人的事实均拿来比较和分析，结合法律规定和实际情形来进行判定，可能影响到认定结果的客观真实和公平公正。

第四，从脑死亡标准的具体适用作出评价。由于死亡标准的确立涉及个人多项权利的消灭，涉及多种法律关系的发生终结变动。死亡的认定标准、死亡时间的确定不仅仅影响到工伤的认定，还直接关联到其他诸多法律关系，如继承、婚姻、致人死亡类刑事犯罪等。因此，以脑死亡为死亡判定标准，首先应当虑及个案意义或者考虑其对某一类案件、某一个范围所带来的积极效果，然后循序渐进、逐步扩大其适用范围。从目前来看，虽然我国尚不具备对脑死亡标准进行单独立法的条件，但可以在某一类案件的司法解释中对涉及脑死亡标准的法律适用问题予以规制。至少在工伤认定案件中，脑死亡标准对患者及其家属乃至整个社会而言，无论从法、理、情皆应介入“48 小时”的工伤认定之中，但却不宜突破工伤认定案件之范畴。诚然，曹文龙在危重之际，其妻李光翠基于深情挚爱坚持抢救、不离不弃，符合社会伦理道德，但对于失去救治必要的患者来说，也许能够减轻家属负担，拿到最后对生命的补偿才是对其生命最后的尊重。

（作者单位：山东省高级人民法院）

新时代的行政审判

——当前的形势和任务

廖希飞

【摘要】 本文从行政审判权运行的角度，分析了行政审判存在的问题及其成因。将行政审判置于社会政治经济结构深刻转型、变革的背景下，全面分析了各种重要因素对行政审判的影响。在此基础上，反思和厘清了当前行政审判的工作思路，即行政审判应当坚持的立场、观点和方法。

【关键词】 新时代　行政审判　行政诉讼　司法改革　工作思路

一、失信与乏力：当前行政审判存在的突出问题

行政审判的现状与困难是老生常谈的问题。行政诉讼法实施后，行政审判解决纠纷功能虽然得到明显改善，但困扰行政审判的深层次问题依然存在，行政审判依然步履维艰。[①] 学者多是透过数据对现象进行分析，本文试图从司法权运行机理的角度作进一步的探讨。

（一）行政审判公正度有待提高

在法院、原告、被告三造关系中，法院的立场也就是天平的支点是偏向被告一方的。

1. 中立性是司法的基本原则。在民事诉讼中，法官与当事人的单方接触是禁止的，而在行政诉讼中，法官与行政机关工作人员的接触则是半公开的。“政府法院是一家”是双方时常挂在嘴边，并且并非言不由衷的一句话。在

---

① 何海波：“一次修法能有多少进步？——2014 年《中华人民共和国行政诉讼法》修改回顾”，载《清华大学学报（哲学社会科学版）》2018 年第 3 期。

案件审理过程中，由于一些行政机关的行政执法水平和应诉能力仍有待提高，一些法院仍需要在庭前对行政机关进行诉讼辅导，确保不出纰漏。有时双方还会召开联席会议，共同研究个案处理。

2. 独立性也是司法的基本原则。法外因素扭曲裁判结果。审判上的独立意味着法官只服从于法律。但所谓的政治大局、政府形象与领导面子、法院与政府的关系甚至二者领导之间、工作人员之间的个人关系等案外因素，会影响甚至左右案件的处理结果。在传统上，国人厌讼，尤其是在官本位下，民告官需要克服文化心理障碍和超越现实利益算计。敢告官者，往往有相当程度把握。但在实践中，原告胜诉率却畸低。[①] 因此，行政案件数量虽少，但在所有申诉案件中占比畸大，上诉率、申诉率畸高，息诉罢访难。[②]

（二）行政审判权威性有待增强

行政审判的权威性需要从法院系统内外关系中去衡量和评价。

1. 上级法院对下级法院监督指导职能弱化。行政案件上诉率、申诉率畸高，上诉、申诉案件发改率却畸低。上级法院往往从理解、体谅下级法院工作难度，而非为下级法院撑腰、纠正违法行政、改善司法环境的角度看待审判监督制度。下级法院在相当程度上“有恃无恐”，将矛盾层层上交。基层化解纠纷职能失守，案件涌向高层级法院，在法院组织体系中的分布呈倒三角态势。高层级法院疲于应付，无暇、无力提供充足制度供应，统一裁判尺度。

2. 法院对行政机关监督职能弱化。一些法院不敢、不愿监督行政机关，判决行政机关败诉率畸低[③]。一方面，裁判结果在相当程度上是可以预期的，行政机关在相当程度上已是“有恃无恐”，长此以往，导致其对法院的审判、调解工作不很支持、配合。另一方面，法院替政府“背锅”，人民群众则认

---

① 原告胜诉率其实就是被告败诉率。请参见江必新：“发挥行政审判作用　推进全面依法治国（上）”，载《法制日报》2017 年 12 月 27 日，第 9 版。

② 最高法院巡回法庭以及集中管辖的主要载体——铁路法院审理的大部分案件即为行政案件。

③ 新修改的行政诉讼法实施前的 2010—2014 年，全国法院一审判决行政机关败诉率仅为 9.1%。参见周强：“最高人民法院关于行政审判工作情况的报告——2015 年 11 月 2 日在第十二届全国人民代表大会常务委员会第十七次会议上”，载中国人大网，http://www.npc.gov.cn/npc/xinwen/2015-11/03/content_1949926.htm。新修改的行政诉讼法实施后的 2015 年、2016 年，全国法院一审判决行政机关败诉率也仅为 14.68%、14.62%。参见江必新：“发挥行政审判作用　推进全面依法治国（上）”，载《法制日报》2017 年 12 月 27 日，第 9 版。

为“官官相护”，对行政审判不满、不信任，申诉信访甚至闹庭闹访现象严重。一些行政纠纷在某种程度上已经演化为司法纠纷。

（三）行政审判不受重视

行政审判工作不受重视，也可以从法院系统内外关系中去考察。

1. 法院外部。行政审判虽然对法治至关重要，但目前却仅仅是司法的一小部分，更是法治的一小部分，与经济发展、维稳、政治大局等宏大目标相比，则更显得微弱，甚至微不足道。同时，行政审判是对上述宏大目标的主要的实际承担者——行政权力的监督和制约，因此，也就难免有时被视为掣肘而刻意忽视。

2. 法院内部。法院主要通过绩效考核对法官进行审判管理。而绩效考核主要是一种数字化的管理模式。行政案件数量本身就少，在一些法院又被视为二类案件，在绩效考核中折合案件比例较低，因此，行政审判在法院整体工作中的比重很低。基于行政审判工作的性质与现状，一些法院领导对行政审判不求有功但求无过。一些行政庭领导不想“惹麻烦”而影响自身仕途，一般只是把行政庭作为过渡、跳板，不担当、不作为现象比较突出。

二、新时代的老问题：原因分析

行政审判在本质上主要是一项监督事业。监督，是要得罪人的。难以想象不得罪人的监督如何开展。而目前，法院不敢也不愿得罪政府，法官不敢也不愿得罪领导，上级法院不愿得罪下级法院。法院、法官的职能定位与实际的职责担当在一定程度上背反。为什么会出现这些问题呢？

（一）当法治遭遇富强：法治在国家社会价值序列中的地位

目前，法治在整个国家、社会发展的价值序列中并非处于优先级。富强是中华民族梦寐以求的美好夙愿，追求富强是近代中国的历史主题。相对于富强，其他价值具有某种程度的工具性。社会主义核心价值观首要的价值是富强，居于最高层次，具有统领作用。法治是社会层面而非国家层面的价值，而且在社会层面的四项价值中位居第四。宪法序言和宪法宣誓誓言都强调要把我国建设成“富强民主文明和谐美丽的社会主义现代化强国”，首要的都是富强，而且“富强”与“强国”叠加强调。而在行政审判工作中，标识法治的行政审判监督职能与标识富强的行政施政目标会经常性遭遇，也就难免会受到挫折。

（二）司法权与行政权结构性失衡：法院在宪治体制中的地位

在历史传统上，司法依附于行政。在现行议行合一体制下，行政权仍然处于主导地位，司法权对行政权仍然具有相当的依附性。而且法院与政府、法院院长与政府首长在体制内政治地位悬殊。在一些地方政府和法院眼里，法院只不过是政府的一个部门或相当于政府的一个部门而已。

（三）司法政治化

在我国的特殊国情下，法院并不只是纯粹法治意义上的法院，它还具有中国特色的政治功能。司法工具论在一些地方党政领导和法院领导中盛行，司法在一定程度上成为协助地方党政机关维稳、保障经济发展和强化社会管理的工具。在实践中，司法中立原则在一定程度上被扭曲。讲政治、服从服务大局则在某种程度上成为地方党政领导干预司法的“合法化”路径。

（四）司法地方化

法院被深嵌于地方权力结构中，与地方存在直接的利益关联。法院的人财物受制于地方。控制了资源，也就相当于控制了资源依赖者本身。而维护资源控制者的利益，也就相当于维护自身的利益。① 在具体审判工作中，国家法制统一、尊严、权威往往要让位于以维护地方党政机关形象以及保障地方大局稳定、经济发展为标识的地方利益。在遇有败诉风险的案件时，政府机关有时会通过批示、发函、领导间正式或非正式沟通等形式，要求法院“依法处理”。

（五）司法行政化

司法地方化通过司法行政化发挥作用。地方控制法院，法院控制法官。法院内部实行行政化的管理模式，挤压法官独立意志的生成空间。一些法院领导有时会借“审判管理”之名干涉法官办案。法官在某种程度上成为贯彻执行领导权力意志的工具。请示汇报与听取汇报成风。即使法官想坚持判决行政机关败诉，有的法院领导往往也会通过不断听取法官汇报、指令法官继续做协调工作等形式消磨法官意志。一些法官也有意借此转移责任，规避风险。

① 关于司法政治化、地方化的论述，参见廖希飞：“论高级人民法院的职能——以行政审判为视角”，载《中共浙江省委党校学报》2015 年第6 期。

（六）行政法官的自我审查

当前的司法体制和司法环境在客观上决定了法官很难判决政府败诉。长此以往，法官对判决政府败诉有所顾忌，逐渐形成自我设限，遇到案件，会自觉进行自我审查，不敢越雷池一步，在主观上也不再愿意并避免判决政府败诉。于是办案失据、失准，进而影响法官专业化的养成，影响其职业品格的塑造和职业身份认同。

（七）行政审判的隐性腐败

除了司法体制和司法环境的限制外，一些法官也存在现实的利益考量。行政法官的腐败通常不是表现为显性的贪污受贿，而是一种隐性腐败。由于在我们国家和社会中，政府占据主导地位，掌握着主要的权力与资源。在行政审判工作中，通过与政府工作人员的交接，建立较为稳定和密切的联系，以谋求一定的现实利益和办事便利，成为一些法官的考虑因素。于是在审判工作中对政府刻意维护，实现权力交易。同时，对法院领导的晋升，党政机关享有很大的话语权。对法官的晋升，法院领导拥有很大的决定权。为了自己的前途，一些法院领导和法官会倾向选择好人主义，不得罪政府和领导，这在实质上形成一种变相的利益输送。

三、发展趋势与转型阵痛：当前形势对行政审判的影响

目前，国家、社会层面发生了一系列深刻变化，对行政审判工作产生了重要影响。国家社会政治经济的发展在客观上要求实现国家治理的现代化和法治化。而国家治理的现代化和法治化，需要行政审判发挥更加积极重要的作用，这是大势所趋，势在必行。总体而言，这些影响利大于弊，行政审判事业的春天虽远未降临，但已曙光初现。

（一）社会主要矛盾发生深刻变化

我国社会主要矛盾已经转化为人民日益增长的美好生活需要和不平衡不充分的发展之间的矛盾。这是统领全局的一个重要判断，决定了各个领域工作方向的转变。其中，发展的不平衡，需要公平的制度尤其是分配制度去着意矫正。发展不充分，一方面需要继续发展，另一方面也需要公平的制度去着力保障，因为发展不充分往往与权利不充分即权利匮乏相关联。在司法领

域，工作方向应当向实现公正、保障人权转变，以满足人民群众在民主、法治、公平、正义等方面日益增长的要求。但需要进一步指出的是，虽然中国特色社会主义已经进入新时代，社会主要矛盾已经发生变化，但我国的基本国情和国际地位并未改变。在法治与富强的关系中，行政审判有时仍然可能要作出妥协。

（二）依法治国方略推进落实

党的十九大指出："全面依法治国是中国特色社会主义的本质要求和重要保障……是国家治理的一场深刻革命，必须坚持厉行法治"，并决定"成立全面依法治国领导小组，加强对法治中国建设的统一领导"。依法治国的关键是依法行政，建设法治政府。《法治政府建设实施纲要（2015～2020年）》明确提出，"到2020年基本建成职能科学、权责法定、执法严明、公开公正、廉洁高效、守法诚信的法治政府"，可谓时间紧、任务重。党的十九大也指出，当前"社会矛盾和问题交织叠加，全面依法治国任务仍然繁重，国家治理体系和治理能力有待加强"。国家治理的现代化和法治化具有普适性，是大势所趋。尽管法治在一定时期内仍然很难成为国家发展的优先目标，但目标的设定本身已经显现出达成此项目标的必要性和紧迫性，而且会对法治状况的改善起到一定程度的倒逼作用。

（三）司法改革深入推进

司法改革，其中几项主要的改革措施，诸如人财物省级统管、员额制、司法责任制目前正在推进中。这些改革举措在一定程度上有利于缓解司法的地方化与行政化，有利于改善行政审判工作局面，但改革进程并非一帆风顺，法院系统内外阻力尚存。行政审判工作局面的根本改观尚待时日。但是，司法改革已如离弦之箭，是不可逆转的。行政审判工作局面也将随着司法改革的潮流而不断得到改善。

（四）社会经济发展的转型与压力

目前，我国正由经济高速增长向高质量发展过渡转型。其间应当主要靠自由的市场经济与公平的法治环境保障经济健康发展、平稳转型。将法治确立为我国治国理政的基本方略，是为适应经济基础的发展而在上层建筑领域作出的重大改革调整。但目前内忧外患——国内经济发展压力巨大，中美贸易战也对国内经济构成严峻挑战。这在一定程度上会倒逼政府加快改革进程，各地政府已纷纷积极宣传创造良好营商环境，而良好营商环境的营造离不开法治的根本保障。因为只有法治才能确保规则的明确性和行为后果的可预期性，才能给创业者提供稳定的预期。但由于地方经济下行、债务危机压力巨大，有些地方政府可能会采取一些反法治举措应急。同时，经济发展和改革过程中的问题和矛盾一旦激化会直接威胁社会稳定，中央和地方可能会强化维稳思维去应对和控制。总之，社会经济发展的转型与压力会创造行政审判发展的有利契机，但有时也可能会给行政审判造成巨大压力。

（五）党的领导强化与反腐高压态势形成

党的十八大以来，一方面，党的领导不断强化，党政机关工作人员政治素质显著提高。但在推行“一岗双责、一案双查”制度的过程中，很难区分监督与干预的界限，事前、事中监管依旧甚至有强化之势，可能会成为法院系统内外过问干预案件的合法化路径。另一方面，反腐高压态势开始形成，这在一定程度上有效遏制了腐败问题。但同时行政不作为现象开始蔓延，新官不理旧账问题突出，行政机关对调解工作的态度发生了从以往的比较配合到以怕被问责为由而消极抵触的转变。因此，当务之急是要厘清党的领导与审判工作的关系，并借助党的相关部门的力量，化行政审判的被动为主动。

（六）行政诉讼法的修改实施

新修改的行政诉讼法明确将解决行政争议作为立法目的，回归诉讼的基本功能；删除对行政机关的“维护”，强化监督，对行政诉讼主要功能正本清源；建立立案登记制，解决行政诉讼立案难问题；建立集中管辖制度，为破解地方干预营造良好司法环境；建立行政机关负责人出庭制度，告官要见官，“擒贼先擒王”，抓关键少数；建立规范性文件附带审查制度，从源头上减少行政争议。这些立法修改、制度建构目前虽然在实践运行中仍然存在一些问题，但却为行政审判事业长足发展扫清了认识障碍，提供了制度保障。

四、当前行政审判工作思路

做好行政审判工作，既要脚踏实地，又要仰望星空；既要坚持问题导向，又要坚持目标导向。只有坚持问题导向，才能集中力量，各个击破当前迫切需要解决的难题。只有坚持目标导向，才能指明未来一段时期内努力工作的方向，防止在一个个问题中迷失。因为如果方向错误，则越努力越错。

（一）行政审判的立场：为了谁

关于行政审判许多问题的观点之争，往往归根结底是立场之争。屁股决定脑袋。立场决定观点，决定认识问题和解决问题的角度和方式。甚至，立场决定品格，决定对底线和原则的坚守。

1. 以人民为中心。党的十九大指出：必须坚持以人民为中心的发展思想，“必须坚持人民主体地位，坚持立党为公、执政为民，践行全心全意为人民服务的根本宗旨，把党的群众路线贯彻到治国理政全部活动之中，把人民对美好生活的向往作为奋斗目标”。行政审判工作也必须坚持以人民为中心。“依法保护行政相对人合法权益，是行政审判的首要任务[①]。”行政审判的主要目的和功能在于保障原告合法权益，监督行政机关依法行政。尤其在行政权力强大，公民权利相对弱小的情况下，行政审判的正义在于扶弱抑强。因此，行政审判以人民为中心，在很大程度上就是以原告为中心。虽然人民的概念不同于公民，但如果人民在执法、司法工作中不能具体化为公民，则将陷入政治虚无中。[②] 在行政审判工作中，应当始终坚持以人民需求为导向，把党的群众路线贯彻到行政审判工作的每一个环节，切实解决人民群众反映强烈的行政审判“立案难、审理难、执行难”问题，着力提高办案质量和司法公正度，努力让人民群众在每一个司法案件中感受到公平正义，并因地制宜推出更多便民、利民、亲民司法举措，切实提升人民群众的司法获得感。

2. 捍卫党的执政根基。党的十九大指出：“人民是历史的创造者，是决定党和国家前途命运的根本力量……一个政党，一个政权，其前途命运取决于人心向背。”司法是公平正义的最后一道防线。公正司法，维护社会公平正义，提高司法公信力，对于密切党与人民的血肉联系，维护人民对党的信任与信心，捍卫党的执政根基，具有极其重要的作用。目前，官民矛盾尖锐，政府违法侵害人民合法权益的现象，已经严重侵蚀政府的公信力和党的执政基础。对于官民矛盾，宜疏不宜堵。如果官民矛盾长期不能得到依法妥善解

---

① 《最高人民法院关于加强和改进行政审判工作的意见》（法发〔2007〕19号）。

② 人民是与敌人相对立的政治概念，而目前在国内，只有被剥夺政治权利的极少数人可以称得上敌人。其他矛盾一般都属于人民内部矛盾。同时，在政治话语中，人民是与党和政府相对应的概念，强调的是党和政府要全心全意为人民服务，强调的是人民与党和政府的鱼水关系，强调的是要处理好党群、干群关系。从这个角度，人民虽然是一个整体概念，但又是一个抽象于个体却又不能绝对超脱于个体的概念。因为脱离具体工作、脱离具体工作中的个体谈人民、人民性，无异于政治骗术。

决，则严重影响司法公信力、政府公信力以及党的执政根基。如果政府、法院两头堵，人民没有出路，则社会安全稳定的大局终将决口，党的执政地位将发生动摇。

（二）行政审判的功能定位

《行政诉讼法》第一条规定的立法目的，亦即行政审判的功能有三：解决行政争议，保护原告合法权益，监督行政机关依法行使职权。由于公民权弱、行政权强，三者在根本上其实是一致的，不存在矛盾。

1. 解纷，即解决行政争议，是行政审判的基本功能。司法的基本功能是解决纠纷，定分止争，行政审判也不能例外。2014 年修改行政诉讼法时，增加了“解决行政争议”这一立法目的，对此前努力实质性化解争议的审判实践作出总结式回应，弥补了单纯强调行政行为合法性审查的不足。修改后的行政诉讼法，围绕解决行政争议做了一系列的制度安排。但其中最重要且被最经常运用的是调解，它也被视为实质性化解行政争议的主要方式。但问题是，在当前人民群众法治意识和利益诉求日益高涨，行政机关不作为、不配合、消极抵触的情况下，调解工作很难有效开展。而且调解不成后，也无法回避监督问题。即使有学者主张要建构开放合作型行政审判模式，但其也进一步指出，这“并不意味着司法机关可以完全放弃对行政行为的合法性审查，也不意味着司法机关可以一味采取模糊、迁就的方式寻求行政纠纷的功利性化解……对于我国现阶段行政审判制度的使命来说，不能因为官民矛盾纠纷化解的紧迫性就放弃了对权利保护和监督行政的追求”。①

2. 救济，即保护原告合法权益，是行政审判的核心功能。这是由以人民为中心的司法工作路线和行政审判工作的性质与宗旨决定的。无论是实质性化解争议还是监督行政权力，都围绕保护原告合法权益而展开，都以保护原告合法权益为出发点和落脚点。在违法行政行为侵犯原告合法权益的情况下，要么实质性化解争议，要么依法判决行政机关败诉，得给原告一条出路。要

① 章志远：“开放合作型行政审判模式之建构”，载《法学研究》2013 年第 1 期。虽然章志远教授主张一种以促进行政纠纷实质性化解、实现司法与行政良性互动、程序运作主体多中心主义为特征的开放合作型行政审判模式，但其仍主张该模式须以适度抗衡为前提，并在该文最后强调：“在开放合作型行政审判模式的建构中，对这些行政审判制度内在的发展规律必须予以认真对待，避免行政诉讼的价值在模式重构的旗号下被扭曲。”需要指出的是，该模式除调解外，仍缺乏真正有效的制度支撑。而当前出现的调解难，已经证明该模式在一定程度上走进死胡同。没有强有力的监督做后盾，就不能保障调解的实效性。

杜绝审判实践中既不化解争议，也不依法监督，不给原告出路的现象。注意在这里是对原告合法权益的全面保护，而非仅指涉实体权益。在审判实践中，对行政行为的审查也存在“轻程序重实体”的现象。不能因为行政行为只侵犯了原告的程序权益而非实体权益，就不再保护原告。

3. 监督，即限制行政权力，监督行政机关依法行使职权，是行政审判的主要功能。行政诉讼的基本原则是行政行为合法性审查原则。“行政诉讼的功能主要是对行政机关行使职权的一种司法监督。”① 即使行政诉讼法立法目的增加了“解决行政争议”一项，也旨在通过合法性审查，以法治的方式解决行政争议。② 强调监督，并不否定实质性化解争议，而是强调通过监督形成的权威是实质性化解争议、保护原告合法权益的坚硬内核。实践证明，解决争议也需要权威作保障。而行政审判的权威主要来自严格依法公正司法，即对行政权强有力的监督。没有强有力的监督做后盾，调解工作就得不到原、被告双方应有的尊重和配合，很难有效开展。行政审判要“密切关注司法内生风险，加快转变司法发展方式，在定分止争基础上将更多精力放到公正司法、依法裁判上来，放到更高层面的确立裁判规则、规范社会关系、引导社会走向、减少不必要的诉讼上来，优化司法供给结构，朝着专门化、专业化、精细化方向发展”③。只有加强个案监督，才能对被告具有法治规范意义，才能引导其走上依法行政的轨道，才有可能通过一个案件消灭一类案件。

（三）放权：让行政审判职能本位回归

行政审判工作领域中存在的乱象在很大程度上是行政审判的职能、角色定位混乱造成的。要搞好行政审判工作，就要对行政审判放权，让行政审判职能本位回归，就要厘清如下几对关系。

1. 党的领导与审判独立。目前，关于党的领导方式问题的认识正在变得混乱、模糊。刚刚经历“文革”的党中央对法治缺失的危害性曾作出过极为深刻和彻底的反思。这种反思主要集中体现在中共中央在“文革”后作出的第一个关于法治的决议——《关于坚决保证刑法、刑事诉讼法切实实施的指示》中。该指示指出，党对司法工作的领导主要是方针政策的领导。加强党

---

① 信春鹰主编：《中华人民共和国行政诉讼法释义》，法律出版社 2014 年版，第 6 页。

② 信春鹰主编：《中华人民共和国行政诉讼法释义》，法律出版社 2014 年版，第 4～5 页。

③ 沈德咏：《履行好人民司法事业的时代使命》，载《人民日报》2018 年 1 月 15 日，第 7 版。

对司法工作的领导，最重要的就是切实保证司法机关独立行使职权。任何人不尊重法律和司法机关的职权，这首先就是损害党的领导和党的威信。认为服从党的领导就可以违背法律规定的想法是极端错误的，必须坚决纠正。关于党的领导和司法工作的关系的认识，应当统一回归到该指示上来。

习近平总书记指出："司法体制改革必须为了人民、依靠人民、造福人民。司法体制改革成效如何，说一千道一万，要由人民来评判，归根到底要看司法公信力是不是提高了。"① 法律是党领导人民通过人大立法程序制定的。法院依法独立办案，就是在根本上坚持党的领导和维护党的威信。如果法院屈从于一时的政策和个别领导的指示，则是在根本上以领导个人意志取代集体意志，就是借组织之名以权代法，以地方或部门利益取代国家或全局利益，从而损害司法公信力，损害法制的统一、尊严和权威，也就是在根本上否定党的领导和威信。司法只有回归其原本的角色，摆脱泛政治化立场，才能切实履行好宪法赋予的依法独立审判的神圣职责。

2. 领导监督与法官独立办案。习近平总书记要求："司法人员要刚正不阿，勇于担当，敢于依法排除来自司法机关内部和外部的干扰，坚守公正司法的底线。"② 要继续深入推进司法改革，为法官公正司法提供体制环境保障。坚定推行司法责任制，实行合议庭和独任法官负责制，让审理者裁判、裁判者负责，实现审判工作扁平化。杜绝领导对案件审理的事前、事中监督，事后监督则交由法官惩戒委员会。鉴于行政案件的特殊性，可以考虑将审委会意见定性为咨询性，③ 如果审委会认为有必要，可以组成合议庭对案件进行审理。

3. 司法克制与有限能动。司法应当保持谦抑克制的品性，但行政诉讼不仅是主观诉讼，而且在相当程度上也是客观诉讼，其重要功能在于维护客观

---

① 转引自"司法体制改革：为了法治国家的公平正义"，载中国共产党新闻网 http：//theory. people. com. cn/n/2015/0706/c40531 －27257629. html。

② 习近平："加快建设社会主义法治国家"，载中国共产党新闻网 http：//theory. people. com. cn/n/2015/0105/c83846 －26323829 －2. html。

③ 行政案件具有很强的专业性，但在实践中，审委会委员构成多为民庭、刑庭出身，办理过行政案件的委员一般只有1名甚至没有，很难给予行政法官专业的法律意见。通常情况下，很难形成统一的意见，或者要求法官继续沟通协调，或者要求法官向上级法院沟通请示。

法秩序。[1] 因此，在行政审判中，不能完全采用当事人主义，而应当辅以必要的职权主义。法律、司法政策也要求法院对原告进行指导释明[2]，通过提出司法建议、发布行政审判白皮书及典型案例，对规章规范性文件的立改废提出建议，与政府良性互动。其中，尤其要注重发挥司法建议在规则引导、政策形成中的重要作用，力求为普遍性法律问题寻找制度化的解决途径，引导行政机关在依法行政轨道上运行，从源头上规范行政行为，从根本上减少行政争议。

（四）行政审判的朋友：依靠谁

在行政审判工作的关系场域内，法院系统外涉及的主要主体有：党委（政法委）、人大、监察委、行政机关、原告、律师、专家学者、社会公众。

1. 党委（政法委）。党委领导各党政机关，需要平衡协调各方关系，统领工作，是可以争取支持的重要力量。因此，需要协调各方关系的大要案[3]、行政审判遇到的重大体制性制度性难题、行政审判整体工作情况等重大事项应当向党委汇报。但由于法治在整个国家社会发展的价值序列中，并非处于优先级，行政审判有可能会在平衡协调中需要作出妥协、牺牲。

2. 人大。法院由人大产生，对人大负责，并接受人大监督。人大整体上对行政审判工作持理解、同情和支持态度。行政审判遇到的重大体制性制度性难题、行政审判整体工作情况等重大事项应当向人大汇报。但由于在人大代表构成中，领导干部、企业主群体比重较大，与具体案件有利害关系的这一部分人大代表，可能会成为具体个案的阻挠、干涉力量。

3. 监察委。监察委对公职人员监察全覆盖，其中主要的监督对象是党和国家设定的各项施政目标的主要的具体实施者——行政机关工作人员。可以说，国家监察与行政审判功能取向一致。第十九届中央纪委第二次全体会议也明确要求加强检察机关与审判机关的工作衔接，把制度优势转化为治理

---

① 邓刚宏认为，行政诉讼性质的特殊性、行政诉讼立法目的层次性及其内在逻辑性、行政诉讼法律关系的特殊构造、行政诉讼审理对象决定了我国行政诉讼应当定位为客观法秩序维护功能模式。参见邓刚宏："论我国行政诉讼功能模式及其理论价值"，载《中国法学》2009 年第 5 期。

② 《行政诉讼法》第五十一条第三款、《最高人民法院关于适用〈中华人民共和国行政诉讼法〉的解释》第八十条、第九十四条第二款、第九十五条都规定了法院对原告的指导和释明义务。

③ 《最高人民法院关于当前形势下做好行政审判工作若干问题的意见》要求，法院要坚持大要案报告制度，特别是涉及国家重点项目建设、重要政策，或者可能导致矛盾激化和事态扩大的案件，要及时报告当地党委。

效能。[①]因此，监察委是行政审判的“战友”，是行政审判可以依靠的坚强力量。

4. 行政机关。行政机关是行政审判的监督对象。依靠行政机关，无异于与虎谋皮。但行政机关如欲促进依法行政，则需要法院的智力支持。司法政策上也要求法院给予行政机关必要智力支持。[②] 因此，法院可以与行政机关进行抽象层面的规范性互动，但应当杜绝个案互动。同时，行政诉讼调解工作也需要取得行政机关的配合支持。当然，如调解不成，则应当及时依法裁判。

5. 原告。在行政权力强大、公民权利弱小的形势下，原告需要法院的支持。以人民为中心的审判工作宗旨也要求法院应当给予其必要支持。尤其是在民生类案件中，要加大对原告实体权益的保护力度。

6. 律师。基于目前的行政诉讼现状，多数律师不太愿意代理行政案件，如果代理也更倾向于代理被告。原告聘请律师时，也通常倾向于聘请外地律师。被告律师通常也“有恃无恐”，对案件不很尽心尽责，原告律师则与法院处于“敌对”或者“假想敌”状态。但要实现行政审判的职能，无论是解决争议还是监督行政，律师是应当积极争取其配合、支持的力量。

7. 专家学者。专家学者对行政审判普遍是“哀其不幸”，也就是持理解、同情态度。在一些与政府存在较大争议的法律问题上，可以引入专家学者，提供必要的智力支撑和舆论支持。但大部分专家学者对自媒体时代具有一定社会影响但却存在严重偏差的行政裁判普遍失声，未能及时给司法实务界提供有力的反思和批判。“正因为当前我国的法律共同体还没有牢固地形成，和平、理性的法律议论的基础还很脆弱，导致司法判决常常反复无常。”[③]

8. 社会公众。社会公众具有朴素的正义理念，理解、同情和支持行政审判工作，是可以依靠的稳定的重要力量。因此，对于行政审判的重点、热点、难点问题以及其他重大事项，要经常性地及时通过新闻媒体和自媒体向社会公布，以争取社会公众的理解和支持。

---

① “中国共产党第十九届中央纪律检查委员会第二次全体会议公报”，载央视网 http：//tv. cctv. com/2018/01/13/VIDELuRlGQ2hmqcLoyg2Fsl7180113. shtml。

② 《最高人民法院关于当前形势下做好行政审判工作若干问题的意见》要求，法院要主动建言献策，促进依法行政，不断强化行政审判的服务功能。

③ 何海波：“行政诉讼受案范围：一页司法权的实践史（1990－2000）”，载《北大法律评论》2001年第4卷第2辑。

（五）作为方法论的平衡论：行政审判的“三国演义”

简言之，行政审判是公民权、司法权、行政权的三方博弈。平衡论的核心要义在于促进和实现权利与权力的平衡。“行政法的平衡状态是行政机关与相对方之间形成的兼容非对等性的权利抗衡状态，是行政法的最优化状态。平衡同时是实现行政法最优化状态的一种方法。”① 要在深刻理解社会主要矛盾变化的基础上，主动适应新常态，转变思维，不断探索行政审判工作新思路、新方法，继续加大行政审判监督力度，及时依法纠正行政机关违法行为，并努力做到实质性化解行政争议。而要平衡原、被告，就要做到合力、助力、卸力、借力。

1. 合力。行政权强、公民权弱，要实现二者的平衡，只能限制权力，保障权利，这也是法治的要义。在三造关系中，公民权最弱，司法权次之，行政权最强。游戏规则要进行下去，弱者要争取自己的生存和发展空间，则只能走弱弱联合的道路，抗衡强权。即公民权和司法权联合制衡行政权，这应当是行政审判坚持的基本工作路线。否则，司法权和行政权合作、联合，由于弱小的司法权无力界定二者合作的界限，其结果最大可能是二者实现某种程度上的共谋，导致民不聊生。

2. 助力。要实现这种联合，就要给予原告必要的诉讼指导，提供某些有利条件，补强其法律知识和诉讼能力的不足。（1）要对原告进行必要的法律释明和诉讼指导；（2）对于经济条件困难、法律知识和诉讼能力严重不足的原告，可以协助申请必要的法律援助；②（3）对于房屋、土地征收等社会影响重大、行政执法不规范、对人民群众重大权益产生重大影响的案件，要采用必要共同诉讼③、大合议庭制④进行审理，实现原告的组织化，以有效抗衡

① 罗豪才、甘雯：“行政法的‘平衡’及‘平衡论’范畴”，载《中国法学》1996年第4期。

② 2018年1月26日，南通市中级人民法院、市司法局、市政府法制办公室联合制发《南通市行政诉讼法律援助工作的规定（试行）》，规定在经济困难之外，新增诉讼实施能力较差的公民也可以申请法律援助。这对于助力原告补强诉讼实施能力，平衡行政诉讼法律关系，具有积极意义。

③ 《最高人民法院关于适用〈中华人民共和国行政诉讼法〉的解释》第二十七条已经明确规定，必须共同进行诉讼的当事人没有参加诉讼的，法院应当依法通知其参加。这就为法院改变以往对原告一案一审，实行分化处理、分而治之的审判策略，设定了义务，提供了契机。同时，对于纠正实践中所谓的示范诉讼、标准诉讼等剥夺其他原告意见表达、利益代表权利等违反正当程序的审判工作模式，具有重要意义。

④ 《人民陪审员法》第十六条已明确规定，行政公益诉讼案件，涉及征地拆迁、生态环境保护、食品药品安全，社会影响重大的一审案件，由人民陪审员和法官组成七人合议庭进行审判。

行政权，倒逼依法行政。

3. 卸力。为削弱以往法院对行政机关的维护，应当：（1）禁止法院在审理具体案件中与行政机关单方接触；（2）为破解地方干预，应当坚定推进人财物省级统管，必要时脱离地方，由中央统管；（3）以推动建立行政法院为长远目标，现阶段继续以管辖制度改革为突破口，全面推行异地管辖，① 时机已经基本成熟。

4. 借力。主要是借助监察委的力量，弥补法院自身权威性不足。联合监察委，建立双方联动的工作衔接机制。（1）在一些社会影响重大以及行政机关工作人员可能存在职务违法侵权的行政案件中，引入监察委派员参与行政审判，对行政机关工作人员进行监察；（2）监察员参与调解，协助配合法院实质性化解行政争议；（3）监察员出具监察情况报告，建议监察委对相关责任人员作出处理，并提交法院备案；（4）发现相关责任人员违法违纪需要依法处理的，法院应当依法将相关材料移送监察委②或者提出司法建议。

（六）高层级法院以上率下，提振行政审判系统

行政审判工作开展的情况在很大程度上取决于上级法院与法院领导的品格与能力。高层级法院如不作出表率，势必上行下效，导致出现行政审判工作生存和发展陷入困局的系统性危机。要提振行政审判系统，则首先需要高层级法院以上率下。

1. 加大监督力度。根据宪法法律规定，上级法院具有监督下级法院之责。只有上级法院强化监督职能，在下级法院头上高悬达摩克利斯之剑，才能确保下级法院的办案质量和司法公正，即以监督促公正，才能避免下级法院将矛盾层层上交，使上级法院身陷案件泥潭而不能自拔。要避免将大量案

---

① 行政诉讼大省河南、山东率先全面推行行政案件异地管辖，为全国层面全面推行积累了宝贵实践经验。2014 年 5 月 20 日，河南高院印发《关于行政案件异地管辖问题的规定（试行）》，规定对行政案件采取异地管辖，2015 年又推出了推磨式管辖。2017 年 11 月，河南进一步扩大异地管辖行政案件范围。自 2014 年实行异地管辖以来，河南受理一审行政案件由 2014 年的 12881 件增至 2016 年的 20770 件，居全国第一位；一审行政案件原告胜诉率由改革前 2013 年的 10.17% 升至 2016 年的 19.38%，每年都高出全国平均值 4 至 6 个百分点；行政机关负责人出庭率由 2014 年的 6% 升至 2016 年的 26.7%；生效裁判的服判息诉率由改革前 2013 年的 84% 升至 2016 年的 96.2%，每年都高出全国平均值 2 至 7 个百分点。（参见段伟朵："河南省行政案件异地管辖制度迎'升级版'管辖范围扩大"，载大河网 https://news.dahe.cn/2017/11-21/224426.html。）自 2018 年，山东省基层法院全面推开以当事人选择管辖为核心的跨行政区划管辖行政案件试点工作机制。

② 《行政诉讼法》第六十六条有明确规定。

件集中到高层级法院，尽量将矛盾化解在基层，就要切实增强基层法院和法官化解矛盾的意愿和能力。实践证明，行政审判的权威，无论是系统内上级法院对下级法院的权威，还是系统外法院对行政机关的权威，都是建立在监督的基础上。离开监督谈权威，则如空谈空中楼阁。没有强有力的监督做后盾，则如无爪牙之虎，就不可能真正树立强有力的权威，不可能获得应有的尊严和尊重。

2. 加强制度供应。(1) 要对行政审判工作中遇到的争议较大、迫切需要解决的法律适用疑难问题，加大调研力度，及时制定司法规范性文件，指导审判工作；(2) 要加强制度建设、机制创新，在提高办案质量、促进司法公正、改善司法环境上下功夫，加大调研力度，及时形成方案并进行试点，待经验成熟再行推广；(3) 对下级法院探索的行之有效的工作制度、机制，要加大宣传推介力度，并适时推广，促进下级法院之间形成良性竞争态势。

3. 统一裁判尺度。(1) 最高法院本部及巡回法庭之间应当尽快建立裁判尺度统一机制；(2) 推进大数据、人工智能和信息化等信息科学技术在行政审判的深度运用，自动生成并推送类案处理情况分析报告，供法官办案参考；(3) 通过及时公布典型案例，宣传行政审判工作，统一裁判尺度。

五、结语

行政审判工作开展是否良好，是评价依法治国的重要标准。中央和地方对待司法体制改革、行政审判的态度，是检验中央和地方推进依法治国、依法行政诚意与决心的试金石。“在一个社会里，任何理想得以最大限度的实现，取决于理想被忠实的概念化，取决于提供的价值被领会的程度，取决于社会态度对它的支持程度，取决于是否及时的组织起支持群体。”① 行政审判难，主要根源在于司法体制。司法体制改革本身艰巨复杂，行政审判系统应当凝聚共识、形成合力，不遗余力地去予以推动。同时，积极宣传行政审判的立场、观点，以影响中央和地方的态度。

法院和法官很难突破体制的桎梏，但这不是无所作为甚至不作为的理由。在体制框架内，仍然存在积极能动的作为空间。对体制的全面突破不易甚至

① ［英］罗伯特·萨莫斯：《形式法治论》，转引自夏勇编：《公法》第二卷，法律出版社2002年版，第106页。

不可能，但可以创造条件争取点的突破甚至线的突破。应当公开各地行政审判工作情况，积极宣传先进工作机制和方法，倒逼地方积极开展工作，促进各地间形成良性竞争态势。

行政审判的力量之源在于人民。只有坚定地走以人民为中心的发展道路，一切为了人民，一切依靠人民，不断强化监督职能，切实化解行政争议，才能树立司法权威，提高司法公信力，扭转行政审判工作的不利局面和消极形象。当前形势趋好，行政审判系统更应该积极进取，奋发作为，开创行政审判工作新局面，迎接行政审判的春天。

（作者单位：天津市津南区人民法院）

调查研究

行政公益诉讼案件立案审查的实践、问题与化解

——关于安徽三年来行政公益诉讼案件调研*

周 辉 陈 默

【摘要】行政公益诉讼制度在2015年试点改革、2017年立法修法、2018年两高出台司法解释之后，相关的审判实践如火如荼，案件不断增多，问题不断呈现。本文以检察机关向人民法院提起行政公益诉讼的立案环节为审查视角，以安徽法院审理行政公益诉讼的实践案件为素材，基于客观诉讼的本质回归和公益诉讼中检察监督权的本源出发，对我国行政公益诉讼的立案审查中的问题予以分析，主要包括受案范围、司法审查必要性、前置程序和启动等方面对作相应探讨，以期为行政公益诉讼立案审查的有序开展和实践运作提供可以指导的基本遵循。

【关键词】行政公益诉讼 立案审查 问题 化解

一、问题的提出：法院对行政公益诉讼案件如何立案审查？

行政公益诉讼制度在2015年试点改革、2017年立法修订、2018年两高司法解释之后，相关的审判实践如火如荼，案件不断增多，问题不断呈现。2018年3月最高人民法院最高人民检察院颁布《关于检察公益诉讼案件适用

* 本文是安徽省高级人民法院党组副书记、副院长周榕同志主持的安徽法学会2018年课题《关于行政公益诉讼的调研》的阶段性研究成果。

法律若干问题的解释》（以下简称《检察公益诉讼解释》），对检察公益诉讼两年来的试点改革予以总结。尽管该解释充分吸收了《全国人民代表大会常务委员会关于授权最高人民检察院在部分地区开展公益诉讼试点工作的决定》《人民检察院提起公益诉讼试点工作实施办法》等规范性文件的相关规定，但是该解释对法律条文的设计仍过于原则，对程序启动、适用条件、具体路径等缺乏细致规定。

检察行政公益诉讼流程，表现出多阶段多中心审查重点不断挪移的特征。检察机关向法院提起行政公益诉讼的立案环节，法院应当按何种标准审查，既是审判实践中面临的现实困惑，也是行政公益诉讼亟须解决的理论空白。例如，在立案条件上公益诉讼应遵循何种基准？法院在审查公益诉讼案件时应建立何种立案审查标准，其进入诉讼程序的入口关应如何把握？除了遵循部分传统私益诉讼的立案审查规则外，是否还须特别考量建立公益诉讼独有的立案审查规范。审判实践中公益诉讼案件的立案，面临着受案范围界定不明、审理深度广度界限不清、被告确定缺少操作标准、诉讼请求不明等实践难题，亟须法官在审判实践中充分发挥司法智慧，利用审判经验去衡量和判断，建构区别于私益诉讼的立案审查标准，以期为行政公益诉讼的实践开展提供可行的操作依循。

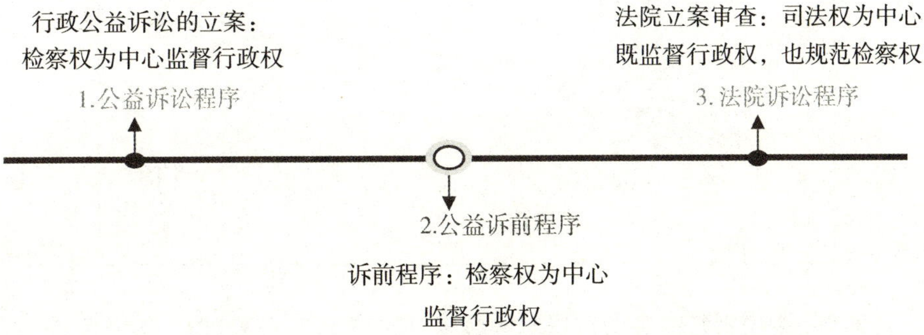

图1　检察行政公益诉讼多阶段多中心之审查重心之挪移

本文以检察机关向人民法院提起行政公益诉讼的立案环节为审查视角，以安徽法院审理行政公益诉讼的实践案件为素材，基于客观诉讼的本质回归和公益诉讼中检察监督权的本源出发，对我国行政公益诉讼的立案审查中的问题予以分析，主要包括受案范围、司法审查必要性、前置程序和启动等方面作相应探讨，以期为行政公益诉讼立案审查的有序开展和实践运作提供可以指导的基本遵循。

二、行政公益诉讼案件的立案与立案审查的实践探索

（一）行政公益诉讼案件的立案实践

自2015年7月1日起，全国人大授权开展检察机关公益诉讼试点，安徽作为试点省份之一，为推进行政公益诉讼试点工作健康有序开展，安徽法院三级联动，积极稳妥受理检察机关提起的行政公益诉讼案件，至2018年7月，各试点检察机关共发现公益诉讼案件线索441件，其中行政公益诉讼案件线索377件，以涉案领域划分，生态环境和资源保护领域276件、国有土地使用权出让领域93件、国有资产保护领域55件、食品药品安全领域17件（图2）。

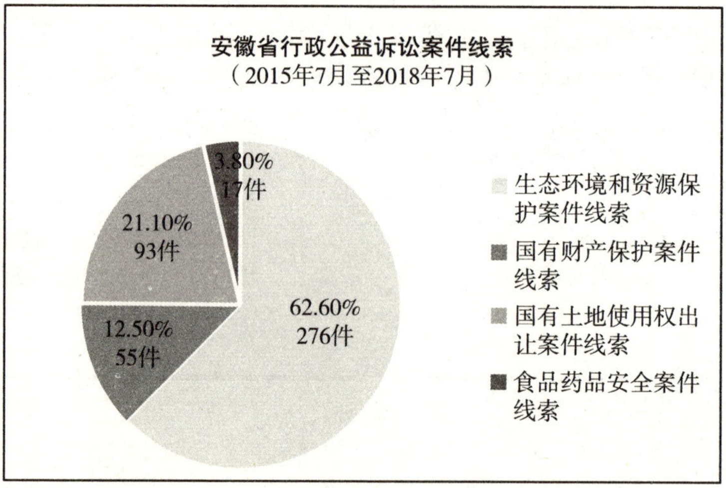

图2　安徽省行政公益诉讼案件线索（2015年7月至2018年7月）

行政公益诉讼案件进入立案审查阶段的共126件，其中有8件属于请示和移送管辖类案件，涵盖安徽省所有地市（淮北市共四件指定其他法院审理）（图3）。在安徽省所立案审查的118件案件中，生态环境和资源保护领域47件、国有土地使用权出让领域40件、国有资产保护领域31件、食品药品安全领域0件，涉及环境保护、商粮、财政、土地、人民防空等众多行政

主体（图4）。

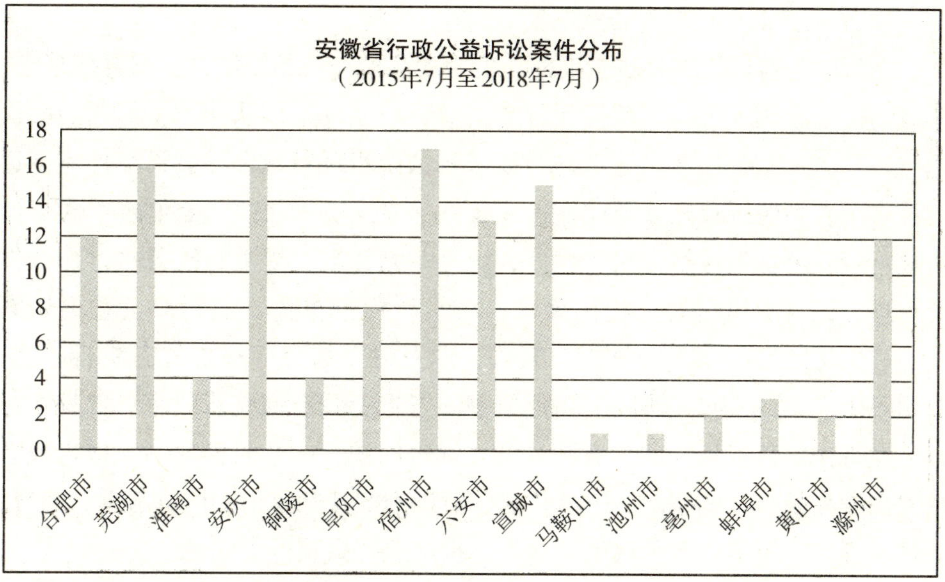

图3　安徽省行政公益诉讼案件分布（2015 年 7 月至 2018 年 7 月）（单位：件）

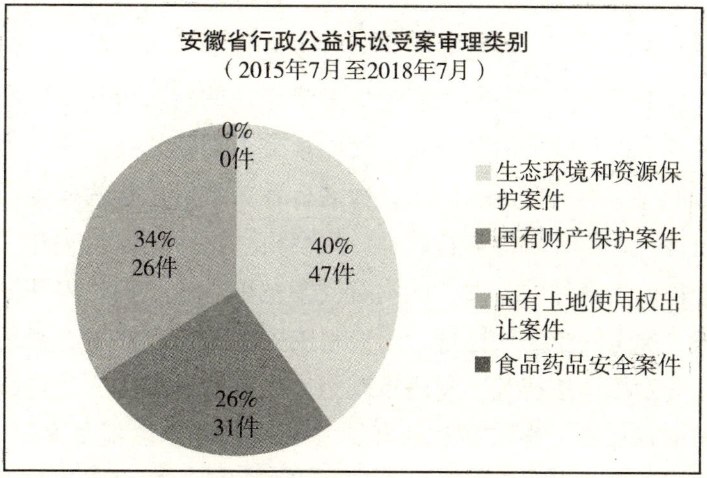

图4　安徽省行政公益诉讼受案审理类（2015 年 7 月至 2018 年 7 月）

（二）行政公益诉讼案件立案审查的实践探索

1. 建立立案受理层报备案制度

在行政公益诉讼案件试点期间，安徽省高院与省检察院共同召开座谈会，形成《关于办理人民检察院提起行政公益诉讼案件适用法律若干问题的会议纪要》（以下简称《会议纪要》），要求各法院审理行政公益诉讼案件应当逐案报告至省高院行政庭，至此，正式建立了立案受理层报备案制度。为了严格执行行政公益诉讼案件报告制度，统一裁判标准，规范行政公益诉讼案件的审理，该《会议纪要》提出要求：一是对检察机关提起行政公益诉讼案件，有关法院发出立案通知书三日内，应及时逐级书面报告省高院行政庭；对拟不予立案的，有关法院应当形成书面意见上报省高院行政庭。二是在行政公益诉讼案件审理期间，遇到复杂、疑难问题，应及时形成书面报告或者携卷向省高院行政庭请示。三是行政公益诉讼案件判决前，应将起诉、答辩、审理及处理意见等内容形成书面报告，报送至省高院行政庭。

2. 行政审判庭参与立案审查

2015 年的行政诉讼法修改确立了“立案登记制度”，对人民法院依法应该受理的案件，做到有案必立、有诉必理，保障当事人诉权。三年来，立案登记制度在有效解决行政诉讼立案难问题上发挥的显著功效不言而喻，行政诉讼案件大幅上升。不仅有利于充分保障当事人的行政诉权，提升司法公信力，而且有利于提升政府治理能力，促进社会治理法治化。但作为制度改革的产物，其也存在不可规避的问题，加之行政公益诉讼作为新生事物，制度体系仍不完善，并且其自身的特殊性，检察机关这一国家机关作为原告，审判实践中公益诉讼案件的立案，面临着受案范围界定不明、审理深度广度界限不清、被告确定缺少操作标准、诉讼请求不明等实践难题，亟须法官在审判实践中充分发挥司法智慧，利用审判经验去衡量和判断，建构区别于私益诉讼的立案审查标准。在安徽省已经建立的立案受理层报备案制度框架下，对于基层法院立案也提出一定要求，即立案庭与行政审判庭加强沟通，由行政审判庭参与立案审查，一定意义上，是在原有的立案登记制度下根据实践需求进行的变通方式。

3. 复杂疑难案件与检察部门进行会商沟通

安徽省在行政公益诉讼试点期间，人民法院对于复杂疑难案件便积极与检察部门进行会同协商，大量案件在诉前程序中得以解决，对需要提前诉讼的案件共同引导进入诉讼程序，推动起诉案件依法及时审理。试点伊始，省检察院与省法院就公益诉讼案件的管辖、庭审程序、撤诉抗诉等问题达成共识，会签了《会议纪要》，下发指导全省试点。2017 年，省高级法院又发文《关于严格执行行政公益诉讼案件报告制度的通知》，就行政公益诉讼案件的受理、管辖、审理等专门提出要求，进一步完善公益诉讼案件审理的实体、程序问题。在法检共同合作下，试点以来，受理了一批在全国具有影响力的案件，案件类型覆盖四大受案范围，且全省各市均有案件受理。

三、行政公益诉讼案件立案审查应注意把握的具体问题

（一）检察机关提起公益诉讼应否遵循检察监督的补足属性

案例：安徽省芜湖县检察院诉被告南陵县城管局其他行政管理行为违法案①。县城管局临时设建筑垃圾堆放点对环境造成恶劣影响，县环保局已向被告发函要求消除污染，随后县环保局、水务局发函要求被告立即制止非法倾倒建筑垃圾的行为。县检察院在履行职责中发现，被告未按环保、水务部门要求采取整改和补救措施，向被告发出检察建议书，要求加强对建筑垃圾处置的管理并保障城市市容和环境卫生；依法规划建筑垃圾消纳、综合利用等设施的设置。被告未在法定期限书面回复检察机关。县检察院向法院提起公益诉讼，请求确认南陵县城管局设置建筑垃圾堆放点行为违法；判令县城管局立即停止倾倒垃圾并对环境污染采取补救措施。

问题：针对违法行为提出的确认之诉，应否考量在包含行政权监督、立法权监督、司法权监督、检察权监督等多维的对违法行政行为的监督体系中，是否确有必要由检察机关通过提起公益诉讼的方式维护公共利益，即有无其他更优监督方式从而无须在本案中启动行政公益诉讼的检察监督。

分析：提起行政公益诉讼的检察监督权应否启动，需要结合以下几个层面来考虑。第一，县城管局违法临时设置垃圾堆放点的行为，在已被环保局和水务局进行行政监督的过程中，检察机关是否有必要开启公益诉讼监督？第二，如果启动公益诉讼监督实属必要，则环保局对被告的行政权监督和检

---

① 安徽省芜湖县人民法院（2017）皖 0221 行初 06 号。

察院提起公益诉讼的检察监督，两种监督方式哪一个具有优先权？对这个问题的回答，涉及前述检察监督的定位问题，即其在整个行政监督体系中其监督的位序如何的问题。尤其是在行政监督已经开展的过程中，检察监督还有没必要介入。根据行政公益诉讼原理，公益诉讼作为一种客观诉讼，检察监督应当作为一种例外监督、特别监督、补充监督的方式而存在，检察监督在整个对行政权的监督体系中应定位为补足性、后续性法律监督为宜。第三，行政权监督较检察权监督具有专业优势。考虑到行政权的监督因具有高度的专业性，其应当具有优先性，而检察监督因在开展过程中有些内容仍需得到行政机关的支持，如本案中县环保局所作的环保测量等成为检察院向法院提起诉讼的初步证据。第四，行政权监督能实现督促行政机关依法行政的监督目标，而检察监督因要依赖于行政机关的自我改错和证据的初步收集、法院是否受案及具体的审理和执行等，因而在监督体系中位序靠后为宜，即检察监督在与行政权监督同时开展的过程中，检察监督应处于补足地位。故此，本案公益诉讼的检察监督，发生在已经开展的行政监督过程中，其必要性值得推敲。建议只有当行政权监督未予启动或不能启动之时，提起公益诉讼的检察监督程序的启动才是必要的、有效的。

（二）行政机关未追缴罚款职责是否属于行政公益诉讼受案范围

案例：安徽省潜山县人民检察院诉潜山县安全生产监督管理局不履行追缴罚款职责系列案①。因涉案三单位在承揽工程时发生安全责任事故，被告对案涉三单位分别进行行政处罚，罚款20000元至30000元不等，涉案三单位分别缴纳小部分罚款，大部分罚款没有缴纳。潜山县人民检察院向人民法院分别提起行政公益诉讼，认为县安监局怠于履行法定职责，导致国有资产流失。

问题：就本案而言，安庆市中级人民法院与潜山县人民法院对于是否属于行政公益诉讼的受案范围均存在争议。一种观点认为，如果将行政机关不履行追缴罚款职责的行为均纳入公益诉讼受案范围，其后果是检察机关所监督的范围实际上延伸到行政管理的各个领域，所有具有行政处罚权的行政机关都将可能成为公益诉讼的被告，那么公益诉讼受案范围的规定将失去意义。

---

① 安徽省潜山县人民法院（2017）皖0824行初48号、50号、51号。

另一种观点认为，尚未执行到位的行政处罚款依然属于国有财产范畴，应当纳入行政公益诉讼的受案范围。

分析：正如上述争议所言，无限扩大行政公益诉讼的受案范围可能导致检察机关的监督范围延伸到行政管理的各个领域，过分干预行政，如何科学合理地确定行政公益诉讼的受案范围已经成为当前亟待解决的问题。而关于行政公益诉讼的受案范围，其界限确定必然离不开公共利益的范围，公共利益范围变宽，行政公益诉讼受案范围必然扩大。"公共利益"内涵和外延的模糊性决定了对行政公益诉讼受案范围界定的难度较大。目前《行政诉讼法》第二十五条第四款对行政公益诉讼的受案范围作出规定，包括生态环境和资源保护、食品药品安全、国有财产保护、国有土地使用权出让等领域。从目前实践来看，国有财产保护领域的案件是否予以受理，在实践中存在较大争议。对于行政机关未追缴罚款职责的行为，建议仍应根据履行之诉的基本要件判断其是否满足受理条件，即应结合法律、法规之规定，具体看行政机关是否具有执行行政罚款的法定职责。同时，鉴于行政公益诉讼的开展尚处于起步阶段，理论支撑尚属薄弱，故建议应审慎考虑对此类案件的受案问题。①

（三）对违法行为人刑事处罚后对其违法行为未予行政处罚应否提起公益诉讼

案例：安徽省寿县人民检察院诉寿县林业局不履行林业行政管理法定职责案②。孙某某在未办理林木采伐许可的情况下，擅自采伐人工林木482棵，寿县林业局在处理该案中，认为孙某某的行为已构成刑事犯罪，遂按规定移交有关部门处理。后，孙某某被判处有期徒刑一年。寿县人民检察院认为寿县林业局未对孙某某滥伐林木的行为进行行政处罚并责令其补种树木、恢复森林植被等，是怠于履行森林资源保护监管职责行为。向寿县人民法院提起公益诉讼，请求判令寿县林业局依法履行森林资源保护监管职责，对孙某某滥伐林木的行为进行行政处罚，并责令孙某某补种树木、恢复森林植被等。寿县林业局认为，其按照法律规定已将案件移送有关部门处理，孙某某已因

---

① 对此，有学者也表达了相似的观点。参见林仪明："我国行政公益诉讼立法难题与司法应对"，载《东方法学》2018年第2期。

② 安徽省寿县人民法院（2018）皖0422行初2号。

滥伐林木被追究刑事责任，其对孙某某滥伐林木的行为不再具有行政处罚权，检察机关提起的诉讼请求事项于法无据。

问题：本案争议的焦点是，孙某某因滥伐林木行为构成犯罪被依法追究刑事责任后，寿县林业局能否再对其滥伐林木行为作出行政处罚？寿县林业局没有按照《森立法》第三十九条的规定对孙某某进行处罚，检察机关可否提起公益诉讼？本案在立案阶段便引发讨论，对于同一违法行为刑法处罚与行政处罚能否并处主要有三种观点：1. 替代主义。认为同一个行为既违反法定行政管理秩序又构成犯罪的，不能既要求承担行政责任又同时承担刑事责任，即对行为人同时实施行政处罚和刑事处罚，而应该在两者中选择其中之一，并且在选择时原则上追究刑事责任。2. 合并适用。认为对既违反法定行政管理秩序又构成犯罪的同一个行为，在行政机关追究行政法律责任的同时，司法机关还可以追究其刑事责任。3. 附条件并科。认为对既违反法定行政管理秩序又构成犯罪的同一个行为，行政处罚与刑罚可以并科，但任何一个执行后，认为没有必要再执行另外一个时，可以免除执行。

分析：根据《森林法》第三十九条两款规定来看，从该法条的结构上，针对滥伐林木行为违法程度的不同，法律分别规定了相应追究违法行为责任的方式，即当违法者滥伐林木的行为尚未构成犯罪时，由林业行政主管部门依法给予行政处罚，包括补种树木和罚款；而当违法者的滥伐行为构成犯罪时，则由司法机关依法追究其刑事责任，判处刑罚。两种责任形式之间存在递进关系，应当根据行为人违法行为的不同程度，分别适用不同的法律规定作出责任追究。同时，根据《国家林业局关于森林公安机关办理林业行政案件有关问题的通知》中规定，林业违法案件达到刑事案件立案标准的，森林公安机关必须立为刑事案件，不得以行政处罚代替刑事处罚。森林公安机关立案侦查的刑事案件经批准撤销案件、人民检察院作出不起诉决定、人民法院作出无罪判决的，需要给予林业行政处罚的，应当依法作出处罚决定。因此，县林业局在违法行为人被确定刑事责任后实质上已无行政处罚职责。林业部门对本案不再具有管辖权，在没有法律、法规明文规定下，林业部门再要求第三人孙某某承担行政法律责任缺乏法律依据。[①]

总体上，能否对违法行为人刑事处罚后对其违法行为未予行政处罚提起公益诉讼，其关键在于被追究刑事责任后行政机关是否还具有对其违法行为行政处罚的法定职责。对这一问题的把握，需要注意以下几个方面：第一，违法行为人刑事处罚后，行政机关是否具有当然的行政处罚职责？其判断基准何在？第二，检察机关对行政机关未作处罚行为提起公益诉讼，并不以第三人孙某某是否予以刑事制裁为前提条件，孙某某是否承担相应的刑事责任与行政机关对其违法行为进行处罚并无因果关系。故对本案提起的公益诉讼案件，法院应不予以立案受理。

（四）刑事判决追缴赃物、非法所得，是否属于行政公益诉讼的受案范围

案例：合肥市庐阳区检察院诉庐阳区大杨镇人民政府不履行法定职责案[②]。2004年至2013年，合肥城市森林公园、明发商业广场建设项目由大杨镇政府负责组织实施征地拆迁补偿安置工作。为此，中共庐阳区大杨镇委员会、大杨镇政府成立大杨镇征地拆迁安置工作指挥部。施新法在担任该指挥部主任期间滥用职权，违法行使职权，为不符合安置条件的张凤等六户办理安置房屋面积570平方米，骗取安置补偿594360元。大杨镇政府未采取有效措施将上述国有资产追回，存在怠于履行职责的情形。本案所涉及的刑事案件，法院已经刑事判决中对施新法违规将不符合安置条件的住户获得补偿的事实予以确认，但未对涉案的房屋及补偿款予以追回作出明确规定。庐阳区县人民检察院对大杨镇政府未能追回违规安置房及补偿款的不作为提起公益诉讼，要求确认被告行为违法。

---

① 追究刑事责任后能否再追究行政责任不能一概而论。即能否并处必须有法律的明文规定，法律明文规定行政处罚后，还应当追究刑事责任的，或者追究刑事责任后还应当给以追究行政责任的，才能使用并处，如：《药品管理法》中第七十二条 、第七十三条、第七十四条等，关于追究行政责任后，对构成犯罪的依法追究刑事责任的规定；《道路交通安全法》第九十一条第二、三、四、五款，关于醉酒驾驶追究刑事责任后，若干年内不得重新取得机动车驾驶证、不得驾驶营运机动车等规定。而对于法律没有明文规定追究刑事责任可以再追究行政责任的，原则上不能并处。本案第三人孙某某滥伐树木已经构成刑事犯罪，按照《森林法》和《处罚法》等规定，林业部门必须把案件移送公安（司法）部门处理，也就是说林业部门对本案不再具有管辖权，假设林业部门再追究第三人孙某某的行政责任，会带来多重问题：首先，林业部门如何启动程序，是自查还是由法院移交？其次，如果第三人已经判处实刑，是否能够在监狱里承担行政责任，如何承担？行政处罚后，第三人不服有何种救济渠道？最后，如果罪毁坏林木较多，补栽树木已经超出其承受能力范围，如何执行？以及补栽树木需要的土地，第三人如何解决等。

② 安徽省合肥市庐阳区人民法院（2017）皖0103行初77号。

问题：在实务中，人民检察院根据已生效的刑事判决中确认的违法事实，以刑事判决中的赃物、非法所得等违法内容提起行政公益诉讼。对于该类案件，人民法院能否予以立案，无相关规定出台，当前人民法院是依据具体的案情，结合行政公益诉讼的受案范围，进行个案分析。

分析：在本案中，县检察院仅根据刑事判决确认的事实，确认行政机关应具有履行法定追缴赃物和非法所得的做法值得思虑。第一，行政机关的法定职责并非由刑事判决而是由法律、法规的明确规定而确定。虽然刑事判决具有既判力，但仅限于判决结果的既判力。对于判决所确认的事实并未能直接创设行政权力，此与“无法律即无行政”的行政法理明显相悖。第二，对于本案中，如果检察机关出于公益维护而欲提起行政公益诉讼，可以直接根据法律、法规规定的拥有追缴赃物和非法所得的行政机关来确定，通过找到法律根据和其他不履行法定职责的证据，而非刑事判决书向法院提起公益诉讼。第三，对于刑事判决书中的判项，比如：追缴非法所得、罚款等财产刑，检察机关不能够提起行政公益诉讼，按照法律规定刑事判决书中的财产刑的执行，应交由人民法院执行庭予以执行，而不是由有关行政机关予以追回。

（五）对行政机关适当履行能否提出行政公益诉讼

案例1：安徽省无为县人民检察院诉安徽省芜湖市住房和城乡建设委员会不履行行政管理法定职责案①。芜湖市住建委所属的市政工程管理处负责陶沟排涝泵站的管理，在汛期或者暴雨天气，超过截流泵站截流量的雨污合流污水就通过排涝泵站的排水口排入长江。2017年2月23日，芜湖市镜湖区人民检察院向芜湖市住建委发出检察建议，建议芜湖市住建委依法履行市政管理职能，及时采取措施，防止城市污水向长江排放。芜湖市住建委一直致力于雨污分流改造，在检察机关起诉前组织召开了陶沟泵站排污整治方案论证会并报芜湖市人民政府同意陶沟排涝泵站迁移扩建项目立项建设，有利于彻底解决污水的安全问题。法院认为，被告已经适当履行，但由于未完全解决，判决确认被告芜湖市住建委没有完全履行职责违法。

案例2：芜湖市鸠江区人民检察院诉芜湖市国土资源局怠于履行保护耕地的监督管理职责案②。毕某某非法占用鸠江区沈巷镇民安村委会大毕自然

---

① 安徽省无为县人民法院（2017）皖0225行初34号。
② 安徽省芜湖市鸠江区人民法院（2016）皖0207行初63号。

村部分村民的耕地25097平方米，并在耕地上非法挖掘取土出售获利。芜湖市国土局在接到举报后，对毕某某立案查处，因涉嫌构成犯罪，移送公安机关处理，毕某某判处有期徒刑一年并处罚金50000元。公益诉讼人发出检察建议后，被告责令毕某某在60日内完成复垦。公益诉讼人提起公益诉讼，认为在检察建议期间（30日），毕某某毁坏的土地复垦工作未取得实质性进展，被告怠于履行职责违法。法院认为，由于土地复垦工作需要合理的期限，相关法律、法规也未对复垦的期限作出明确规定，现被告责令毕某某在60日内完成复垦属于行政裁量，应予尊重，在复垦限期尚未届满的情况下，公益诉讼人起诉被告怠于履行监督职责证据不足，依法应当驳回诉讼请求（本案释明后，检察机关主动撤回起诉）。

问题：在司法实践中，人民法院在审查部门行政公益诉讼案件时，发现负有监管职责的行政机关在自己的职责范围内已经进行了“适当履行”，但鉴于未能在检察机关向行政机关发出检察建议的履职期限内（二个月）修复侵害状态，此时检察机关仍以其不履行法定职责予以起诉，该类案件是否符合行政公益诉讼的立案条件需要进一步明确。

分析：无论是公益诉讼还是私益诉讼，其诉讼目的皆在于监督依法行政、维护私益或公益。故而，公益诉讼作为客观之诉，其诉讼目的和私益诉讼一样，皆在于监督行政权的合法性而非合理性。比如：案例1中，由于污水治理、排放等，涉及政府中心或重点工作，并非被告凭借一己的财力、物力、人力能够完全解决，在被告已尽可能履职情况下，即使没有达到完全治理目标，亦不宜提起公益诉讼。案例2中，国土部门已经全面履职，由于土地复垦需要一定合理期限，可能会超过检察建议的二个月时间，检察机关不能以二个月内未达到复垦要求提起公益诉讼（其实本案能否提起诉讼也有待商榷，在本文“对违法行为人刑事处罚后对其违法行为未予行政处罚应否提起公益诉讼”中，笔者已进行论述）。对于行政机关适当履行、合理履行等涉及行政权合理适用问题，能否提起行政公益诉讼，亟待予以明确。

（六）涉及多行政机关职权，检察机关提起行政公益诉讼请求不明问题

案例：舒城县人民检察院诉舒城县林业局不履行林业行政管理法定职责

案[①]。2014 年 6 月，舒城县人民政府成立“舒城县打击非法开采矿产资源办公室”，公安、水利、林业、国土、市场监管为组成单位，统一治理非法采矿违法行为。2016 年 9 月，县国土资源局认定魏某某非法开采矿产资源 6318.18 平方米，价值 1113635 元，对魏某某依法进行处理。检察院认为林业局未能依法全面履行其法定职责，被毁林地没有得到治理恢复，国家和社会公共利益仍处于受侵害状态。遂提起行政公益诉讼，请求判令确认林业局怠于履行森林资源保护行政职责违法并继续全面履行森林资源保护行政职责。

问题：1. 本案非法采矿毁林虽仅为一个行为，但涉及多个行政部门监管，如：国土资源局对毁坏土地的行政监管、林业局对毁坏林木的监管等，检察机关在起诉时是否应当区分各监管部门的职责划分，对不同部门分别提起公益诉讼？

2. 林业部门的监管范围较为广泛，检察机关向法院提起行政公益诉讼，能否不加区分，笼统地提出“怠于履行监管保护职责”“未全面履行法定职责”诉讼请求？在存在诉讼请求不明确情况下，法院是否应向检察机关释明，要求其明确具体诉讼请求？如果检察机关期限内仍未明确诉讼请求，人民法院可否按照《行政诉讼法》第四十九条第（三）项、第五十一条和《最高人民院关于适用〈中华人民共和国行政诉讼法〉若干问题的解释》第五十五条规定，裁定不予立案？

分析：根据《行政诉讼法》以及《检察公益诉讼解释》的相关规定，人民检察院对于生态环境和资源保护、食品药品安全、国有财产保护、国有土地使用权出让等领域负有监督管理职责的行政机关违法行使职权或者不作为，在作出检察建议后，仍不履行职责的，依法提起行政公益诉讼。而关于该规定的“监督管理职责”的范围，是否是完全依照既往法律规定的职权，目前仍没有具体的法律法规解释。有学者分析多起案件后指出，检察机关认定“是否履职”的依据并不局限于法律规定，还要求行政机关依据法律原则和精神从实现行政任务角度积极履行职责、纠正其怠于执法行为。[②] 但无论按照何种标准认定职责范围，检察机关在向人民法院提起诉讼时应当区分不同行政机关职责分别进行起诉，并且应明确所诉行政机关的职责内容，以及违

① 安徽省舒城县人民法院（2017）皖 1523 行初 1 号。

② 刘艺：“构建行政公益诉讼的客观诉讼机制”，载《法学研究》2018 年第 3 期。

法或者怠于履职的具体表现，以便于司法机关对于案件能够进行准确判断。对于诉讼请求不明，人民法院予以释明后，拒绝变更的，人民法院可以根据法律规定裁定不予立案。

（七）检察机关请求人民法院司法权代替行政权问题

案例：金寨县人民检察院诉金寨县国土资源局怠于履行土地出让收入征收案[①]。2011 年 3 月 28 日，金鹏公司竞得金寨县 JZZB－GT－2011－001 号地块国有建设用地使用权，建筑容积率不高于 1.8，后经修改规划许可，调整容积率为 3.4053；至检察院发出建议前，金鹏公司增加容积率部分建设开发的房屋已竣工并交付使用，但仍欠部分土地出让金未予缴纳。接到检察建议后，被告提起民事诉讼向金鹏公司追缴土地出让金，被裁定驳回起诉。检察院认为案涉土地出让金未依法足额缴纳，国家利益仍处于受侵害状态。请法院确认金寨国土局怠于履行土地出让收入征收职责违法；判令金寨国土局依法征收金鹏公司欠缴的土地使用权出让金 3582715.2 元。

问题：检察院提起公益诉讼，能否就应由行政机关依据职权作出的行政行为，请求法院直接作出判决？具体到本案，即法院能否支持检察机关的诉讼请求的第二项：直接判令金寨国土局依法征收金鹏公司欠缴的土地使用权出让金 3582715.2 元？

分析：行政诉讼制度实质上就是司法权在特定情形下介入行政权行使领域的法律依据，是司法权监督行政权的体现。但是，无论司法权如何审查行政权之行使，有一点是必须明确的，即司法权对行政权的审查，其目的在于监督和制约行政权，而不是代替行政权。根据《检察公益诉讼解释》中第二十五条规定，人民法院可以作出以下判决，包括确认违法或者确认无效、限期履行、采取补救措施、重新作出行政行为、明显不当的或有款额错误的予以变更。而对于上述案件检察机关提出司法权代替行政权，直接判令金寨国土局依法征收金鹏公司欠缴的土地使用权出让金 3582715.2 元，显然有所不妥。人民法院只能判决金寨国土局依法征收职责，但不能代替行政权直接作出具体征收数额，否则，司法权混同于行政权，不仅有违行政权和司法权的基本制度设计，实践中也不利于相对人的救济。

---

① 安徽省金寨县人民法院（2018）皖 1524 行初 11 号。

（八）检察机关遗漏共同诉讼被告问题

案例： 庐江县人民检察院诉庐江县农业机械管理局不履行保护国有资产法定职责提起行政公益诉讼案①。庐江县财政局和庐江县农业机械管理局共同负责庐江县农机购置补贴工作，财政局主要职责是落实补贴资金预算，对是否符合补贴条件进行审核及对资金的分配使用进行监督检查等。庐江县检察院认为，庐江县农机局在组织农机购置补贴活动中存在违法履行职责行为，致使不符合补贴条件的56台农机通过审核，造成国家损失204.16万元，以庐江县农机局为被告提起行政公益诉讼，请求法院判令被告没有依法履职违法并追回非法农机补贴。

问题： 在案件受理过程中，庐江县人民法院认为财政局和农机局共同履职，造成农机补贴违规发放，建议检察机关将财政局列为共同被告，检察机关拒不采纳法院建议，无奈人民法院依职权将财政局列为第三人。检察院代表国家提起行政公益诉讼，能否放弃或拒绝监督有关行政机关履行职责？

分析： 在上述案例中，违规发放农机补贴问题，明显是多个行政部门共同行政的结果，检察机关有权对负有监管职责的行政机关提起行政公益诉讼，对于这类案件检察机关对被告进行选择性起诉，既不利于案件事实的查清，也不利于行政机关履职的监督，人为放纵对有关机关的监督，违反了行政法上的公平、公正原则。笔者认为，在人民法院释明后，其仍然拒绝追加共同被告，人民法院并不必须按照《最高人民院关于适用〈中华人民共和国行政诉讼法〉若干问题的解释》第二十六条第二款规定的，通知有关单位以第三人的身份参加诉讼处理。因为，检察机关不是普通的起诉人，提起行政诉讼是履行职务的行为，没有权力放弃或拒绝国家赋予的职权，否则构成渎职或者滥用职权。如果检察机关放弃或拒绝追加共同被告，人民法院可以拒绝接受案件或者裁定不予立案②。

（九）应否追加必要第三人问题

案例： 合肥市庐阳区人民检察院诉合肥市庐阳区大杨镇政府不履行法定

① 安徽省庐江县人民法院（2017）皖0124行初22号。

② 对于该类案件，基层法院反响强烈，检察机关从部门利益出发，不敢或不愿得罪的地方强势部门，逼着法院做“恶人”，希望最高法院能够出台相关解释予以解决。

职责案件[1]。由于拆迁负责人滥用职权不正确履责，帮助张凤等六户不符合安置条件的居民非法获取安置房屋及相关费用，造成国有资产严重流失。大杨镇政府作为负责拆迁户安置工作的行政主体，截至人民检察院起诉时仍未将被骗取的国有资产追回。关于此案，庐阳区人民法院在审查时，认为张凤等人与本案审理结果有利害关系，依职权主动追加了张凤等六人为本案第三人。而与本案案情相似的合肥市瑶海区人民检察院诉合肥市瑶海区铜陵路街道办事处不履行国有资产监管职责案[2]，铜陵路街道在使用补偿安置资金实施双窑洞改造项目过程中，对补偿安置未尽监督检查职责，导致单某某等41户非法获得安置房屋面积和各类补偿款等，造成国有资产流失。但在此案中，人民法院却未将单某某等41户列为案件第三人。

问题：检察机关提起行政公益诉讼，要求行政机关对案外人进行行政处罚，涉及案外人的权利保护及救济途径，是否要将案外人作为第三人参加诉讼？

分析：对于上述两案件，两审理法院对不符合安置条件的住户是否追加必要第三人做法不一。笔者较为同意庐阳区人民法院依职权的追加行为，原因如下：我国《行政诉讼法》第二十九条规定，与被诉行政行为有利害关系的公民、法人或者其他组织可以作为第三人申请参加诉讼，或者由人民法院通知参加诉讼。人民法院判决第三人承担义务或者减损第三人利益的，第三人有权提起上诉。人民检察院起诉行政机关请求其依法履行职责、追缴国有资产，对维护公共利益发挥重要作用，但不容置辩，行政机关的追缴行为直接作用于已经获得安置补偿的住户，即使其取得补偿的方式被认定违规，依然不能否定其是与案件有利害关系的第三人，因此，当行政机关的追缴行为损害其既得利益时，将其纳为原审案件的必要第三人，为其提供法律救济途径，赋予其上诉的权利，是合法合理的。

（十）行政公益诉讼和民事公益诉讼性质不分问题

案例：阜南县人民检察院诉阜南县住房和城乡建设局违法行使职权案[3]。

---

① 安徽省合肥市庐阳区人民法院（2017）皖0103行初77号。

② 安徽省合肥市瑶海区人民法院（2016）皖0102行初81号。

③ 安徽省阜南县人民法院（2016）皖1225行初37号。本案是安徽行政公益诉讼第一案，被最高检察院列为十大典型案例。由于本案系安徽检察机关提起公益诉讼开始试点的第一例，需要考量社会效果等多种因素，虽然当时按照行政案件立案进行审理，但现在看来还是定性为民事公益诉讼案件更为恰当。

阜南县人民检察院诉称，被告阜南县住建局在未经法定程序的情况下，将没有任何污染防治设施的涉案场地选作生活垃圾填埋场，组织辖区内生活垃圾在此倾倒、堆放，给周边生态环境造成严重污染，且在检察院发出检察建议后，被告依然未对填埋场造成的环境污染采取实质性防护治理措施，垃圾渗滤液仍通过排涝渠流入谷河继续造成污染，周边环境状况没有得到有效改善，国家和社会公共利益仍处于受侵害状态。遂以阜南县住建局为被告提起行政公益诉讼。

问题：《最高人民法院、最高人民检察院关于检察公益诉讼案件适用法律若干问题的解释》中就民事公益诉讼和行政公益诉讼的多方面内容作出了相关规定，两类公益诉讼均可以对破坏“生态环境和资源保护”及“食品药品安全”类的案件提起诉讼。这一规定必然导致两类公益诉讼存在交叉，而如何在此类交叉案件中准确定位案件性质以及两类诉讼的启动顺序？

分析：本案在立案阶段便存在较大争议，即本案性质是民事公益诉讼还是行政公益诉讼，涉及阜南县城建局作为本案行政诉讼被告是否适格问题。对于本案的诉求第二项，“判令被告停止组织垃圾向该生活垃圾填埋场倾倒堆放，对填埋场内存量垃圾进行无害化处理”。由于被告阜南县住建局租用涉案场地作为阜南县生活垃圾填埋场，实际上，其是生活垃圾填埋场的使用者，违法倾倒垃圾的实施者，而不是负有监督管理职责的行政机关，其行为也不是法律法规规章授权的组织违法行使职权或不履行法定职责，将其作为行政公益诉讼的被告不符合《行政诉讼法》第二十五条第四款的规定。同时仔细分析该项诉求，不难发现，作为案件的直接当事人，其更加适合于作为民事公益诉讼的被告，结合《行政诉讼法》的规定，行政公益诉讼的被告只能是负有监督管理职责的行政机关，本案中具有监管职责的行政机关应当是环境保护部门，环境保护部门才是本案更为合适的行政诉讼被告。据此，笔者认为，行政诉讼和民事诉讼目的具有明显的区别，民事公益诉讼是监督环境的损害者对损害的环境进行恢复，行政公益诉讼的目的是监督具有环境职权的行政机关依法行使行政监督职权，并非与案件有关的行政机关均是行政公益诉讼案件的适格被告，人民法院在立案登记进行初步审查时，不能仅按照检察机关在提起的诉求进行登记，必须审查被诉行政机关的行政职权，客观分析其在案件中的法律地位，严格遵守相关规定，并对公益诉讼的类型进行选择，以便解决上述案件中出现案件定性的原则问题。

四、进一步补强行政公益诉讼案件立案审查的配套制度

（一）强化类案指导制度

在我国，行政公益诉讼是一个新生事物，由于经验不足造成立法不完备实属正常。在司法实践中，部分法院对同一类型的案件操作不相一致，如在诉讼中，是否追加必要第三人。面对实践中出现的困惑与冲突问题，一方面，需要继续推动行政公益诉讼相关立法及司法解释的出台。另一方面，不可忽视类案指导的作用，通过类案指导消弭分歧，为进一步深化行政公益诉讼实践提供依据。

加强类案指导，既要注重从具体个案中总结出类案的审判规律，又需要对法律问题的专项调研和指导，尤其注意研究中、基层法院审判实践中碰到的困难和问题。此外，对具有典型和普遍意义的问题要及时开展专项调研，尽快制定出规范性的指导意见。要加强指导性案例的编报工作。各级法院审委会和审判业务部门要高度重视，善于从日常审判工作中发现有典型意义的案例，建立审委会对指导性案例的审核机制，建立案例编报的激励机制，发挥审判人员积极性和主动性。以潜山县人民检察院诉潜山县安全生产监督管理局不履行追缴罚款职责为例，该案在审理过程中就“行政机关不履行追缴罚款职责”是否属于行政公益诉讼的受案范围请示安徽省高级人民法院，后请示至最高人民法院，产生了较大争议。而在司法实践中，争议案件远不止这一类型，为了解决实践中的困难，各级各法院，特别是最高人民法院、各省高级人民法院必须积极应对，进行类案指导。

（二）建立法院和检察院联动互动机制

法院和检察院作为行政公益诉讼启动和审判的两个重要主体，二者之间建立联动互动机制，对于行政公益诉讼的发展和完善是必不可少的。就试点阶段而言，两高在行政公益诉讼制度的理解上是存在分歧的，由于对于相关问题没有形成一致见解，在制定《公益诉讼工作实施办法》时都是分别进行的，各自下发的办法中多有冲突之处。直至今年两主体共同发布了司法解释，并且在工作中进一步加强沟通协调，共同引导案件进入诉讼程序，推动起诉案件起诉依法及时审理，但不应止步于此，还需要继续重点完善协作配合机制，以联席会议、会签文件、案件双向咨询、协助调查等方式加强沟通。以

安徽省为例，在行政公益诉讼试点伊始，省检察院就与省法院就公益诉讼案件的管辖、庭审程序、撤诉抗诉等问题达成共识，共同签发《会议纪要》，并取得了一致好评。其次，行政公益诉讼本质上虽属于行政诉讼的范畴，但区别于传统的私益诉讼，其是以维护公共利益为目的。因此，当代表公共利益的检察机关将案件起诉至人民法院时，即在具体案件审理过程中，也应当进一步加强法院与检察院的沟通，畅通交流途径，以便实现行政公益诉讼的最终目的。

（三）最高人民法院应及时总结发现代表性类问题并加大培训力度

行政公益诉讼作为行政诉讼中的新形式，其在现阶段仍存在诸多问题，法律及司法解释的过于原则化导致基层法院在审理案件过程中有较多疑惑。首先，面对司法实践中的新问题，最高人民法院应当发挥自身作用，对此类案件应当加强调研、及时发现代表性问题，以便统一法律适用。司法案例直接来源于实践，其中所形成的裁判规则是对抽象法律规定的个案具体化，能够克服成文法抽象、滞后等问题，增强对法律适用的指引，协调法院之间、法院内部审判机构之间和审判组织之间对法律的理解和适用，确保相同或类似情形案件作出基本相同的裁判，促进法律适用统一。其次，可以通过此种方式，提供裁判规则、为法律的制定和修改提供实证基础。在案例指导制度语境下，通过纠纷解决形成裁判规则，通过个案裁判汇集纠纷样态、总结司法经验、提出立法建议，为法律条款赋予生命力，保证法律制定和修改的实证基础。

同时，在发现代表性案例的基础上，还要加大对行政公益诉讼培训的力度，让全系统工作人员都能够掌握行政公益诉讼制度的核心要求，在案件的立案、审理以及裁判的过程中，能够准确把握。

（四）进一步优化细化行政公益诉讼司法解释

检察机关提起行政公益诉讼，不仅进一步有效发挥了检察机关作为国家法律监督机关的职能，而且大大释放了行政诉讼制度的能量，积极拓展了对行政机关违法行为司法监督的空间，开拓了司法维护国家利益和公共利益的领域，开辟了司法维护国家利益和社会公共利益的中国式道路。从试点到行政诉讼法的修改，并不意味着检察机关提起行政公益诉讼的制度已经完善，行政诉讼法第二次修正案对行政公益诉讼只做了原则性的规定。今年年初，两高出台《检察公益诉讼解释》，该司法解释主要在以下三个方面做出了针对性的新规定：首先，第四条确定了检察机关在行政公益诉讼中的特殊地位，即“公益诉讼起诉人”。其次，在法律框架内就诉前程序、起诉条件、诉讼请求释明、行政机关依法履行职责的撤诉、具体裁判方式、上级检察机关派员参加二审庭审等作出专门规定，对于统一诉讼程序，保障案件审理顺利推进具有重要的推动意义。最后，还提出人民法院职权作用，对依法进行证据保全、案件移送执行、诉讼请求释明、诉讼结果的告知等作出规定。这一司法解释的出台为完善中国特色检察公益诉讼制度，构建公益诉讼的法律框架起到积极的推动作用。

但目前以行政诉讼法和试点方案为基础的行政公益诉讼基本制度，在立案受理、诉讼管辖、诉讼程序、举证规则、判决方式等方面仍然有待进一步完善。与此相关，受案范围的“等”字如何理解、如何认定行政不作为、如何定位诉前程序等更为基本的问题也有待进一步探讨。目的是全部法律的创造者。每条法律规则的产生都源于一种目的，即一种实际的动机①。要真正实现行政公益诉讼制度最初设计的目的，发挥检察机关的监督职能，落实党的十八届四中全会提出的探索建立检察权对行政权进行监督制约的具体举措，必须出台更加翔实具体的司法解释。

五、结语

“真正成熟的司法体制改革需要有更为充分的理论准备。面对这一轮司法改革仓促而行的顶层设计，法学界有识之士应当对其作出独立的理论评价，并针对改革推行中出现的问题，及时地进行经验总结和教训整理工作，争取在对司法改革进行跟踪观察的同时，提出一种具有解释力和预测力的司法改革理论。”②

检察行政公益诉讼，作为司法体制改革中的重要内容之组成，其关涉到检察权和司法权的职能新定位、检察权司法权行政权三权的监督与被监督、合作与制约的新型关系，从细微处见深远，改革既要锐意突围更要谨慎稳健。

---

① ［美］博登海默著：《法理学：法律哲学与法律方法》，邓正来译，中国政法大学出版社 1999 年版，第 109 页。

② 陈瑞华：《司法体制改革导论》，法律出版社 2018 年版，前言。

经历了试点修法司法解释日渐精进的三部曲后，行政公益诉讼实践日益丰富，改革后检察权与行政权、检察权与司法权、检察权司法权与行政权之间的冲突张力与对峙合作经由真实案例日益勃发。我们需要从经验或事实中，尽可能发现和揭示制度背后的制约因素，探寻摸索既定的内在规律。在这一波澜壮阔的改革历程中，在全面推行行政公益诉讼的实践中，无论是检察机关还是人民法院，都既要摆脱好大喜功式的盲目跃进，也要避免闭门造车不敢越雷池一步的故步自封。作为公益诉讼推展的检察机关和人民法院的重要制度主体，需要在实践中，既俯身前行细密推进行政公益诉讼机制，更需抬头思索行政公益诉讼的源头原理，审慎探索制度实施的标尺和依循。如此，行政公益诉讼制度才能在我国细水长流、行稳致远、长足发展。

（作者单位：安徽省高级人民法院）

行政协议案件起诉条件审查的调研报告

北京市第三中级人民法院课题组

【摘要】 北京法院审理的行政协议案件从程序上裁定驳回起诉的，理由主要包括不属于行政诉讼受案范围，没有主体资格，起诉超过起诉期限以及起诉没有事实根据等。行政协议案件审理中存在的问题为行政协议的识别标准不明确，以及属于受案范围的行政协议案件因不符合其他起诉条件仍未进入实体审理，原因则在于行政协议立法保障不充分以及行政协议作为新类型行政案件的审判经验不丰富。本文经调研对行政协议的识别特征，行政协议的范围，诉讼请求、起诉期限及主体资格的审查问题提出相应意见和建议。

【关键词】 行政协议　起诉条件　司法审查

行政协议是指行政主体为了实现公共利益或行政管理目的，在法定职责范围内，与公民、法人或者其他组织在意思表示一致的情况下所达成的具有行政法上权利义务内容的协议。2015 年 5 月 1 日起实施的《中华人民共和国行政诉讼法》（以下简称《行政诉讼法》）第十二条第一款第（十一）项、《最高人民法院关于适用〈中华人民共和国行政诉讼法〉若干问题的解释》（以下简称《适用解释》）第十一条第一款正式将行政协议纳入行政诉讼受案范围，规定了行政机关在履行行政协议的过程中发生的纠纷，行政相对人有权提起行政诉讼。但是目前，行政协议的相关立法仍不完善，给审判实践中行政协议案件的审理设置了阻碍。就人民法院审理行政协议案件而言，起诉条件的审查是案件进入实体审理的前提。本文针对目前北京法院审理此类案件的情况、遇到的争议和问题，探究行政协议案件起诉条件审查的思路和标准，希望能够对审判实践有所帮助。

一、北京市法院审理行政协议案件的基本情况

随着《行政诉讼法》的修订，行政协议案件的比例也在逐步上升，通过在北京法院审判信息网行政裁判文书一栏中输入“行政协议”关键字，从2015年5月1日截止到2017年12月29日，搜索到全市法院共有411篇相关类型的裁判文书。

（一）案件的基本情况

1. 案件数量

2015年5月1日至年底，北京法院审理的行政协议案件共36件，其中，一审案件18件，二审案件18件；2016年，北京法院审理的行政协议案件共313件，其中，一审案件291件，二审案件22件；2017年，北京法院审理的行政协议案件共62件，其中，一审案件24件，二审案件32件，再审案件6件。

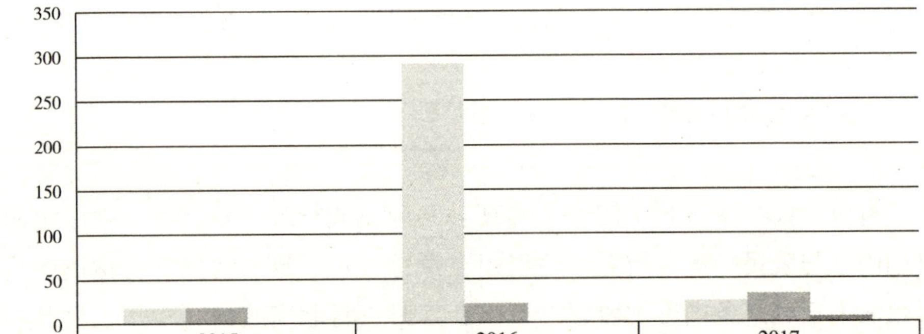

	2015	2016	2017
一审	18	291	24
二审	18	22	32
再审	0	0	6

（单位：件）

图1 2015年5月至2017年北京市法院审理行政协议案件数量情况

2. 审理结果

从案件的审理结果看，除2016年四中院曾经审理过268件诉东城区人民政府行政复议申请不予受理决定（系针对行政协议申请行政复议）的案件外，另外仅有24件案件系进入实体审理以判决方式结案。也就是说，因各种

原因不符合起诉条件导致从程序上裁驳的案件为65件。

进入实体审理的292件案件，从案件的裁判结果看，均为驳回原告的诉讼请求，即没有原告方胜诉的案件。

3. 案件整体特点

第一，从行政协议类型看，涉及房屋拆迁、安置、征地补偿协议的案件共293件，占案件总数82.07%。第二，针对北京这一地区行政管理的特殊性，行政协议案件多为涉众面广，涉诉人员众多，案件影响力大的群体诉讼。第三，案件的被诉行政机关较为集中，主要涉及区政府、政府房屋征收办公室、教育部、区管委会等。第四，诉讼请求多样化，原告方的诉讼请求主要有以下几种：请求确认协议无效类；请求撤销并重新签订协议类；请求变更协议内容类；请求行政机关履行协议类；请求行政机关签订协议类等。

（二）案件的审理情况

1. 进入实体审理的案件

共有两种类型，一种是《行政诉讼法》和《适用解释》第十一条明确列举的房屋征收征用补偿协议，另一种是没有明确列举的其他协议。

根据《行政诉讼法》第十二条第一款第（十一）项的规定，公民、法人或者其他组织认为行政机关不依法履行、未按照约定履行或者违法变更、解除政府特许经营协议、土地房屋征收补偿协议等协议提起诉讼的，属于行政诉讼受案范围。以及《适用解释》第十一条第二款第（二）项规定的“土地、房屋等征收征用补偿协议”和《国有土地上房屋征收与补偿条例》第二十五条规定：“房屋征收部门与被征收人依照本条例的规定，就补偿方式、补偿金额和支付期限、用于产权调换房屋的地点和面积、搬迁费、临时安置费或者周转用房、停产停业损失、搬迁期限、过渡方式和过渡期限等事项，订立补偿协议。补偿协议订立后，一方当事人不履行补偿协议约定的义务的，另一方当事人可以依法提起诉讼。”房屋征收征用补偿协议属于行政协议，属于行政案件受案范围，在符合其他起诉条件的情况下，会进入实体审理，依法作出裁判。

有两案将政府特许经营协议及土地、房屋征收征用补偿协议以外的其他协议类型认定为行政协议，从而进行实体审理：一是区政府组建的区建设中心与相对人签订的《房屋搬迁协议》，二是两个区政府移民办与相对人签订的《移民协议书》，该《移民协议书》系根据国务院《会议纪要》以及北京市政府常务会议精神以及针对移民的《移民工作若干规定》的要求，认为属于行政协议。

2. 未进入实体审理的案件

即从程序上裁定驳回起诉的案件，按照裁定驳回起诉的理由不同，大致分为以下几种情况：

第一，不属于行政诉讼受案范围裁驳。

这也是程序上裁驳最为集中的理由。这里又具体分为几种情况：第一种，形式上不符合行政协议的构成要件，但原告方提起行政诉讼。《北京市城市住宅房屋拆迁安置补助协议》《危旧房改造回迁安置协议》《集体土地房屋拆迁货币补偿协议》等房屋拆迁补偿安置协议，通常协议签订双方均非行政机关，这也从本质上脱离了行政协议的法律规定。同时，根据《最高人民法院关于受理房屋拆迁、补偿、安置等案件问题的批复》中作出规定："拆迁人与被拆迁人因房屋补偿、安置等问题发生争议，或者双方当事人达成协议后，一方或者双方当事人反悔，未经行政机关裁决，仅就房屋补偿、安置等问题，依法向人民法院提起诉讼的，人民法院应当作为民事案件受理。"以及最高人民法院2011年发布的《民事案件案由规定》中将"房屋拆迁安置补偿合同纠纷"列为民事案件的案由之一以及《北京市实施〈城市房屋拆迁管理条例〉细则》的规定，此类协议，不是行政协议，不属于行政诉讼受案范围，因此，裁定驳回起诉。

第二种，形式上符合行政协议的构成要件，但不属于行政诉讼受案范围。如《关于解除"腾退搬迁协议"的协议书》《某乡绿化隔离地区建设腾退安置协议书》等腾退安置协议。

第三种，经审查不是行政协议，不属于行政诉讼受案范围。如《建设征地转非劳动力自谋职业协议书》，其中约定的一次性就业补助金以及自谋职业奖励金，因并非行政机关为实现公共利益或行政管理目标而签署，不属于行政协议，不属于行政诉讼受案范围。又如法庭审理中，当事人双方在谈话笔录中签字确认的内容，此种合意的目的并非行政机关实现公共利益或行政管理目标，因此不是行政协议。还有的原告起诉《出售直管公有住宅楼房协议书》，此种协议是协议双方就买卖房屋达成的一致意见，不是行政协议，因此不属于行政诉讼受案范围。《退耕地造林合同》亦不属于行政协议，不属于行政诉讼受案范围，裁定驳回起诉。

第二，没有主体资格裁驳。

在审判实践中，存在此种情况，房屋征收过程中存在多名继承人，部分继承人签署协议书，其他继承人没有参与进来，进而提起行政诉讼请求撤销协议，即作为原告请求撤销行政机关同第三人签订的协议，针对此种情况，通常认为，请求撤销协议的当事人并非协议的缔约方，其与该协议并无利害关系，因此针对其提起的诉讼，裁定驳回其起诉，相应的权益应作为民事主张，通过其他途径进行救济。

第三，起诉超过起诉期限。

如原告起诉房屋征收补偿安置协议，法院经审查认为原告的起诉超过《最高人民法院关于执行〈中华人民共和国行政诉讼法〉若干问题的解释》第四十一条有关两年起诉期限的规定，故裁定驳回原告起诉。

第四，起诉没有事实根据裁驳、重复起诉等。

如原告起诉要求确认房屋征收补偿协议无效，但其提供的证据不能证明协议客观存在，因只有其一方签字，对方并没有签字，因此，法院经审查，认为原告起诉没有事实依据，不符合法定起诉条件。还有的原告撤诉之后无正当理由以相同被告、针对同一个协议、持相同理由再次起诉。

二、行政协议案件审理中存在的问题及原因

（一）行政协议案件审理中存在的问题

1. 行政协议的识别标准不明确

调研发现，北京法院审理的行政案件中，涉诉协议类型多样，主要包括：《北京市城市住宅房屋拆迁安置补助协议》《危旧房改造回迁安置协议》等房屋拆迁补偿安置协议；《关于解除“腾退搬迁协议”的协议书》《某乡绿化隔离地区建设腾退安置协议书》等腾退安置协议；《退耕地造林合同》；《建设征地转非劳动力自谋职业协议书》；《出售直管公有住宅楼房协议书》；相对人与行政机关在谈话笔录中达成的合意、会议纪要等。从前面的统计情况看，这些涉诉协议大都未被认定为行政协议，进而认为原告的起诉不属于行政诉讼受案范围。法院认定是否属于行政协议的理由和审查方式、审查内容主要有：一是直接依据《最高人民法院关于适用〈中华人民共和国行政诉讼法〉

若干问题的解释》第十一条第（一）项，从协议是否具有实现公共利益或行政管理目标；有无相关法定职责和是否具有行政法上的权利义务内容这三个角度分析；二是针对房屋拆迁安置补偿协议、腾退、安置协议等，从协议签订主体和《最高人民法院关于受理房屋拆迁、补偿、安置等案件问题的批复》已经明确该类协议纠纷由民事途径解决等多角度分析。但目前的司法实践并未对行政协议的识别标准予以进一步阐释和明确，难以解决大量协议是否纳入行政案件受案范围的实际问题。

同时，实践中对国有土地出让合同、房屋拆迁安置补偿协议等是否属于行政协议，两个或多个行政机关之间签订的区域行政协议是否属于行政协议，BOT/PPP 模式的政府特许经营协议是否属于行政协议、是否应通过行政诉讼方式救济等问题仍存争议。行政协议的识别标准是明确该类案件收案范围的首要问题，如何结合现有立法明确与完善行政协议的识别标准问题，仍是司法亟待解决的难题之一。

2. 属于受案范围的行政协议案件因不符合其他起诉条件仍未进入实体审理

目前《行政诉讼法》及《最高人民法院关于适用〈中华人民共和国行政诉讼法〉若干问题的解释》中明确属于行政协议的就是政府特许经营协议及土地、房屋征收征用补偿协议。

调研发现，起诉上述两类协议的案件中，仍有大量没有进入实体审理。总结上述案件未进入实体审理的原因，主要是不符合法定起诉条件。具体理由包括不属于行政诉讼受案范围、起诉没有事实依据、原告主体不适格、原告超过 2 年起诉期限、重复起诉等。还有的案件裁定中止审理，例如，原告同时起诉《房屋征收补偿协议》及其补充协议，补充协议以主协议的成立和有效为前提，应当以主协议的审理结果为依据。

大量属于受案范围的行政协议案件仍未进入实体审理，反映出司法实践中对该类案件起诉条件、起诉期限等问题的审查标准仍不明确：首先，是否持《行政诉讼法》第十二条第一款第（十一）项规定的起诉理由才能构成符合条件的起诉？行政协议案件的诉讼请求该如何表述？当事人是否可以提起变更撤销行政协议之诉？其次，原告主体资格问题，非协议当事人是否有诉权？如果有诉权，如何认定其对被诉协议的利害关系？最后，行政协议类案件针对哪些诉求应该适用民事法律规范关于诉讼时效的规定？哪些应该适用行政诉讼关于起诉期限的规定？

（二）审理中存在问题的原因分析

1. 行政协议立法保障不充分

（1）行政协议立法未成体系，行政协议的法律规制模式仍值得研究。

作为审理行政协议案件的总体理念和原则，行政协议的法律规制模式仍存有争议。行政协议本身兼具行政性和契约性的双重属性，这种“公私”融合性导致其长期被《合同法》排斥，也在很长时间内被排除在行政诉讼受案范围以外。虽然新《行政诉讼法》将行政协议明确纳入受案范围，但还没有行政协议的专门立法，关于行政协议的总体法律规定散见于法律、法规与规章之中，未成体系。行政协议的双重属性同时也决定了必须同时适用公法规范和私法规范才能对行政协议相关问题做出正确认定。但如何平衡公法规则关于稳定性和公定力的价值追求和私法规则关于灵活性和自治性的价值取向，仍值得在法律适用的细节问题上进行探讨。

（2）对于特定类型的行政协议法律规范数量少或相互矛盾。

例如，由于行政协议长期被排除在行政案件受案范围以外，已经有很多明显带有行政属性的协议类争议明确被纳入民事途径解决。《最高人民法院关于审理涉及国有土地使用权合同纠纷案件适用法律问题的解释》和《最高人民法院关于受理房屋拆迁、补偿、安置等案件问题的批复》将国有土地使用权合同和房屋拆迁安置补偿协议纠纷纳入民事途径解决；《政府采购法》规定，政府采购合同适用《合同法》。上述规定是否与新《行政诉讼法》及相关司法解释的规定相互矛盾？

又如，关于PPP模式的政府特许经营协议，2014年12月30日，财政部《关于规范政府和社会资本合作合同管理工作的通知》规定，在PPP模式下，政府与社会资本是基于PPP项目合同的平等法律主体。财政部《关于印发政府和社会资本合作模式操作指南（试行）的通知》第二十八条规定，在项目实施过程中，按照项目合同约定，项目实施机构、社会资本或项目公司可就发生争议且无法协商达成一致的事项，依法申请仲裁或提起民事诉讼。而2015年4月25日，国家发展改革委联合六部委印发的《基础设施和公用事业特许经营管理办法》中指出，特许经营者认为行政机关作出的具体行政行为侵犯其合法权益的，可以依法提起行政复议或者行政诉讼。

2. 行政协议作为新类型行政案件的审判经验不丰富

2015年5月1日至年底，北京法院审理的行政案件共11385件，其中行政协议案件共36件，比例为0.316%；2016年，北京法院审理的行政案件共18588件，其中行政协议案件共313件，比例为1.684%；2017年，北京法院审理的行政案件共19048件，其中行政协议案件共62件，比例为0.325%。从上述数据可以明显看到，历时两年多，行政协议案件数量仍未获得较大提升，进入实体审理的更是少之又少。

作为与2015年新《行政诉讼法》相伴而生的新类型案件，审判实践中会遇到较多不同于传统行政行为合法性审查的新问题，这些问题没有先例可循，需要在审判实践中摸索和尝试，因此，审判经验明显不足也是导致行政协议案件审理尺度不一的现实因素。

三、行政协议案件起诉条件审查的界定规则

（一）行政协议案件起诉条件审查之受案范围

新修订的《行政诉讼法》以及《适用解释》已将行政协议纳入行政诉讼受案范围，但对行政协议采取的是开放式的列举，为行政协议的判断留出了较大的空间。本次调研发现，在司法实践中，对行政协议与民事合同的区分识别在不同的法院经常会出现不同的认定。有案件适用民事诉讼程序进行审理的，也有的案件适用行政诉讼程序进行审理。法官对于行政协议的不同理解导致了对是否属于行政协议的认定上的差异，不同的认定影响了裁判尺度的统一性以及司法程序的稳定性，不利于纠纷的实质性化解。因此，明确行政协议的特征以及范围将有利于确立行政协议的受案范围，以达到确立行政协议审查标准的目的。

1. 行政协议的识别特征

《适用解释》第十一条第一款对《行政诉讼法》第十二条第一款第（十一）项中规定的行政协议作出了司法解释，是指行政机关为实现公共利益或者行政管理目标，在法定职责范围内，与公民法人或者其他组织协商订立的具有行政法上权利义务内容的协议。从上述司法解释的内容来看，识别区分行政协议与民事合同主要通过以下几个方面来判断认定：

（1）协议一方是行政机关，应包括法律、法规以及规章授权的组织。

行政协议订立的主体应有一方为行政机关，而不同于《合同法》等民事法律规范规定民事合同的主体是平等主体的自然人、法人或者其他组织。行政协议中行政主体是不可缺少的主体，另一方则为行政相对人。行政主体因享有一定的行政优益权，其与行政相对人的地位并不完全对等，双方属于管理与被管理的关系，行政主体从要约发出到行政相对人的选择等方面始终处于主导地位。

（2）签订协议的目的是为实现公共利益或者行政管理目标。

签订协议的目的是行政协议与民事合同明显的不同。行政协议的目的是公法意义上的目的，为了实现公共利益或者行政管理目标。比如，《土地管理法》第二条第四款规定，国家为了公共利益的需要，可以依法对土地实行征收或者征用并给予补偿。《国有土地上房屋征收与补偿条例》在第二条中也明确规定了征收国有土地上单位、个人的房屋应是为了公共利益的需要。而平等主体间的民事合同则是为了实现私法上的目的，为了实现自身权益。《合同法》第二条第一款规定，本法所称合同是平等主体的自然人、法人、其他组织之间设立、变更、终止民事权利义务关系的协议。据此可以看出，民事合同签订的目的就在于民事主体基于意思自治实现自身私人的利益。

（3）协议事项必须符合行政机关的法定职责权限。

行政机关签订行政协议必须是“在法定职责范围内”，这是行政机关签订行政协议的职权要求，如行政机关在其职责范围之外签订的行政协议则无效。

（4）协议内容必须具有行政法上的权利义务。

行政协议的内容是涉及行政主体和行政相对人行政法上的权利义务，这也是行政协议与民事合同的重要区别。在行政协议中既要基于行政法律规范的相关规定体现行政主体的权力，也要规定行政相对人的权利以及各方的相应义务。

（5）协议体现签订主体意思表示一致的同时也反映行政主体的行政优益权。

行政主体与行政相对人签订行政协议必须经过协商，意思表示一致。行政协议虽然属于广义上的行政行为，行政协议中行政主体也有一些行政优益权，但是，这并不妨碍行政协议“合意性”“契约性”的一面。行政协议的签订必须尊重相对人的签约意愿，行政主体不得强迫行政相对人签订行政协议。行政协议签订后，行政主体和行政相对人都要受到行政协议的约束，双方都要遵守和履行行政协议的义务，否则应当承担相应的违约责任。但在行政协议签订、履行过程中，行政主体也享有一定的行政优益权，以确保行政主体有效地行使职权，切实地履行职责，圆满地实现公共利益为目标，主要体现在依法选择合同相对方的权利、对合同履行的指挥权和监督权等方面。

2. 行政协议的范围

《适用解释》第十一条第二款通过开放式列举的方式，将政府特许经营协议；土地、房屋等征收征用补偿协议以及“其他行政协议”纳入人民法院的行政受案范围。

（1）政府特许经营协议

政府特许经营是政府通过招标等公平竞争方式，许可特定经营者经营某项公共产品或者提供某项公共服务。政府特许经营广泛存在于城市供水、供气、供热、污水处理、垃圾处理、城市公共交通等公用事业领域。政府特许经营一般采取协议的方式约定双方的权利义务。本次调研活动收集的北京法院审理的行政协议案件中还未出现政府特许经营协议案件，但随着 PPP（Public－Private－Partnership，公私合伙模式）等模式越来越多地作为行政机关的社会管理手段出现，结合行政协议作为行政诉讼受案范围的明确，政府特许经营类行政协议争议也将出现在行政审判的司法实践之中。

（2）土地、房屋等征收征用补偿协议

本次调研发现，北京法院审理的行政协议案件中土地、房屋等征收征用补偿协议占绝大多数。其中土地征收补偿是指政府依法征收农村集体所有土地所给予的补偿。根据《土地管理法》的规定，征收土地的，按照被征收土地的原用途给予补偿，该法还规定了补偿的项目和标准。虽然该法没有规定土地征收补偿采取协议的方式，但实践中有以协议方式确定补偿的。采取协议方式确定补偿，有利于减少纠纷，将来可以成为制度化的土地征收补偿方式。房屋征收补偿是行政机关征收国有或者集体土地上的房屋所给予的补偿。征收国有土地上的房屋，根据《国有土地上房屋征收与补偿条例》的规定，可以采取订立补偿协议的方式。房屋征收部门与被征收人依据条例的规定，就补偿方式、补偿金额和支付期限、用于产权调换房屋的地点和面积、搬迁费、临时安置费或者周转用房、停产停业损失、搬迁期限、过渡方式和过渡期限等事项，订立补偿协议。补偿协议订立后，一方当事人不履行补偿协议约定的义务的，另一方当事人可以依法提起诉讼。根据该条例，达不成协议的，由房屋征收部门报请作出房屋征收决定的市、县级人民政府依照条例的规定，按照征收补偿方案作出补偿决定。该补偿决定是行政行为，可以提起行政诉讼。除土地、房屋等不动产外，对于其他不动产也存在通过行政协议的方式征收征用补偿的可能性。例如，集体所有的宅基地、自留山、自留地、山岭、草原、荒地、滩涂等。

动产也可以成为行政协议中征用的对象。一般来说，征收的对象是不动产，而征用的对象除了不动产之外还包括动产。《物权法》第四十四条规定："因抢险、救灾等紧急需要，依照法律规定的权限和程序可以征用单位、个人的不动产或者动产。被征用的不动产或者动产使用后，应当返还被征用人。单位、个人的不动产或者动产被征用或者征用后毁损、灭失的，应当给予补偿。"《人民警察法》第十三条第二款规定："公安机关因侦查犯罪的需要，必要时，按照国家有关规定，可以优先使用机关、团体、企业事业组织和个人的交通工具、通信工具、场地和建筑物，用后应当及时归还，并支付适当费用；造成损失的，应当赔偿。"此外，《国家安全法》《戒严法》和《水法》中也有类似规定。

知识产权也可能成为被征收征用的对象。我国《专利法》第十四条规定了强制许可制度，即国有企业事业单位的发明专利，对国家利益或者公共利益具有重大意义的，国务院有关主管部门和省、自治区、直辖市人民政府报经国务院批准，可以决定在批准的范围内推广应用，允许指定的单位实施，由实施单位按照国家规定向专利权人支付使用费，但并非由国家给予相应的补偿。当然，如果该知识产权由国家征用，国家亦须予以补偿。

（二）行政协议案件起诉条件的审查之诉讼请求

行政诉讼类型较为复杂，诉讼请求的表述带有一定的专业性，表述不适当，可能限制诉权的行使，甚至会导致不利的诉讼后果。《行政诉讼法》第四十九条只规定"有具体的诉讼请求和事实根据"，但当事人的诉讼请求具体怎么表述，法院无法控制。法院能做的是经由释明，探求原告起诉的真实目的，使其有补正和变更的机会。[①] 就行政协议案件而言，本身属于新类型，原告如何提起诉讼及法院如何审查都是一个逐渐摸索和熟悉的过程。因此，对于行政协议案件的诉讼请求进行研究、分类、指引，显得尤为重要。

1. 依法可以提起行政诉讼的行政协议行为

行政协议的签订、履行是一个过程，其中包含许多相对独立的行为。根据《行政诉讼法》第十二条第一款第（十一）项、第七十八条，《适用解释》第十五条有关行政协议判决的规定，公民、法人或者其他组织作为行政协议的另一方，可以针对以下几类行为提起行政诉讼：

一是行政机关不依法履行、未按约定履行行政协议的行为，也可以称为不履行行政义务的行为。在行政协议签订和履行过程中，行政机关的行政义务，不仅包括法律、法规、规章规定的义务，也可以称之为法定职责，也包括不履行约定义务和因先前行为产生的附随义务。行政机关不履行上述义务中的任何一种，不管是法定义务还是约定义务、附随义务，或者是反映在约定中的法定义务，行政协议的另一方均可提起行政诉讼。这种不履行可以是行政协议有效成立后至行政协议约定的履行期届至前，行政机关一方明确表示或者以行为表明的预期违约，也可以是行政机关能够履行而故意不履行，或者是因不可抗力等不可归责于行政机关的事由导致的事实上不可能履行，还可以是行政机关对行政协议的瑕疵履行或者是加害履行、迟延履行等。针对上述情形，可以提起课以义务诉讼或者一般给付诉讼，请求法院判决行政机关继续履行协议；当然，也可以请求法院判决解除行政协议、行政机关采取补救措施、赔偿损失。

二是合法变更、解除行政协议的行为。根据《适用解释》第十五条第三款的规定，合法变更、解除行政协议的行为是指行政机关因公共利益需要或者其他法定理由单方变更、解除协议。也就是说，如果行政协议的履行出现危害国家利益或公共利益的情形，或者遇到法律、法规、规章修改或废止、政策重大调整、变化等其他法定事由，行政机关可以依照法定程序，通过变更、解除的方式终结行政协议的效力。此时，可以提起一般给付诉讼，请求法院判决给予补偿，如果其仅诉请确认行政机关变更或解除行政协议的行为违法，未提出给予补偿的诉讼请求，法官可行使释明权，但不应主动判决补偿。

---

① 其中有1件案件因事实不清经二审法院审理后，发回重审。

三是违法变更、解除行政协议的行为。如前所述，在行政协议履行过程中，行政机关享有优益权，为了公共利益的需要或者基于其他法定事由，行政机关可以单方决定变更或解除行政协议，此外，行政机关基于单方的意思表示变更、解除行政协议，就需要行政协议明确约定的变更、解除条件成就。在无法定事由也无行政协议约定的情况下，单方变更、解除行政协议，就是一种违约行为。此时，可以提起撤销诉讼，同时请求法院判决行政机关继续履行协议，笔者认为，这里的撤销诉讼，应该是诉请法院撤销行政机关违法变更、解除行政协议的行为，而非行政协议本身。当然，也可以针对变更行政协议的行为，请求法院判决解除行政协议、行政机关采取补救措施、赔偿损失；或者是针对解除行政协议的行为，请求法院判决行政机关采取补救措施、赔偿损失。

四是行政协议签订及其效力争议。在前述几类行政协议的审理中，人民法院除针对履行争议本身进行审理外，还应当先审查行政协议的签订是否合法，行政协议内容是否有效，只有在行政协议有效的前提下，才能对行政协议的履行情况进行审查。也就是说，人民法院审理行政协议案件时，都隐含着一个对行政协议效力的判断，而不论原告方是否提出确认行政协议有效或无效的诉讼请求，因为对效力问题的判断是对是否履行行政协议作出判断的前提。如果行政协议的签订及效力存在问题，行政机关违反行政协议约定义务，可能亦不构成违法。当然，对于行政协议的签订和效力本身，行政协议的另一方也可以提起行政诉讼。对行政协议签订的合法性进行司法审查，包括行政机关具有订立行政协议的法定资格、订立行政协议时应遵守相关的法律程序，行政协议的内容不能违反法律法规的规定等。如果行政协议的另一方认为协议签订过程中行政机关存在违反诚实信用原则、自愿原则、恶意进行磋商、故意隐瞒或者提供虚假信息，违反公平、公开竞争原则，侵犯国家利益、公共利益或者他人合法权益等情形的，可以提起确认之诉，请求确认协议无效。人民法院优先适用行政法律规范的前提下，参照《合同法》的规定，若经审理认为行政协议无效的，可以依照《行政诉讼法》第七十五条规定的“重大且明显违法情形”，依法判决确认该行政协议无效。

2. 是否可以诉请判决撤销、变更行政协议

关于是否可以诉请人民法院判决撤销、变更行政协议，目前仍存有争议，一种观点认为，根据《合同法》第五十四条的规定，在以下几种情况下，行

政协议的另一方可以诉请法院判决撤销或变更行政协议：第一，有正当理由要求解除合同而行政机关不同意解除的；第二，行政机关有违约行为，请求解除的；第三，因为客观情势的变化，行政协议的履行已经不可能、没必要或者继续履行可能遭受更大损失的；第四，行政相对人因重大误解订立的；第五，行政机关在订立协议时显失公平的。另一种观点则认为《适用解释》第十五条并未规定原告有诉请法院变更或者撤销行政协议的权利，即仅行政机关可以变更、解除行政协议，原告只能诉无效或解除，且原告依据《合同法》第五十四条的规定以重大误解、显失公平为由主张撤销或变更，《适用解释》难以支持，《合同法》第五十四条规定的欺诈、胁迫、乘人之危的情形也较难予以证明。

对此，笔者认为，从构建完整的行政协议救济体系来讲，应可以诉请撤销或变更行政协议。就撤销而言，首先，从效力的角度看，合法性和有效性之间并非单一维度的对应关系，违法并不意味着无效，也就是说，合法性出现问题并不一定导致行政协议无效，如前所述，当行政协议出现《行政诉讼法》第七十五条及《合同法》第五十二条规定的情形时，可以认定无效，但如果行政协议仅出现一般违法情形，如重大误解等意思表示不真实的情形，或是出现其他一般程度的合法性欠缺，应当可以被撤销。其次，《合同法》第五十四条中列举的可以诉请撤销或变更行政协议的情形，虽然部分情况可以通过诉请解除行政协议来实现，但解除与撤销的效力毕竟不同，重大误解及显失公平等意思表示不真实、导致丧失合同公平性的情形，更适宜通过判决撤销的方式实现。就变更而言，笔者认为，首先，虽然没有涉及行政协议的内容，但《行政诉讼法》第七十七条规定了变更判决的适用，加上《合同法》第五十四条的规定，使得变更判决适用于行政协议具备法理基础。其次，与民事合同不同，行政协议中的内容许多是由法律、法规、规章或规范性文件直接确定的，如果出现《行政诉讼法》第七十七条及《合同法》第五十四条规定的情形，原告诉请变更的，人民法院判决变更具有裁判依据和正当性。

可见，行政协议案件中，行政机关订立或履行行政协议侵犯公民、法人或者其他组织权利，都可以通过提出一个诉讼请求，利用适当的诉讼种类，诉请人民法院予以裁判和救济。但是诉讼请求对于所要实现目的本身的准确表述，不应成为原告方的义务甚至负担，这里需要有法官的指导、释明、审查和判断。

（三）行政协议案件起诉条件的审查之起诉期限和原告主体资格

1. 关于行政协议之诉的起诉期限问题

《适用解释》第十二条规定，公民、法人或者其他组织对行政机关不依法履行、未按照约定履行协议提起诉讼的，参照民事法律规范关于诉讼时效的规定；对行政机关单方变更、解除协议等行为提起诉讼的，适用行政诉讼法及其司法解释关于起诉期限的规定。司法解释的该条规定看似解决了《行政诉讼法》第十二条第一款第（十一）项所规定的行政协议之诉如何审查起诉期限的问题，但实际上仍留下大量法律适用疑难问题尚待进一步探究。

第一，如何参照民事法律规范关于诉讼时效规定的问题。民法诉讼时效与行政诉讼起诉期限是两个性质截然不同的法律概念，《民法总则》第一百八十八条、第一百九十二条、第一百九十三条规定，向人民法院请求保护民事权利的诉讼时效期间为三年，法律另有规定的依照其规定，诉讼时效期间届满的，义务人可以提出不履行义务的抗辩，人民法院不得主动适用诉讼时效的规定。当事人超过诉讼时效丧失的是实体方面的胜诉权，而非不符合起诉条件，且诉讼时效在符合法定情形时得中断和重新计算。《最高人民法院关于适用〈中华人民共和国行政诉讼法〉若干问题的解释》第三条第一款第（二）项规定，超过法定起诉期限且无正当理由的，已经立案的，应当裁定驳回起诉，当事人超过法定起诉期限，丧失的是提起行政诉讼的权利，法院应当主动审查起诉是否超过法定期限，并据此裁定驳回起诉或进入实体审理。既然诉讼时效和起诉期限的性质不同，就不存在只能择一适用的问题，根据现有法律规定和一般法理，针对行政机关不依法履行、未按照约定履行协议提起诉讼的，应当首先审查是否超过起诉期限，对于没有超过法定起诉期限的，进入实体审理后，义务人还可基于诉讼时效期间届满提出不履行义务之抗辩。然而，对于行政协议的案件，通常可自协议签订之日开始计算起诉期限和诉讼时效，这样超过两年即不得再提起行政诉讼，而进入实体审理的案件一般不会出现超过三年诉讼时效的情形，这样前述司法解释关于参照诉讼时效的规定便失去了实际意义或产生逻辑悖论。那么换一个角度说，司法解释的上述规定是否意味着对行政机关不依法履行、未按照约定履行协议提起诉讼可以不适用行政诉讼起诉期限之规定呢？此方面尚待司法解释进一步予以明确。

第二，关于其他行政协议之诉起诉期限的法律适用问题。《最高人民法院关于适用〈中华人民共和国行政诉讼法〉若干问题的解释》中除了前述第十二条以外，第十六条关于诉讼费用也作了类似的两分法规定，即对行政机关不依法履行、未按照约定履行协议提起诉讼的准用民事法律规定，对行政机关单方变更、解除协议等行为提起诉讼的适用行政诉讼法及司法解释规定。依此类推，对行政机关行使行政优益权引起的行政协议之诉，可以比照对行政机关单方变更、解除协议等行为提起诉讼的案件，适用行政诉讼法及其司法解释关于起诉期限的规定；而其他一些协议性特点更为突出的行政协议案件，应考虑参照民法诉讼时效制度规定。例如，实践中较为常见的原告请求解除协议或者确认协议无效的案件，就可以参照民法诉讼时效的规定。当然，这方面也存在前文所论述的将民事法律规范引入行政诉讼领域可能引起的兼容性问题，需要进一步研究解决。

2. 关于行政协议之诉的原告资格问题

正确认定与处理行政协议之诉原告资格涉及一般行政诉讼原告资格与协议的相对性两方面问题：

第一，行政诉讼法关于原告资格的规定是审查行政协议诉讼原告资格的法律依据。《行政诉讼法》第二十五条规定，行政行为的相对人以及其他与行政行为有利害关系的公民、法人或者其他组织，有权提起诉讼。据此，与行政机关订立行政协议的公民、法人、其他组织（以下简称行政协议相对人）当然有权利提起行政协议之诉，而协议相对人以外的人是否有权提起行政协议之诉，主要应把握两条审查标准：一是以行政诉讼法其他明确规定作为起诉依据。例如，《最高人民法院关于执行〈中华人民共和国行政诉讼法〉若干问题的解释》第十三条第（一）项规定，被诉的具体行政行为涉及其相邻权或者公平竞争权的，可以依法提起行政诉讼。据此，协议相对人以外的主体能够初步证明协议侵犯其相邻权或者公平竞争权的，有权提起诉讼。二是其他与行政协议有利害关系的公民、法人或者其他组织。《行政诉讼法》第二十五条明确了“利害关系”的原告资格审查标准，实际上这一标准与《民事诉讼法》第一百零八条的规定具有一致性。行政协议相对人以外的公民、法人、其他组织如要突破协议相对性原则提起诉讼，就需要证明其合法权益可能受到了行政协议的实际侵害，并且除就该协议提起诉讼外，并无其他更为直接的救济途径。审查行政协议之诉原告资格还应当结合原告所提诉讼请求进行，即结合原告请求确认协议有效或者无效、解除协议或者履行协议、判决赔偿或者补偿与其是否存在法律上的利害关系进行审查。

第二，协议的相对性原则是审查行政协议诉讼原告资格应予考虑的问题。《合同法》第八条规定，依法成立的合同，对当事人具有法律约束力，当事人应当按照约定履行自己的义务，不得擅自变更或者解除合同。合同相对性是《合同法》的重要原则之一，行政协议虽然与民事合同有所区别，但亦须遵循协议相对性的一般原理，据此，行政协议相对人有权就协议的履行、效力等问题提起诉讼，而协议相对人以外的公民、法人、其他组织是否有权起诉则存在争议。由于合同关系仅是在特定人之间发生的法律关系，因此，只有合同关系当事人彼此之间才能相互提出请求，与合同关系当事人没有发生合同上的权利义务关系的第三人，不能依据合同向合同当事人提出请求或者提起诉讼。[①] 正是基于合同相对性原则，故不能任意扩大行政协议诉讼的原告范围，亦是缘于对合同相对性的发展与突破，而应当考虑特定情形下赋予协议相对人以外主体以提起诉讼的权利。有学者总结我国以成文法形式规定的对合同相对性原则的发展与突破具体包括为第三人设定利益的合同，债的保全制度，租赁权的物权化，缔约过失责任及后合同义务。[②] 当然，行政协议诉讼实践中能否运用突破协议相对性理论还需要推动立法、司法解释的发展，如能否引入代位权及撤销权制度等问题，都需要由有权机关予以明确。

---

① 参见翁岳主编：《行政法（下册）》，中国法制出版社 2009 年版，第 1357 页。

② 王利明："论合同的相对性"，载《中国法学》1996 年第 4 期。

关于涉“三改一拆”行政诉讼案件有关问题的调研

浙江省高级人民法院联合课题组

【摘要】2013 年浙江省全省深入开展旧住宅区、旧厂区、城中村改造和拆除违法建筑（以下简称“三改一拆”）行动以来，涉“三改一拆”行政诉讼案件成为司法审查的重点领域。2015 年 5 月 1 日，新行政诉讼法与立案登记制同步实施，导致进入诉讼程序的“三改一拆”行政诉讼案件大幅增加。从审判实践来看，因为存在行政行为确认违法率高、行政机关赔偿率高、案件协调撤诉率低、信访风险等级高等特点，稍有不慎就极易引发当地群体性事件，阻碍党政中心工作的顺利推进，此类案件已成为法治政府建设过程中的焦点问题，引起了司法行政各部门的极大关注。为此，为指导全省法院办理好此类案件，省高院联合课题组基于近三年涉“三改一拆”行政诉讼案件，围绕行政机关在该类案件中败诉的原因与行政强制拆除案件审判过程中出现的一些问题难点展开了专项调研，最终形成了本报告。

本报告在引言与结语之外共分三部分。第一部分，梳理近三年浙江省全省法院涉“三改一拆”一审行政诉讼 2152 件案子的基本情况，从时间、区域、案由等维度概括案件特征，并进而针对涉“三改一拆”行政诉讼案件的特殊性，提出了一种新的案件统计分析视角。第二部分，依托《行政诉讼法》第七十条和第七十四条的有关规定，凝练涉“三改一拆”行政诉讼案件最容易发生违法行为的构成要件，进而依据案由区分行政处罚与行政强制、不履行法定职责、行政复议以及行政赔偿四大类案件，逐一分析不同类型案件中行政机关被判处败诉的主要原因，概括不同原因下行政机关行为失当的典型案例表现，并依区域和行政机关类型两大维度考察不同区域和不同行政机关对待主要构成要件的态度进而依法行政水平的差异。第三部分，依托上述数据分析，针对行政机关在涉“三改一拆”案件中行为不当之处，围绕违法建筑的查处这一行政行为，从主体资格问题、事实与法律依据问题、程序正当性问题以及合理行政问题四个方面切入，提出规范行政机关行政行为、提升行政机关依法行政水平的针对性建议。

【关键词】“三改一拆” 行政处罚 行政强制 败诉原因 依法行政

一、引言

自省政府决定，从2013年至2015年在全省深入开展“三改一拆”三年行动以来，进入诉讼程序的行政拆除案件大幅增加。虽然截至今年，“三改一拆”三年计划已告结束，但仍有一部分案件还未进入诉讼程序，加之“五水共治”又清理了部分污染企业，未来一两年内仍会是行政强制拆除案件的高发期。而从审判实践来看，因为存在行政行为确认违法率高、行政机关赔偿率高、案件协调撤诉率低、信访风险等级高等特点，稍有不慎就极易引发当地群体性事件，阻碍行政中心工作的顺利推进，此类案件已成为法治政府建设过程中的焦点问题，引起了司法行政各部门的极大关注。

然而，一方面，这类案件裁判过程中存在哪些问题？目前实务中还不见有全面深入的研究。另一方面，涉“三改一拆”案件中政府败诉的主要原因何在？政府的行为存在哪些潜在问题？这些问题也没有得到科学系统的回答。鉴于此，也为了更精准地服务保障党政中心工作，本研究从行政强制拆除过程出发，以近三年浙江省法院涉“三改一拆”案例为分析样本，探讨分析浙江省涉“三改一拆”行政诉讼案件中政府败诉的原因与行政强制拆除案件审判过程中出现的一些问题难点，并据此对行政强制拆除中三个可诉阶段的行政行为即限期拆除决定、强制拆除决定和强制拆除行为类型化的司法审查要点和标准，探索行政强制拆除类型化审查模式，希望法院能在统一裁判尺度、提高审判质量、维护司法权威的同时能够高效地审查行政强制拆除案件，以司法倒逼依法行政，规范行政程序，改进行政执法方式，减少“三改一拆”中的行政争议，有效提升行政效能和依法行政水平。

二、基本情况

（一）案件基本情况初步统计

2015年1月到2017年6月，浙江省全省法院一审共办结涉“三改一拆”

案件2152件。[①] 其中，驳回起诉的案件426件，占19.8%；而判决行政机关败诉（含撤销、确认违法或无效、变更、履行法定职责、赔偿）的案件1177件，占比达到54.7%，远远高于一般行政诉讼案件中政府被判败诉的比率。

从区域上看，涉“三改一拆”案例不管是在案件发生数量还是在政府败诉率上均表现出了巨大的差异。表1给出了各地区不同年份判决案件的败诉比例。从时间维度上看，全省行政机关败诉率一直保持在较高的水平，依法行政水平并未随着时间的推移而有明显提升，行政机关败诉率随着时间推移而呈下降趋势的只有宁波、温州、绍兴三地，有些区域的败诉率甚至随着时间推移而上升，如嘉兴。由表1可知，杭州、宁波、温州、绍兴、丽水的败诉率高于全省平均水平，而嘉兴、湖州、金华、衢州、舟山、台州的败诉率低于全省平均水平。

表1　浙江省近三年全省各地法院涉“三改一拆”案件数量及败诉率

地区	2015年		2016年		2017年		合计	
	案件数	败诉率	案件数	败诉率	案件数	败诉率	案件数	败诉率
杭州	148	65.5%	155	50.3%	59	61.0%	362	58.3%
宁波	99	72.7%	65	55.4%	35	51.4%	199	63.3%
温州	205	75.1%	130	43.1%	44	36.4%	379	59.6%
嘉兴	108	22.2%	29	27.6%	17	47.1%	154	26.0%
湖州	36	41.7%	29	65.5%	13	53.8%	78	52.6%
绍兴	80	77.5%	205	74.6%	88	69.3%	373	74.0%
金华	72	45.8%	103	29.1%	36	44.4%	211	37.4%
衢州	53	62.3%	106	18.9%	12	41.7%	171	33.9%
舟山	8	50.0%	1	0	3	66.7%	12	50.0%
台州	57	50.9%	53	43.4%	19	57.9%	129	48.8%
丽水	30	26.7%	50	82.0%	4	50.0%	84	60.7%
小计	896	59.3%	926	50.1%	330	55.2%	2152	54.7%

从案件类型上看，涉“三改一拆”案件主要集中在行政处罚、行政强制、行政复议、不履行法定职责四大领域，这四类案件总计1905件，占

① 本研究在统计时排除了通过调节方式解决的案件、撤诉的案件以及视为撤诉的案件。

89%，另有行政赔偿类案件182件[①]，占8.5%，其他案件55件，占2.6%。从败诉率上看，从表2中可知，行政处罚与行政强制案件不仅是涉“三改一拆”案件的类型集中地，同时也是政府行为失当、公私矛盾焦点的聚集地。行政处罚与行政强制类案件占了涉“三改一拆”案件的73.9%，而行政机关在这类案件中的败诉率更是高达64.2%，远超其他类案件中行政机关的败诉率。

表2　按行政行为分涉“三改一拆”不同类型案件数量及败诉率

类型	案件数	败诉率
不履行法定职责	195	26.2%
行政处罚与行政强制	1590	64.2%
行政复议	130	28.5%
行政赔偿	182	25.8%
其他	55	40.0%
合计	2152	54.7%

最后来看行政赔偿案件。2015年至2017年上半年，浙江省涉“三改一拆”行政赔偿案件共结案756件，其中一并提起行政赔偿案件581件，单独提起行政赔偿案件182件。在这些案件中，驳回起诉案件137件，占18.1%；判决行政机关承担赔偿责任的案件185件，占24.6%。在判决赔偿的185件案件中，有4件判决恢复原状（或者返还财物），剩余案件判决平均赔偿金额为76649元（方差196939.3元）。

（二）案件深化分析

上面的统计结果所依赖的计算方法存在两方面的缺陷。首先，这种方法在统计时简单地把一个案例作为一个样本展开分析。从直觉上看，这当然没有什么错误，但是鉴于司法裁判的严谨性，法官在裁判时需要依据非常不同的法律和事实对每一个被告的每一种诉求展开独立研判，因此基于案件层面展开的分析就很容易丢失每个案件中潜藏的差异以及微妙之处。这种情况对于涉“三改一拆”案件来说更是十分常见。比如，涉“三改一拆”案件中有很大一部分涉及多个共同被告，但是由于这些共同被告并不一定是适格被告，

① 行政赔偿案件存在一定特殊性，因为赔偿案件既可以单独提起诉讼，也可以附带在其他诉讼之中，这里所指是单独提起诉讼的案件，后文还会有进一步的分析。

或者这些共同被告所涉行政行为非常不同，这就很可能导致一个案件中针对有些被告的起诉被驳回，有些被告被判决败诉。鉴于此，更为科学合理的统计应该是聚焦到单个被告上，不以单个案例作为最小分析单位，而是以每个被告作为最小分析单位展开分析。①

其次，在计算本研究最关心的研究对象——行政机关的败诉率时，传统的做法一般就是把行政机关败诉数量除以一审结案总量，再乘以100%。这种计算方法直觉上同样没有任何问题，但是如果仔细考虑就会发现，这种方法很可能低估了行政机关行为不当的程度。因为在审判过程中，有大量案件尚未进入实质审查阶段就已经因为各种缘由被驳回起诉。显然，如果研究目的在于分析行政机关败诉的原因，那就更应当把研究注意力聚焦到那些已经对行政机关行为合法性展开审查的案件上。

综合上述考虑，我们重新构造了一个数据文件，这个文件把最小分析单位聚焦到每个案件中的每个被告，与此同时剔除了那些驳回起诉的案件。如此，我们总共获得来自1745个案件的2264个样本。利用这个数据库，我们重新计算了涉“三改一拆”案件中行政机关的败诉率。表3给出了区域年份维度上的结果，表4给出了案件性质上的结果。

表3 近三年全省各地涉“三改一拆”行政诉讼案件判决样本数及行政机关败诉率

地区	2015年		2016年		2017年		合计	
	样本数	败诉率	样本数	败诉率	样本数	败诉率	样本数	败诉率
杭州	139	72.7%	133	67.7%	55	65.5%	327	69.4%
宁波	90	91.1%	54	68.5%	35	57.1%	179	77.7%
温州	304	77.3%	144	78.5%	52	59.6%	500	75.8%
嘉兴	174	16.1%	26	27.6%	18	55.6%	218	21.1%
湖州	27	55.6%	40	72.5%	13	61.5%	80	65.0%

① 严格意义上，最小分析单位应该是针对每个被告的每个诉讼请求。不过由于在涉“三改一拆”案件中，除了行政赔偿类案件，绝大多数案件的诉讼请求均非常明确，多为请求撤销或者确认违法、要求行政机关履行职责等，只有少部分案件会增加比如规范性文件审查之类的诉请，因此为了简化问题，本研究选择每个被告作为最小分析单位。

续表

地区	2015 年		2016 年		2017 年		合计	
	样本数	败诉率	样本数	败诉率	样本数	败诉率	样本数	败诉率
绍兴	76	90.8%	184	95.1%	68	89.7%	328	93.0%
金华	76	56.6%	116	33.6%	27	59.3%	219	44.7%
衢州	44	72.7%	97	21.6%	8	75.0%	149	39.6%
舟山	6	66.7%	1	0	3	66.7%	10	60.0%
台州	53	56.6%	46	52.2%	16	68.8%	115	56.5%
丽水	29	34.5%	105	95.2%	5	80.0%	139	82.0%
小计	1018	63.8%	946	67.2%	300	68.3%	2264	65.8%

表 4 浙江省近三年涉“三改一拆”不同类型案件判决样本数及行政机关败诉率

类型	样本数	败诉率
不履行法定职责	125	43.2%
行政处罚与行政强制	1724	74.4%
行政复议	202	37.6%
行政赔偿	175	28.6%
其他	38	71.1%
合计	2264	65.8%

统计结果表明，在剔除了驳回起诉的案件之后，行政机关的败诉率大幅上升。而且，全省行政机关的败诉率还呈现出小幅上升的趋势，尽管统计上并不显著①；不过综观全省，只剩下宁波一地的败诉率能够保持随着时间的推移而下降的趋势。从区域上看，区域之间的差异依然跃然纸上。② 杭州、宁波、温州、绍兴、丽水的败诉率高于全省平均水平，而嘉兴、湖州、金华、衢州、舟山、台州的败诉率低于全省平均水平。

从案件类型上看，占了案件总数 76.1% 的行政处罚与行政强制类案件依然是行政机关行为失当的主要集中地，这些案件中行政机关的败诉率显著高

---

① 卡方检验，$p = 0.255$。

② 卡方检验，$p = 0.000$。

于不履行法定职责和行政复议案件。[①] 不过在新的计算方法下，其他类型案件中行政机关败诉率大幅上升，超过了平均水平。

就行政赔偿而言，按照新的计算方法，全省共审结涉“三改一拆”行政赔偿案件741次，其中一并提起行政赔偿案件566次，单独提起行政赔偿案件175次。在这些样本中，判决行政机关承担赔偿责任的样本为192次，占比25.9%。在这给出判决要求赔偿的192个样本中，除去判决恢复原状的样本，剩余样本判决平均赔偿金额为74893.4元（方差192499元）。

从被告行政机关的类型来看，涉“三改一拆”类案件主要的被告有城管、国土、城建、各级政府及其派出机构四类。这四类被告占到所有案件的99%。表5中给出了不同行政机关在涉“三改一拆”案件中败诉的比例。统计检验显示，不同类型被告尤其是占主要地位的四类被告行政机关的败诉率并没有表现出明显的差异。[②] 不过进一步的分析发现，当我们把乡镇一级政府（包括街道办事处）从各级政府之中抽离出来，可以看到，乡镇一级政府在涉“三改一拆”案件之中的败诉率要显著高于其他更高层级的政府。[③] 不仅如此，乡镇政府的败诉率还要显著高于城管部门和国土部门。[④] 换言之，乡镇一级政府已成为涉“三改一拆”案件矛盾的主要聚集地。

表5 不同类型行政机关在涉“三改一拆”案件中的败诉率

行政机关类型	样本数	败诉率
城管	382	61.0%
国土	208	63.9%
城建规划	162	68.5%
各级政府	1484	66.7%
其中：乡镇一级政府	1119	75.4%
其他	28	82.1%
合计	2264	65.8%

① 卡方检验，$p=0.000$。
② 卡方检验，$p=0.071$，$p=0.153$。
③ 卡方检验，$p=0.000$。
④ 卡方检验，$p=0.001$，$p=0.000$。

三、败诉原因分析

按照《行政诉讼法》第七十条规定，行政行为有下列情形之一的，人民法院判决撤销或者部分撤销，并可以判决被告重新作出行政行为：（一）主要证据不足的；（二）适用法律、法规错误的；（三）违反法定程序的；（四）超越职权的；（五）滥用职权的；（六）明显不当的。如果因为第七十四条规定的情形不撤销或者不需要撤销的，判决确认违法。换言之，依据《行政诉讼法》的上述规定，在一审案件中，只要行政机关有违背上述六大要件之一，即可判决行政机关撤销行政行为，或者在不可撤销的情况下依照《行政诉讼法》第七十四条规定确认其行为违法。这是一种充分条件的关系，下面就沿着这一逻辑，首先对浙江省近三年涉“三改一拆”案件中行政机关败诉的原因给出一个概貌性的统计，然后再根据案件性质的不同，识别各类案件中行政机关败诉的典型原因。

（一）总体情况

在近三年浙江省涉“三改一拆”的行政诉讼案件中，发生违反《行政诉讼法》规定的要件情形以及这些情形中行政机关被判处违法的基本情况可见表6的统计。依据统计可以看出，行政机关行为不规范的重灾区发生在程序失当上。在总共2264个样本中，有1337个样本中行政机关未履行正当程序，占到59.1%。不过，数据同时显示，行政机关在违背了《行政诉讼法》规定的要件之后，唯有在主要证据不足的情形中会被确定判处违法。在行政机关超越法定职权的情形中，只有67.5%的可能被判处违法。这意味着，一方面，行政机关行政行为不规范的表现虽然覆盖到从程序到实体的各个领域，但是最突出的表现依然是在程序失当上；另一方面，司法机关对于法定五大要件的态度呈现出明显的不同。

表6 浙江省涉“三改一拆”的行政诉讼案件行政机关败诉的原因汇总

违反要件类型	违反要件样本数	占样本总数比例	败诉样本数	占比
主要证据不足	398	17.6%	398	100%
适用法律法规错误	389	17.2%	378	97.2%
未履行正当程序	1337	59.1%	1155	86.4%

续表

违反要件类型	违反要件样本数	占样本总数比例	败诉样本数	占比
超越法定职权	431	19%	291	67.5%
行为明显不当	243	10.7%	239	98.4%

由于总体层面的数据无法揭示足够的信息，因此，为了更好地把握涉“三改一拆”案件中行政机关败诉的原因，还需要有更细致的分析。下面，我们就按照行政诉讼案件的性质，区分涉“三改一拆”案件中的四大类行政诉讼案件——行政处罚与行政强制、不履行法定职责、行政复议以及行政赔偿案件，分别展开分析。

（二）行政强制、行政处罚案件败诉原因分析

在涉“三改一拆”行政诉讼案件中，最常见的是行政处罚和行政强制类案件。同样，这类案件中行政机关败诉的原因也非常具有典型性，覆盖了《行政诉讼法》第七十条所涉及的所有条款。下面逐一归纳总结。

1. 行政行为主要证据不足

据统计，在涉“三改一拆”行政处罚和行政强制案件的 1724 个判决样本中，共发生行政行为主要证据不足的情况 313 次，占 18.2%。有意思的是，所有这 313 个样本中被诉的行政机关都因为主要证据不足而被判决败诉。换言之，证据不足与诉讼结果之间呈现出一种非常确定的关系，而且这种关系并不受其他因素的影响，表现出司法裁判尺度的统一性，由此可见司法裁决对证据充分性的关注。表 7 总结了涉“三改一拆”行政处罚与行政强制案件中行政机关行政行为主要证据不足的典型表现。

表 7　行政机关行政行为主要证据不足的表现

主要证据不足类型	表现	典型案例
未查清涉案建筑是否违法建筑或者非法占用土地即作出具体行政行为	未给出规划依据，不能证明涉案建筑位于规划范围内	(2015) 杭萧行初字第 130 号
	只给出村委会证明，不足以认定涉案建筑的建筑时间	(2015) 杭西行初字第 29 号
	原告建房手续未办妥系因规划变动导致，非因其不愿意办理审批手续	(2015) 杭桐行重字第 1 号
	未明确非法占用土地的位置，未提供测绘依据	(2017) 浙 0108 行初 2 号
审判过程中被诉行政机关未承担举证责任	在法定期限内既未向法院提出延期举证申请，也未及时提供被诉行政行为的证据，且无正当理由未到庭参加诉讼，视为没有相应证据	(2015) 金东行初字第 53 号

我们可以对数据做进一步挖掘，看看不同区域、不同行政管理部门对于证据充分性的态度是否存在不同，以此一窥不同区域、不同行政管理部门依法行政程度的差异。统计表明，不同区域行政机关对证据的重视程度确实截然不同，不同地区行政机关行政行为违背证据充分性要件的比例显著不同。①表 8 给出了一个直观的说明，杭州、温州、绍兴、舟山、丽水五地市行政机关在行动过程中对证据充分性的关注低于全省平均水平。

表 8　不同地区涉“三改一拆”案件中行政机关行为证据充分性比较

地区	证据不充分情形样本数	占当地样本数比例
杭州	49	22.4%
宁波	8	6.7%
温州	90	21.6%
嘉兴	3	1.5%
湖州	5	15.2%
绍兴	76	27.2%
金华	12	7.1%

① 卡方检验，$p = 0.000$。

续表

地区	证据不充分情形样本数	占当地样本数比例
衢州	8	7.1%
舟山	5	62.5%
台州	3	5.5%
丽水	54	49.5%
小计	313	18.2%

表9给出的结果进一步表明，不同行政机关对于行政行为证据充分性的关注同样迥然有异。[①] 国土部门最不关注证据的充分性，而城管部门在执法过程中证据搜集方面表现最好。

表9　不同类型行政机关对于行政行为证据充分性的关注程度比较

行政机关类型	证据不充分情形样本数	占部门样本数比例
国土	57	35.8%
城管	30	9.8%
城建规划	37	30.8%
各级政府	182	16.4%
其中：乡镇一级政府	166	17.4%
其他	7	26.9%
小计	313	18.2%

2. 行政行为适用法律法规错误

据统计，在涉“三改一拆”行政处罚和行政强制案件判决的1724个样本中，共发生适用法律法规错误的情况330次，占19.1%。不过在这330次适用法律法规错误的情况中，只有323次行政机关被判决败诉，占比97.9%。换言之，并非所有适用法律法规错误的情况中行政机关都会被判决败诉，有一些法院会把适用法律法规错误认定为存在瑕疵，只是予以指正。[②] 表10给

---

① 卡方检验，$p=0.000$。

② 在这剩余的7个样本中，绍兴发生了两例，金华发生了五例，法院的认定结果皆为存在瑕疵。绍兴的两例中一例为告知起诉期限错误，另一例为援引法律错误；而金华的五例全部发生在金东区，皆因为《责令限期拆除通知书》上未明确具体法律适用条文、未告知原告救济途径。

出了涉“三改一拆”行政处罚与行政强制案件中行政机关适用法律法规错误的典型表现。

表 10 行政机关行政行为适用法律法规错误的表现型

适用法律法规错误类型	表现	典型案例
行政处罚决定或者行政强制决定已被撤销，行政机关依然作出后续行政行为	被诉行政机关作出的《限期拆除通知书》已经上级政府行政复议确认违法	（2016）浙01行初209号
	被诉行政机关作出的《限期拆除违法建筑公告》经诉讼已经被法院撤销	（2015）杭下行初字第50号
行政机关在作出具体行政行为时未明确适用法律法规	行政机关在作出行政行为时未明确具体适用的法律	（2015）绍越行初子第106号
	行政机关在适用具体法律时没有明确具体适用的法律条款	（2015）杭建行初字第10号
行政机关在作出具体行政行为时援引法律错误	行政机关不区分不同情况，同时援引调整不同违法行为的多部法律	（2015）杭建行初字第10号
	行政机关混淆了不同违法行为，导致援引法律错误；比如在非法占地行为上引用《城乡规划法》	（2015）杭富行初字第5号
	行政机关未正确区分建筑物所在区域，同时适用调整城镇规划和乡村规划的法律条款	（2015）温苍行初字第21号
	适用具体的法律条款错误，比如处理违反城乡规划建设时引用《城乡规划法》第六十四条和第六十八条，而非第六十五条；在处理土地违法问题时引用《土地管理法》第六十二条，而非第七十七条	（2015）台温行初字第58号；（2015）杭萧行初字第6号
行政机关适用法律违法法不溯及既往原则	依据现行《土地管理法》处理1999年之前的土地违法行为	（2014）杭西行初字第134号
	依据现行《城乡规划法》处理2008年之前的违法建设行为	（2016）浙0681行初42号

当考虑不同区域行政机关、不同行政管理部门在作出具体行政行为时法律法规引用方面的规范程度差异时，表11的统计表明，各地区行政机关在作

出具体行政行为时引用法律法规的规范程度确实存在显著差异。[①] 宁波、嘉兴、湖州、衢州以及舟山等地在援引法律规范程度上的表现要明显好于其他地方。

表 11　不同地区涉“三改一拆”案件中行政机关引用法律法规规范程度比较

地区	引用法律法规错误样本数	占当地样本数比例
杭州	72	32.9%
宁波	10	8.3%
温州	82	19.7%
嘉兴	8	3.9%
湖州	4	12.1%
绍兴	58	20.8%
金华	28	16.7%
衢州	6	5.4%
舟山	0	0
台州	10	18.2%
丽水	52	47.7%
小计	330	19.1%

表 12 给出的结果则表明，不同行政机关在作出具体行政行为时引用法律法规的规范程度同样存在显著差异。[②] 城管部门在这方面表现最好，而城建规划部门表现最差。

表 12　不同类型行政机关对于行政行为适用法律法规正确性程度的比较

行政机关类型	引用法律法规错误样本数	占部门样本数比例
国土	52	32.7%
城管	34	11.1%
城建规划	57	47.5%
各级政府	183	16.4%

① 卡方检验，$p = 0.000$。
② 卡方检验，$p = 0.000$。

续表

行政机关类型	引用法律法规错误样本数	占部门样本数比例
其中：乡镇一级政府	158	16.5%
其他	4	15.4%
小计	330	19.1%

3. 行政行为违反法定程序

据统计，在涉“三改一拆”行政处罚和行政强制案件的1724个样本中，共发生行政机关违反正当程序的情况1244次，占72.2%。不过在这1244次违反正当程序的情况中，只有1070次行政机关被判决败诉，占比86%。换言之，在很多情况下，司法机关并不会因为行政机关未履行正当程序而判处其败诉。不过进一步观察发现，行政机关未履行正当程序而未被判处败诉的174例样本集中发生在几个地区，其中嘉兴139例，金华27例，台州6例，温州2例。尤其是嘉兴，在所有173例未履行正当程序的判决情形中，行政机关被判处败诉的比例仅占到19.7%。不过除了这四个地区，其他地区未履行正当程序的行政机关是必定会被判决败诉的。

表13给出了行政处罚与行政强制案件中行政机关违反正当程序的典型表现。

表13　行政机关行政行为违反正当程序的表现型

未履行正当程序表现	典型案例
行政机关未经立案、调查等程序直接作出决定	（2015）杭淳行初字第16号
行政机关未告知处罚的事实、理由和依据，未听取当事人陈述、申辩，未告知其听证、复议、诉讼等权利，即作出行政处罚决定	（2015）杭余行初字第111号
行政机关未经有权行政机关作出行政处罚决定、行政强制执行决定即直接实施强制拆除	（2015）温鹿行初字第7号
行政机关未在作出强制决定时告知原告行政诉权和起诉期限，或者是告知起诉期限有误	（2014）杭萧行初字第72号
行政机关未经书面催告当事人履行义务或者催告期限未满，即作出行政强制执行决定	（2014）杭余行初字第108号

续表

未履行正当程序表现	典型案例
行政机关责令限期拆除等行政决定的复议、起诉期限未届满即实施强制拆除，甚或在行政决定作出之后立即实施拆除	（2014）杭临行初字第 3 号
行政机关责令限期拆除决定、行政强制执行决定等法律文书没有依法送达，或一送达即实施强制拆除	（2015）绍越行初字第 20 号； （2015）温鹿行初字第 44 号
行政机关在行政强制执行时未履行公告程序	（2015）杭淳行初字第 12 号
行政机关强制拆除违法建筑时没有通知被执行人到场，没有制作现场笔录、拍照、录音录像，或者在没有被执行人在场的情况下进行财产证据清点保存措施即实施强制拆除	（2015）杭经开行初字第 1 号

当考虑不同区域行政机关、不同行政管理部门在作出具体行政行为时履行正当程序的程度差异时，表 14 中的统计表明，各地区行政机关在作出具体行政行为时履行正当程序的程度确实存在显著差异。[①] 温州、嘉兴、绍兴、台州、丽水等地行政机关对于正当程序的追求程度明显不足。

表 14　不同地区涉“三改一拆”案件中行政机关程序失当程度比较

地区	未履行正当程序样本数	占当地样本数比例
杭州	150	68.5%
宁波	71	59.2%
温州	346	83.2%
嘉兴	173	84.4%
湖州	21	63.6%
绍兴	219	78.5%
金华	86	51.2%
衢州	38	33.9%
舟山	2	25.0%
台州	41	74.5%
丽水	97	89.0%
小计	1244	72.2%

① 卡方检验，$p = 0.000$。

表 15 给出的结果则表明，不同行政机关在作出具体行政行为时履行正当程序的程度同样存在显著差异。[①] 城管部门在这方面表现最好，而城建规划部门表现相对较差。

表 15　不同类型行政机关在作出具体行政行为时程序失当程度比较

行政机关类型	程序失当样本数	占部门样本数比例
国土	110	69. 2%
城管	186	60. 8%
城建规划	91	75. 8%
各级政府	834	74. 9%
其中：乡镇一级政府	712	74. 5%
其他	23	88. 5%
小计	1244	72. 2%

4. 行政行为超越职权

据统计，在涉“三改一拆”行政处罚和行政强制案件判决的 1724 个样本中，共发生行政机关超越法定职权的情况 423 次，占 24. 5%。不过在这 423 次超越法定职权的情况中，只有 283 次行政机关被判决败诉，占比 66. 9%。换言之，超越法定职权的情况中行政机关被判决败诉的可能性要远远低于违背了证据充分性、法律适用错误以及程序正当性要件的情形。不过更有意思的是，进一步的观察发现，所有行政机关超越法定职权而没有被判处败诉的 140 例情形都发生在嘉兴，再次说明了嘉兴市法院在涉“三改一拆”案件裁判过程中采纳的司法尺度与全省其他地区存在明显的不一致，显得十分宽松。

表 16 总结了行政处罚与行政强制案件中行政机关超越法定职权的典型表现。

---

① 卡方检验，$p=0.000$。

表 16 行政机关在涉“三改一拆”案件中行政行为超越法定职权的表现

超越法定职权类型	表现	典型案例
作出行政行为的行政机关不具有行政主体资格	行政行为是以临时机构（比如“三改一拆”行动工作小组办公室、整治违法用地和违法建设工作领导小组等）的名义作出的	（2015）台临行初字第 23 号；（2014）嘉善行初字第 10 号
	行政行为是以行政机关内设机构（比如 ×× 镇城建监察队）的名义作出的	（2014）杭萧行初字第 64 号
	行政行为是以行政机关派出机构（比如工业园区管委会）的名义作出的	（2015）浙温行初字第 22 号
超越法定职权作出行政行为	乡镇人民政府对违反城镇规划的违法建筑进行处罚、强制拆除	（2015）温平行初字第 4 号
	乡镇人民政府对违法土地管理法的违法建筑进行处罚、强制拆除	（2015）杭富行初字第 17 号
	乡镇人民政府（或者规划部门）对特定区域（比如公路）内的违法建筑进行处罚、强制拆除	（2015）浙甬行终字第 46 号
	乡镇人民政府未经县级以上人民政府责成，直接实施强制拆除行为	（2015）杭萧行初字第 47 号
	行政机关在行政处罚无果的情况下采取了断水断电措施	（2016）浙 0122 行初 14 号
	缺乏法定强制执行权的行政机关未经法院审查裁定即直接实施强制拆除（包括组织人员对不履行拆迁协议的涉案房屋进行强制拆迁），或者是在法院执行期间实施了强制拆除	（2014）杭建行初字第 11 号；（2015）浙温行初字第 22 号

当考虑不同区域行政机关、不同行政管理部门在作出具体行政行为时超越法定职权的程度差异时，表 17 中的统计表明，各地区行政机关在作出具体行政行为时超越法定职权的程度确实存在显著差异。[①] 宁波、嘉兴两地行政机关在作出行政行为时尤其容易超越法定职权。

① 卡方检验，$p = 0.000$。

表 17　不同地区涉“三改一拆”案件中行政机关超越法定职权程度比较

地区	超越法定职权样本数	占当地样本数比例
杭州	33	15.1%
宁波	62	51.7%
温州	104	25.0%
嘉兴	155	75.6%
湖州	6	18.2%
绍兴	34	12.2%
金华	13	7.7%
衢州	2	1.8%
舟山	8	0
台州	6	14.5%
丽水	33	5.5%
小计	423	24.5%

表 18 给出的结果则表明，不同行政机关在作出具体行政行为时超越法定职权的程度同样存在显著差异。① 城管部门在这方面表现最好，而政府部门尤其是较高层级的政府部门表现最差。

表 18　不同类型行政机关超越法定职权程度比较

行政机关类型	超越法定职权样本数	占部门样本数比例
国土	36	22.6%
城管	33	10.8%
城建规划	31	25.8%
各级政府	316	28.4%
其中：乡镇一级政府	217	22.7%
其他	7	26.9%
小计	423	24.5%

① 卡方检验，$p = 0.000$。

5. 行政行为明显不当

据统计，在涉“三改一拆”行政处罚和行政强制案件判决的1724个样本中，共发生行政机关行为明显不当的情况118次，占6.8%。在这118次行政行为失当的情况中，行政机关全部被判决败诉。换言之，与主要证据不足一样，行为明显不当与案件裁决结果之间也呈现出一种非常确定的关系。这表明，在行政行为不当上，司法机关同样没有受到区域因素的影响，体现出裁判尺度的统一性，也说明司法机关对于行政机关行为正当性程度十分关注。

表19给出了行政处罚与行政强制案件中行政机关行为明显不当的典型表现。

表19 行政机关在涉“三改一拆”案件中行政行为明显不当的表现型

行政行为明显不当表现	典型案例
行政机关事实认定不清，拆除合法建筑	（2015）杭淳行初字第17号
行政机关作出行政行为时未尽到合法财产保全义务，造成损失	（2015）绍虞行初字第33号
行政机关在作出行政行为时未充分考虑违法行为的历史事实、性质、情节以及社会危害程度，采取的处罚措施不合比例原则	（2015）杭富行初字第67号
行政机关在作出处罚决定时预留的改正期限明显不合理	（2015）杭建行初字第4号
行政机关在缺乏法定从重情形的情况下，对作出同一违法行为的不同对象处以不同程度的处罚	（2015）台温行初字第35号

当考虑不同区域行政机关、不同行政管理部门在作出具体行政行为时行为明显不当的程度差异时，表20中的统计表明，各地区行政机关在作出具体行政行为时行为明显不当的程度确实存在显著差异。[①] 宁波、绍兴两地行政机关行政行为失当的比例远高于其他地区。

表20 不同地区涉“三改一拆”案件中行政机关行为失当程度比较

地区	行为失当样本数	占当地样本数比例
杭州	14	6.4%
宁波	31	25.8%

① 卡方检验，$p=0.000$。

续表

地区	行为失当样本数	占当地样本数比例
温州	3	0.7%
嘉兴	8	3.9%
湖州	0	0
绍兴	49	17.6%
金华	9	5.4%
衢州	0	0
舟山	0	0
台州	3	5.5%
丽水	1	0.9%
小计	118	6.8%

表21给出的结果则表明，不同行政机关在作出具体行政行为时行为明显失当的程度同样存在显著差异。[①] 城建规划部门在这方面表现最好，而政府部门尤其是乡镇一级政府部门的表现最差。

表21　不同类型行政机关行为失当程度比较

行政机关类型	行为失当样本数	占部门样本数比例
国土	1	0.6%
城管	15	4.9%
城建规划	0	0
各级政府	100	9.0%
其中：乡镇一级政府	99	10.4%
其他	2	7.7%
小计	118	6.8%

（三）不履职案件败诉原因分析

在近三年浙江省涉“三改一拆”行政诉讼案件中，涉及不履行法定职责

① 卡方检验，$p = 0.000$。

方面的案件样本共125个，占比5.5%。在这125个不履行法定职责的样本中，行政机关被判处败诉的共54件，占比43.2%，明显低于涉“三改一拆”行政诉讼案件的败诉率。由于不履行法定职责案件样本总数比较少，因此在考察败诉原因时，我们把所有样本放在一起进行考虑。表22给出了不履行法定职责的行政诉讼案件中行政机关在违反五大法定要件时被判败诉的比例。总体上可以看出，在不履行法定职责案件中，司法裁判的尺度要比在行政处罚和行政强制案件中来得统一。在绝大多数案件中，只要违反了某个法定要件，行政机关就有很大可能被判违法。

表22　不履行法定职责案件中违反不同法定要件情况下行政机关败诉率

违反要件类型	违反要件样本数	占样本总数比例	败诉样本数	占比
主要证据不足	7	5.6%	7	100%
适用法律法规错误	10	8%	9	90%①
未履行正当程序	44	35.2%	41	93.2%②
超越法定职权	1	0.8%	1	100%
行为明显不当	33	26.4%	32	96.7%③

① 唯一一例适用法律法规错误行政机关没有被判败诉的案件发生在慈溪[（2014）甬慈行初字第00049号]。在这个案子中，被告所作答复仅引用《慈溪市户外广告设施管理办法（试行）》的规定，未引用有关法律、法规的规定，亦未告知有关复议及诉讼权利，存在瑕疵，但未被认定违法。

② 在三例行政机关违反法定程序未被判处违法的案例中，除了上述（2014）甬慈行初字第00049号之外，另外两例，一例为被诉行政机关未对原告诉求做出书面答复，存在程序瑕疵，但是因为司法机关认定原告与第三人的纠纷属于民事纠纷，未答复也不影响原告权益而判决驳回诉讼请求[（2015）丽龙行初字第00054号]；在另一例中，针对原告要求被告履行查处违法建筑的职责的诉求，一方面被诉行政机关未能充分履行调查查处职责，没有查处第三人所有违法建设，另一方面又以被诉行政机关尚未作出强制决定并获得县级以上政府授权而无权履行强拆职责而驳回了原告的诉讼请求[（2015）甬余行初字第00020号]。

③ 仅有的一例行政机关未履行法定职责而没有被判决败诉的案件即前脚注提及的（2015）甬余行初字第00020号。

表23给出了不履行法定职责类案件中行政机关败诉的典型原因。

表23 涉“三改一拆”行政诉讼诉行政机关不履行法定职责案件败诉原因分析

原因	表现	典型案例
主要证据不足	行政机关未能提供证据证明自己已履行法定职责，因而被认定为未履行法定职责	（2016）浙0802行初00131号
	行政机关抗辩强制拆除决定已被中止执行，却不能提供已作出中止决定或已办好中止手续的证据，未能提供证据证明案涉不稳定因素符合《行政强制法》第三十九条的规定	（2015）丽莲行初字第98号
	行政机关认定事实存在明显错误，如认定违法建筑时间与第三人自认存在差异，未能查清第三人存在多处超规划的违法建设等	（2015）温平行初字第194号
	行政机关不能证明已将答复内容告知或者送达原告	（2015）甬北行初字第11号
适用法律法规错误	行政机关把要求依法拆除违建房屋的申请作为信访事项处理，未采取有效措施阻止违法行为持续	（2016）浙1081行初5号
未履行正当程序	未在法定期限内履行职责	（2015）台临行初字第37号
	在调查并作出行政决定之后即撒手不管，未采取充分有效的措施阻止违法行为持续	（2016）浙0802行初12号
超越法定职权	行政机关作出超越自身职权的答复	（2015）绍新行初字第4号
行为明显不当	对于原告查处第三人违法建筑的诉求不予答复，或者未正面答复	（2015）甬北行初字第11号
	对于原告查处第三人违法建筑的诉求未及时调查并作出具体的行政决定	（2015）杭淳行初字第62号
	对于原告查处第三人违法建筑的诉求查处不够充分，如一直未启动强拆程序	（2016）浙0802行初33号
	以原告已提起民事诉讼为由不履行法定职责	（2017）浙0212行初20号

当考虑不同区域行政机关、不同行政管理部门在不履行法定职责查处违法建筑方面依法行政程度的差异时，表24中的统计表明，各地区行政机关在不履行查处违法建筑法定职责方面的程度确实存在显著差异。① 宁波、温州、

① 卡方检验，$p=0.006$。

衢州、台州等地行政机关不履行查处违法建筑法定职责的比例明显高于其他地区。

表 24 不同地区涉“三改一拆”案件中行政机关不履行法定职责程度比较

地区	不履行法定职责样本数	占当地样本数比例
杭州	11	34.4%
宁波	17	68.0%
温州	5	55.6%
绍兴	3	37.5%
金华	2	28.6%
衢州	5	83.3%
台州	10	52.6%
丽水	1	10.0%
小计	54	43.2%

不过与区域差异不同，表 25 给出的结果表明，不同行政机关在不履行查处违法建筑法定职责方面的程度并不存在显著差异。①

表 25 不同类型行政机关不履行法定职责程度比较

行政机关类型	不履行法定职责样本数	占部门样本数比例
国土	8	40.0%
城管	19	45.2%
城建规划	5	38.5%
各级政府	22	44.0%
其中：乡镇一级政府	18	43.9%
小计	54	43.2%

（四）复议案件败诉原因分析

在近三年浙江省涉“三改一拆”行政诉讼案件中，涉及行政复议方面的案件共 202 件。在这 202 件行政复议案件中，行政机关被判处败诉的共 76

① 卡方检验，$p = 0.963$。

件，占比37.6%，明显低于涉“三改一拆”行政诉讼案件的平均败诉率。同样，由于行政复议案件样本总数比较少，因此在考察败诉原因时，我们将把所有样本放在一起进行考虑。表26给出了行政复议案件中，行政机关违反不同法定要件时被判败诉的比例。总体上可以看出，在行政复议案件中，司法裁判的尺度同样要比在行政处罚和行政强制案件中来得统一。除一例外，只要违反某个法定要件，行政复议案件中复议机关的复议决定都会被撤销。①

表26　行政复议案件中违反不同法定要件情况下行政机关败诉率

违反要件类型	违反要件样本数	占样本总数比例	败诉样本数	占比
主要证据不足	59	29.2%	59	100%
适用法律法规错误	38	18.8%	37	97.4%
行为明显不当	2	1%	2	100%

表27给出了行政复议案件中复议机关复议决定被撤销的典型原因。

表27　涉“三改一拆”行政复议案件中诉行政机关败诉原因分析

原因	表现	典型案例
主要证据不足	复议机关作出的复议决定书未能认清事实，纠正涉案行政行为的不当之处	（2016）浙0523行初22号
	复议机关未能证明原告获知被诉行政行为的日期，因此，认定为超过法定复议期限的理由不成立	（2015）浙嘉行初字第107号
	复议机关未查清负责违建处理部门的具体性质即驳回原告复议申请	（2016）浙01行初336号
适用法律法规错误	复议机关未区分情况，在原告不变更被申请人的情况下将原告针对适格行政机关的复议申请一并驳回	（2015）浙杭行初字第45号
	复议机关在认定被申请人是否拥有相应法定职权上出现错误	（2016）浙01行初240号
	复议机关适用法律具体条款错误，如在驳回复议申请时本应适用《行政复议法实施条例》第四十八条第一款第（二）项的却适用了同款第（一）项	（2015）浙杭行初字第1号

① 唯一一例行政机关适用法律错误却没有被撤销的行政复议案件是（2016）浙01行初00240号。在这个案子中，行政复议机关认定被申请机关具有处罚土地违法行为的法定职权，系适用法律错误。但是鉴于复议机关的复议决定结论正确，因此，司法机关认为撤销没有实际意义，故驳回原告诉讼请求。

续表

原因	表现	典型案例
未履行法定职责	复议机关未在法定期限内受理申请人的复议申请或作出答复	（2015）浙杭行初字第 5 号
	复议机关在认定被申请人没有对原告的诉求作出正面回复的情况下，仍然认定被申请人履行了职责	（2015）杭临行初字第 32 号

当考虑不同区域行政机关在行政复议方面依法行政程度的差异时，[①] 表 28 中的统计表明，各地区行政机关在行政复议方面的表现确实存在显著差异。[②] 湖州、绍兴、丽水等地行政机关在行政复议案件中复议决定被撤销的比例明显高于其他地区。

表 28　不同地区涉“三改一拆”案件中行政机关复议决定被撤销比例比较

地区	行政复议被撤销案件样本数	占当地样本数比例
杭州	11	23.4%
宁波	6	37.5%
温州	3	27.3%
嘉兴	3	37.5%
湖州	11	61.1%
绍兴	22	84.6%
金华	8	24.2%
衢州	2	15.4%
台州	1	9.1%
丽水	9	50.0%
小计	76	37.6%

（五）行政赔偿案件败诉原因分析

最后一类值得分析的涉“三改一拆”行政诉讼案件是行政赔偿类案件。由于行政赔偿案件既可以单独提起诉讼，也可以在其他诉讼中附带提起，因

① 由于行政复议案件的被诉行政机关主要是县级以上人民政府，涉及其他行政机关的只有 5 例，因此，比较不同类型行政机关的意义不大，故此略过。

② 卡方检验，$p=0.000$。

此需要分别考虑。

总体上，近三年浙江省全省共结涉“三改一拆”行政赔偿类案件741件，其中单独提起诉讼的行政赔偿案件175件。在这741件行政赔偿案件中，最终判处被诉行政机关承担赔偿责任的案件是192件，占比25.9%；在单独提起诉讼的175件行政赔偿案件中，最终判处被诉行政机关承担赔偿责任的案件是50件，占比28.6%。统计意义上，单独提起诉讼案件中被诉行政机关被判处承担赔偿责任的比例要显著高于附带提起赔偿诉讼的案件中行政机关被判处承担赔偿责任的比例。① 不过，不论是在哪一类赔偿案件中，行政机关被判处败诉的比例均要远远低于其他涉“三改一拆”案件中行政机关被判处败诉的比例。

在行政赔偿案件中，被诉行政机关被判处承担赔偿责任的原因主要有两类，一是行政机关强制拆除的是合法建筑，因此，需要承担行政赔偿责任，典型可见（2014）杭拱行赔初字第2号案件；二是行政机关在强制拆除违法建筑时未能按照规定对建筑内或者由建筑材料构成的合法财产进行清点保全，或者未尽到通知原告领回的义务，造成原告财产损失，典型可见（2016）浙0602行赔初2号案件。② 总体上，尽管在195件行政机关存在行为不当的赔偿案件中，有3例案件原告的赔偿请求被驳回（占1.5%），但是司法机关在行政赔偿案件中就行政机关是否需要承担赔偿责任的裁判上还是表现出高度的一致。③

借助行政赔偿案件方面的数据，我们同样可以考察一下不同区域、不同部门行政机关在依法行政方面的表现是否存在差异。首先，观察所有741个样本。表29中的统计表明，各地区行政机关在是否需要承担行政赔偿责任方面的表现确实存在显著差异。④ 宁波、湖州、绍兴、台州等地行政机关在行政赔偿案件中被判处承担行政赔偿责任的比例要高于全省平均水平。由于绝大

① 卡方检验，p = 0.000。

② 192例行政机关被判处承担赔偿责任的案件中，出现这两类行为不当的案件有191件，占比99.5%。

③ 在这3例案件中，有一例是因为原告坚持产权安置的赔偿方式，缺乏法律依据而被驳回诉讼请求（[（2015）杭富行初字第00025号]，有一例是因为考虑到原告所在村庄的整体规划建设以及所拆建筑非原告居住用房的情况而不予支持恢复原状[（2016）浙1124行初00033号]，有一例是因为被告已经对原告做出合理补偿[（2016）浙11行赔初00002号]。

④ 卡方检验，p = 0.000。

多数案件行政机关被判处承担赔偿责任都是因为行政机关行政行为存在不当之处，这就说明，这几个地区行政机关行政行为的规范程度要弱于其他地区。

表 29　不同地区行政机关是否被判处承担赔偿责任的差异比较

地区	行政赔偿案件承担责任样本数	占当地样本数比例
杭州	18	22.2%
宁波	42	70%
温州	8	2.2%
嘉兴	12	12.2%
湖州	5	33.3%
绍兴	78	37.3%
金华	12	25%
衢州	6	7.1%
台州	11	29.7%
小计	192	25.9%

表 30 给出的结果则表明，不同行政机关因为行政行为明显不当而导致需要承担行政赔偿责任的比例同样存在显著差异。[①] 城管与各级政府尤其是乡镇一级政府最终需要承担责任的比例要高于其他行政机关。这就说明，这两类行政机关在行政强制执行过程中行政行为的规范程度要弱于其他行政机关。

表 30　不同类型行政机关是否被判处承担赔偿责任的差异比较

行政机关类型	行政赔偿案件承担责任样本数	占部门样本数比例
国土	0	0
城管	21	38.2%
城建规划	1	4.2%
各级政府	168	27.2%
其中：乡镇一级政府	165	30.7%
其他	2	28.6%
小计	192	25.9%

① 卡方检验，$p=0.000$。

由于单独提起赔偿与附带提起赔偿时最终被诉行政机关被判处需要承担行政赔偿责任的比例是不一样的，因此我们还可以以单独提起行政赔偿诉讼的案子作为对象做一分析。表 31 中的统计表明，在单独提起行政赔偿案件中，各地区行政机关在是否需要承担行政赔偿责任方面的表现同样存在显著差异。① 宁波、湖州、绍兴、金华、衢州、台州等地行政机关在行政赔偿案件中被判处承担行政赔偿责任的比例要明显高于全省平均水平。同样，由于绝大多数案件中行政机关被判处承担赔偿责任都是因为行政机关行政行为存在不当之处，这就说明，这些地区在行政强制执行过程中行政行为的规范程度要弱于其他地区。

表 31　不同地区行政机关是否被判处承担赔偿责任的差异比较

地区	行政赔偿案件承担责任样本数	占当地样本数比例
杭州	5	21.7%
宁波	8	57.1%
温州	7	11.5%
嘉兴	1	25.0%
湖州	3	30.0%
绍兴	7	46.7%
金华	4	50.0%
衢州	5	55.6%
台州	10	33.3%
小计	50	28.6%

表 32 给出的结果表明，在单独提起行政赔偿的案件中，不同行政机关因为行政行为明显不当而导致需要承担行政赔偿责任的比例同样存在显著差异。② 不过与全样本分析不一致的是，在单独提起行政赔偿的案件，城管部门不再是行为不规范程度最凸显的部门，各级政府尤其是乡镇一级政府成了行政行为不规范的典型代表。

① 卡方检验，$p = 0.006$。

② 卡方检验，$p = 0.018$。

表 32 不同类型行政机关是否被判处承担赔偿责任的差异比较

行政机关类型	行政赔偿案件承担责任样本数	占部门样本数比例
国土	0	0
城管	3	20%
城建规划	1	7.7%
各级政府	46	34.8%
其中：乡镇一级政府	43	37.4%
其他	0	0
小计	50	28.6%

最后，我们可以简单地考察一下行政赔偿案件中行政机关被判处承担赔偿责任之后所需要承担责任的大小。从数据上看，在那些行政机关被判处承担赔偿责任的案例中，除去判决恢复原状的样本，行政机关承担的平均赔偿金额为 74893.4 元，但是方差达到 192499。这表明，不同案件判决赔偿结果存在巨大差异。确实，以最具可比性的广告牌强拆案件为例，在因为强拆造成损失导致行政机关需要承担赔偿责任的案件中，最高时行政机关会被判处每块广告牌 68000 元的赔偿责任，而最低时行政机关每块只需要承担 10000 元的赔偿责任。不同案件中裁判尺度表现出来的这种差异意味着，法官的自由裁量权在行政诉讼案子中确实是一个值得认真对待的问题。

为了更好地观察不同区域、不同部门在赔偿问题上的裁判尺度差异，我们构建了一个新的指标——赔偿比例。我们以原告诉请的赔偿额为分母，以司法机关最终判决行政机关承担的赔偿额为分子，计算出了一个原告诉请得到满足的比例；如果原告诉请之中有恢复原状的请求，而这个请求又得到司法机关的支持的话，那么这个变量就定义为 1。表 33 给出了不同地区行政赔偿案件原告诉请得到满足的程度差异。由表中可见区域之间原告诉请得到满足的程度存在显著差异，杭州与台州地区原告诉请得到满足的比例要显著高于其他地区。①

① Tobit 模型回归的结果表明，所有地区虚拟变量系数都显著小于 0（$p=0.000$），杭州与台州之间没有显著差异（$p=0.984$）。

表 33　不同地区原告赔偿诉请得到满足的程度比较

地区	诉请得到满足的程度	方差	频次
杭州	0.32	0.33	18
宁波	0.09	0.10	42
温州	0.10	0.14	8
嘉兴	0.13	0.14	12
湖州	0.04	0.02	5
绍兴	0.07	0.07	78
金华	0.05	0.04	12
衢州	0.03	0.01	6
台州	0.32	0.24	11
小计	0.12	0.16	192

（六）小结

1. 司法机关公正司法水平①

借助 2264 个判决情形的大数据挖掘和梳理，就近三年浙江省涉“三改一拆”行政诉讼案件的司法裁决尺度方面，我们至少可以得到以下几个方面的结论：

首先，除了行政处罚和行政强制类案件，司法机关在其他类型涉“三改一拆”案件中表现出了比较统一稳定的裁判尺度。在绝大多数情况下，在这些案件中违反了法定要件，行政机关就会被判决败诉。

其次，我们发现，当考虑的对象是行政处罚和行政强制类案件时，司法机关对于《行政诉讼法》第七十条所规定的要件的重视程度并不相同。司法机关对要件关注的顺序依次为主要证据不足、行为明显不当、适用法律错误、未履行正当程序、超越法定职权。尤其值得指出的是，在很多情况下，行政机关未履行正当程序与超越法定职权皆不会被判决违法。

最后，我们还发现，司法机关在行政惩罚和行政强制案件中对于《行政

① 需要注意的是，本研究有一个强大的前提假设，即默认所有案件中法官所作出的裁判都是正确无误的。显然，这一点在实践中是不可能发生的。即使就涉“三改一拆”的案件而言，我们发现，许多性质相近的案件在不同的法官手里，裁决的结果是存在巨大差异的。鉴于如果把司法裁决的正确性纳入考虑的话，本研究的工作量将急剧增加，因此，我们在这里暂时做简化假设，相关议题留待未来进一步研究。

诉讼法》第七十条所规定的要件重视程度进而在审判中表现出来的裁判尺度差异主要体现在区域层面上。在近三年浙江省涉“三改一拆”行政处罚和行政强制诉讼案件中，行政机关违反《行政诉讼法》第七十条规定而未被判处违法的案件主要集中在嘉兴与金华两地。

2. 行政机关依法行政水平①

上述分析不仅表明司法机关在涉“三改一拆”案件中对待不同法定要件的态度以及最终裁判的尺度存在明显差异，而且为我们提供了一个考察行政机关依法行政水平的切入口。典型的，从数据中我们发现：

第一，涉“三改一拆”案件已经成为行政机关行为失当的主要集中地。这类案件尤其是行政处罚和行政强制类案件中行政机关被判败诉的比例要远超其他领域行政诉讼案件中行政机关被判败诉的比例。

第二，行政机关行为失当表现在《行政诉讼法》第七十条所规定的要件的方方面面，其中又典型的表现在未履行正当程序上。

第三，如果是以《行政诉讼法》第七十条所规定的要件来衡量的话，不同区域、不同部门行政机关的依法行政水平表现出巨大的差异。不同区域、不同部门行政机关对于不同类型法定要件的态度迥然有异。

第四，在涉“三改一拆”案件所涉及的四大类行政机关中，乡镇一级政府成了行政行为失当的重灾区。

四、规范行政行为、提升行政机关依法行政水平的建议

从上述数据分析可以看出，尽管司法机关在涉“三改一拆”案件的裁决过程中存在着一定程度的尺度不一问题，尤其是在行政处罚和行政强制诉讼案件中，对《行政诉讼法》规定的要件的重视程度表现出明显的差异，但是总体上看来，这种尺度不一的情况并没有想象中那么严重，而且表现得非常集中，比较容易矫正。与此不同，上述数据分析表明，行政机关在涉“三改一拆”行政行为方面的表现却不尽如人意，尤其是在行政处罚和行政强制工

---

① 需要注意的是，由于很多法院在裁判涉“三改一拆”行政诉讼案件时，并不需要对行政机关所有的违法行为进行判定，因为司法机关只要发现任何违反《行政诉讼法》第七十条任何一款的情形发生，即可判处行政机关败诉；换言之，法院并不会纠结于每个案件之中被诉行政机关到底违反了多少款《行政诉讼法》第七十条的规定，因此，这里的统计并不能完全反映涉“三改一拆”案件中行政机关行为规范程度的全貌。

作中依法行政水平亟待提升。因此，本部分将依托上述数据分析，针对行政机关在涉“三改一拆”案件中行为不规范之处，围绕违法建筑的查处这一行政行为，提出规范行政机关行政行为、提升行政机关依法行政水平的针对性建议。

1. 主体资格问题

实践中，对违法建筑的规制不仅涉及土地管理、城市规划、市容环境卫生、道路管理、物业管理等领域，而且涉及违法建筑认定和处罚、违法建筑强制拆除决定及其执行等不同阶段的行政行为，而这些行为所涉及的领域法律法规的规定又并非完全一致，因此，在拆除违法建筑时，行政机关首先需要考虑的是，自己是否具有相应的法定职权。

根据《土地管理法》《城乡规划法》《浙江省违法建筑处置规定》等规定，对于违法建筑的认定和处罚，根据其违反法律的性质和规划区的不同，由不同的行政机关进行查处：对于违反土地管理的违法建筑由县级以上人民政府的土地管理部门进行处罚；对于违反城镇规划的违法建筑由县级以上人民政府的规划部门或者由集中行使处罚权的城市管理执法部门进行处罚；对于违反乡村规划的违法建筑则由乡镇、街道行使处罚权；对于位于公路、河道等特殊规划范围内的违法建筑则依法由相应的主管部门进行处罚。从败诉案件分析，行政机关超越职权进行违法建筑认定和处罚的情形主要有：一是以不具有行政主体资格的内设机构、临时机构的名义作出处罚，如以“三改一拆”行动工作领导小组办公室、整治违法用地和违法建设工作领导小组办公室（两违办）、乡镇城建监察中队等名义作出处罚；二是超越法律授权范围作出行政处罚，如乡镇对违反土地、规划的违法建筑一并行使处罚权、乡镇对不在乡村规划范围内的违法建筑行使处罚权、规划部门对公路规划范围内的违法建筑行使处罚权、国土部门对违反城市规划的建筑进行认定等。

《行政强制法》确立了两种不同的强制执行模式，分别是有强制执行权行政机关的自行执行，没有强制执行权的行政机关申请法院强制执行。只有法律授权强制执行职权的行政机关才能作出强制拆除决定。由于在作出强制拆除决定的两大类主体中，土地管理法并未授权国土部门强制执行权，因此，国土部门不能针对管辖范围内的违法建筑直接作出强制拆除决定，其强制拆除决定的作出须通过人民法院完成。与此不同，《城乡规划法》赋予了规划局和乡镇强制拆除的权限，在满足前提条件下，规划部门或城市管理执法部门和乡镇人民政府可作出强制拆除决定。

行政强制拆除行为是对强制拆除决定的具体执行。同样，依照《行政强制法》第十三条，法律没有规定行政机关强制执行的，作出行政决定的行政机关应当申请人民法院强制执行。土地管理部门属于此行列。而依照《城乡规划法》第六十八条规定，城乡规划主管部门作出责令停止建设或者限期拆除的决定后，当事人不停止建设或者逾期不拆除的，建设工程所在地县级以上地方人民政府可以责成有关部门采取查封施工现场、强制拆除等措施。因此，获得县级人民政府责成之后，规划部门和乡镇人民政府可对已作出强制拆除决定的违法建筑实施强制拆除。此外，土地管理部门虽然不具有强制执行权，但如果法院根据“裁执分离”的规定，裁定土地管理部门具体实施强制拆除行为的，土地管理部门依裁定获得了强制执行权，可依照《行政强制法》的规定程序依法强制执行。

综上，行政机关需谨遵法无授权不可为的原则，在作出行政行为之前先确定自己是否具有相应职权。

2. 行政行为的事实与法律依据

司法裁决需要以事实为依据，法律为准绳，行政行为也不例外。任何一个行政行为的作出，都需要于法有据，需要依照法律、法规、规章的规定在搜集充分的证据之后才能进行。在违法建筑拆除的相关行政行为之中，这里最重要的事实问题就是违法建筑的认定依据和证据的问题。从司法审查的标准来看，行政机关在违法建筑的认定和处罚中应当查清下列事实，并提供充分的证据予以支持：违法建筑的地点和所在规划区范围、违法建设的时间和过程、违法建设的行为人和实际占有使用人、违法建筑的层高和面积、违法建筑适用法律的变化等。尽管何为违法建筑在相关法律法规之中可以找到明确的界定标准，但是在实践中，违法建筑的认定依然是行政机关做出行政行为时常碰到的难点。由于违法建筑的建设常常涉及种种原因，如当时的社会环境、历史演变、行政管理缺位、法律调整等，行政机关就不得不既要坚持法不溯及既往原则，又要考虑形成违法建筑的历史原因，不能仅仅以未取得合法权证或审批手续为由简单地认定违法建筑，还需要坚持具体问题具体分析原则。

3. 程序正当问题

从数据中可以看出，无视程序正义或者程序失当是当前涉“三改一拆”

行政诉讼案件之中行政机关败诉的最主要原因，也是行政机关行政行为不当的最典型表现，尽管并非所有程序失当的案件中行政机关皆会被判处败诉。不管是限期拆除决定还是强制拆除决定乃至后续的强制拆除行为，《行政处罚法》《行政强制法》《浙江省行政程序办法》等都有严格的程序规定。一般说来，查处违法建筑的行政行为需要遵循的程序主要有以下几个阶段：一是违法建筑认定和处罚阶段：首先，是行政机关依职权或根据投诉、举报进行立案；之后依据法定职权进行全面调查和收集证据包括进行现场勘查、调取档案材料、询问当事人和有关证人等；其次，在事实调查清楚的基础上依法作出拟作的处罚决定，并告知当事人拟作处罚的事实、理由和依据；听取当事人陈述、申辩并依法进行复核；在充分听取当事人意见和复核的基础上依照内部程序审批后依法作出行政处罚决定；最后，依法送达。二是作出强制拆除决定阶段：行政处罚决定作出后，当事人既未申请行政复议或提起行政诉讼，且未在行政处罚决定载明的履行期限内履行处罚义务的行政机关应当进行催告，催告应当告知当事人履行义务的期限、方式及其享有陈述和申辩的权利，行政机关应当充分听取当事人的意见，对当事人提出的事实、理由和证据应当进行记录、复核；在催告期满之后，当事人仍不履行且无正当理由的，有权行政机关可以作出强制拆除决定，无权行政机关经市县人民政府责成后作出强制拆除决定或由市县人民政府直接作出强制拆除决定，符合法定条件的可以作出立即强制执行决定；在作出强制拆除决定之后，应当向当事人送达行政强制执行书，并按照法定要求公告，限期义务人自行拆除。三是强制拆除决定执行阶段：义务人在法定期限内未对强制拆除决定申请行政复议或者提起行政诉讼，又未依照强制拆除决定和公告规定的期限自行拆除的，行政机关可以依法实施强制拆除；行政机关在组织实施强制拆除行为时，应当书面告知当事人到场；当事人不到场的，应当在公证机构公证或者无利害关系的第三方见证下实施强制拆除，拆除时应当将财物登记造册，清点保全，并通知当事人领取；拆除过程中还应当进行证据保全，制作笔录、拍照、录音、录像。

行政机关不仅应当在作出行政行为时遵循法定程序，而且还应当保留遵循正当程序的各项证据，因为司法实践中还存在着许多行政机关未能提供程序正当的有效证明而被法院认定程序瑕疵或者以程序违法为由而确认违法的情形。

4. 合理行政

尽管合法性依然是依法行政的基本原则，但是从修订之后的《行政诉讼法》看，这一原则已经在一定程度上被突破，合理性原则已经开始进入行政法的考虑范围。实际上，早在2004年《全面推进依法行政实施纲要》（以下简称《纲要》）中，合理行政就已经成了依法行政的六大基本要求之一。《纲要》指出，行政机关实施行政管理，应当遵循公平、公正的原则。要平等对待行政管理相对人，不偏私、不歧视。行使自由裁量权应当符合法律目的，排除不相关因素的干扰；所采取的措施和手段应当必要、适当；行政机关实施行政管理可以采用多种方式实现行政目的的，应当避免采用损害当事人权益的方式。

秉承这一精神，《行政强制法》第五条规定，行政强制的设定和实施，应当适当。采用非强制手段可以达到行政管理目的的，不得设定和实施行政强制。《土地管理法》第七十六条、第七十七条对符合土地利用总体规划和不符合土地利用总体规划的违法建筑规定了限期拆除和没收两种不同的法律后果，《城乡规划法》第六十四条区分了违法建筑的三种法律责任——责令停止建设、限期改正或限期拆除、不能拆除的没收，可以说皆是秉承了同样的精神。因此，可以说，在涉“三改一拆”行政处罚与行政强制案件中，拆除并非违法建筑处置的唯一选择。行政机关需要审慎判断，切忌一刀切，在作出决定之后一拆了事。尤其是在涉案建筑成分复杂、存在历史影响因素等情况下，更应该遵循比例原则，充分考虑违法行为的历史事实、性质、情节以及社会危害程度，做到合理行政，防止对同一违法行为的不同对象处以不同程度的处罚。即使在最终不得不启用强制拆除这种手段的情形中，也应留下足够的时间予当事人履行自行拆除义务，尽到通知当事人到场、保全当事人合法财产等义务。

五、结语

“三改一拆”三年计划虽已结束，但仍有一部分案件未进入诉讼程序，加之“五水共治”又清理了部分污染企业，如养殖场拆除案件，未来一两年内仍然会是涉“三改一拆”行政诉讼案件的高发期。在保障行政中心工作顺利进行的过程中，因涉及公民重大财产问题，涉“三改一拆”案件不仅成为行政行为失当的集中地，而且成为挑战司法公正性的主要压力来源。本研究基于近三年来浙江全省涉“三改一拆”案件这一大数据样本库，仔细地考察了目前浙江省法院在裁判涉“三改一拆”行政诉讼案件过程中对《行政诉讼法》所列要件的态度，进而细致地考察了行政机关在推进“三改一拆”工作过程中行为失当的主要表现，最终据此得出了规范行政机关行政行为、提升行政机关依法行政水平的司法建议，希望能够借此帮助行政机关在确保行政中心工作顺利推进的同时提升依法行政水平，践行公平正义的社会主义核心价值观，确保全面推进依法治国、促进国家治理体系和能力现代化这一事关党和国家未来的基本战略的实现。

司法文件

最高人民法院关于政府法制办公室是否具备行政诉讼被告主体资格问题请示的答复

（2017）最高法行他318号

天津市高级人民法院：

你院津高法〔2017〕141号《关于张殿堃与天津市南开区人民政府、天津市南开区人民政府法制办公室行政复议一案的请示》收悉。现答复如下：

经征求国务院法制办公室意见，本院给北京市高级人民法院（2016）最高法行他109号答复对此问题已经明确。即政府法制机构所承担的法规审查、行政复议、备案审查等工作均由同级人民政府作出最终决定，政府法制机构本身并不独立对外行使行政管理职权，不宜作为行政诉讼的被告。请你院遵照执行。

此复。

2017年12月27日

最高人民法院关于公务员一次性死亡抚恤金发放行为可诉性问题的答复

（2016）最高法行他9号

江西省高级人民法院：

你院（2015）赣行他字第2号《关于因国家机关工作人员病故引发的不履行抚恤金发放义务诉讼应以谁为被告及市委、市政府联合下发的规范性文件是否可以作为不予发放一次性抚恤金法律依据的请示》收悉。经研究，答复如下：

公务员一次性死亡抚恤金的发放行为（包含作为与不作为），不属于行政诉讼受案范围。

此复。

2018年7月25日

图书在版编目（CIP）数据

行政执法与行政审判．总第72集/中华人民共和国最高人民法院行政审判庭编．—北京：中国法制出版社，2018.12
ISBN 978-7-5093-9845-6

Ⅰ.①行… Ⅱ.①中… Ⅲ.①行政执法-中国-丛刊 ②行政诉讼-审判-中国-丛刊 Ⅳ.①D922.11-55 ②D925.318.2-55

中国版本图书馆CIP数据核字（2018）第249741号

责任编辑　周琼妮（zqn-zqn@126.com）　陆紫薇（luziwei@zgfzs.com）　　封面设计　杨鑫宇

行政执法与行政审判（总第72集）

XINGZHENG ZHIFA YU XINGZHENG SHENPAN（ZONG DI 72 JI）

编者/中华人民共和国最高人民法院行政审判庭
经销/新华书店
印刷/三河市紫恒印装有限公司
开本/710毫米×1000毫米　16开　　印张/16.75　字数/222千
版次/2018年12月第1版　　2018年12月第1次印刷

中国法制出版社出版
书号 ISBN 978-7-5093-9845-6　　定价：68.00元

北京西单横二条2号
邮政编码 100031　　传真：010-66031119
网址：http：//www.zgfzs.com　　**编辑部电话：010-66010406**
市场营销部电话：010-66033393　　**邮购部电话：010-66033288**

（如有印装质量问题，请与本社印务部联系调换。电话：010-66032926）

征稿启事

《行政执法与行政审判》是最高人民法院针对行政审判工作出版发行的唯一的综合指导性图书。丛书自出版以来，深受全国各地法院行政审判法官、行政执法人员和专家学者的普遍欢迎和好评。对各级法院行政审判工作具有权威的指导作用，对各级各部门行政机关依法行政和行政法、行政管理专业的专家学者具有较强的参考作用。

本丛书及时刊登行政法的最新司法解释、司法文件、司法政策及解读，具有典型和指导意义的审判案例及分析，行政执法和行政审判的调研信息及成果等内容，设有“大法官论坛”“理论探索”“案例分析”“实务争鸣”“调查研究”“司法文件”等栏目。现编委会竭诚向全国的行政执法和行政审判理论和实务工作者征稿。来稿要求：

一、稿件应属未公开发表的作品。请勿一稿两投。

二、优先发表在本书所涉领域有创见的、高水平的文章，来稿采用与否以理论和实务价值为标准。

三、稿件引文应当注明出处，注释体例参见本书“写作体例说明”。

四、稿件最好为附打印稿的 word 文件电子版。

五、稿件一经发表，文责自负，但编者保留对来稿进行技术性加工处理的权利。文章一经采用，由本编辑部统一付给稿酬。

六、来稿请按以下联系方式寄送：

地址：北京市东城区东交民巷 27 号

最高人民法院行政审判庭　梁凤云

邮编：100745

请在信封正面注明“《行政执法与行政审判》来稿”字样。

E - mail：zgfyxzt@ sohu. com

《行政执法与行政审判》编委会

写作体例说明

一、交付稿件要求

（一）总体要求

齐（不缺页、不缺件）、清（稿面清楚）、定（已定稿的稿件）。提供稿件电子版，并附打印清样，出版社视清样为最终定稿。

（二）具体要求

纸样用 A4 纸，单面打印。

电子版内容一定要与提供的清样内容相同。

二、编辑体例

正文编码顺序按：一、（一）1.（1）① 第一，其一，等来编排。

三、技术规范

数字用法：

统计数字、时间、物理量等均用阿拉伯数字（如：100kg　45.8 万元　11 个月　4.9 万册　12.4 亿人）；法条号尊重原文，即原文是汉字的用汉字，原文是阿拉伯数字的用阿拉伯数字。

注释方法：

1. 一般原则

（1）注释采取页下注，注释号每页重新起算；

（2）引注作品的，注释应完整；

（3）作者为三人或三人以上的，首次引用时应显示全部作者，重复出现时可在第一作者之后加“等”字样。

2. 著作引文注释范例

一般格式：作者/书名/出版社/出版年代/页码

如：×××著/主编：《×××》，××出版社××年版，第××页。

3. 文章引文注释范例

一般格式：作者/文章题目/引自何种出版物/出版时间/页码

（1）著作中文章

××：“文章名”，见：××主编：《书名》，××出版社××年版，第××页。

（2）期刊中的文章

××：“文章名”，载《期刊名》××年第×期。

（3）报纸上的文章

××：“文章名”，载《报纸名》××年××月××日，第×版。